ストレスチェック制度
担当者必携
―より良い効果を上げるために―

中央労働災害防止協会

監修のことば

　「ストレスチェック制度」は、労働安全衛生法が定める労働衛生管理体制が構築され、それが機能していることを前提として組み立てられた極めてシンプルな制度です。健康診断とその事後措置がPDCAのサイクルで回っている事業場では、情報管理の問題を除けば、この仕組みに合わせて、ストレスチェック制度を運用すると、そのまま実施することができます。まず健康診断の実施状況を点検してみることをお勧めします。

　ストレスチェックの結果は、情報管理を厳格に行うために、受検者個人に直接返すこととされており、原則として事業者には届きません。受検者自身が結果をみて自己のストレス状態を把握し、セルフケアを行うことになっています。労働安全衛生法令ではすでに「メンタルヘルス教育」「メンタルヘルス相談」「職場環境の快適化」の実施を事業者に求めているので、ストレスチェック後のセルフケアの指導は、その法の枠組みで行うことになります。

　ストレスチェック実施者に「高ストレスであり医師の面接指導が必要」と判断された労働者が面接指導を求めてきた場合、医師による面接指導を実施し、面接した医師の意見にもとづく就業上の措置を事業者が決定します。その就業上の措置の多くは管理監督者が担うのでラインによるケアとなります。このケアの実施はストレスチェック制度の一部として事業者の義務とされているのです。

　現時点では、この仕組みの理解が浸透していないことを強く感じています。ストレスチェック制度は、今まで進めてきたメンタルヘルス対策の一部として加わるものであって、それとは無関係な新しいものではありません。

　制度を運用していくキーパーソンである「ストレスチェック制度担当者」の皆さんが、ストレスチェック制度を推進するにあたり、本書をより効果的な運用に役立てられることを願っています。

平成28年5月

　　　　　　　　　　　河野慶三産業医事務所
　　　　　　　　　　　一般社団法人日本産業カウンセラー協会　会長
　　　　　　　　　　　　　　　　　　　　　　　河野慶三

はじめに

　わが国では少子高齢化とIT化の進展や経営のグローバル化が同時に進行し、年齢構成や組織形態、仕事の質を大きく変化させています。また、「年功序列」から「能力主義」「成果主義」に雇用形態も変化しています。このような状況の中、働く人のストレスは増加しており、精神障害等による労災認定も年々増加する傾向を示し、事業場におけるメンタルヘルス活動の重要性がますます高まっています。

　こうした背景を踏まえ、国は平成27年12月から事業者にストレスチェックの実施を義務づけました。ストレスチェックは、単に実施すれば良い効果が得られるというものではなく、事業場として労働者のメンタルヘルス対策の一環として位置づけて、これまでの活動ともリンクや整合を図った上で、結果を活用等していくことが何より大切です。このことは、心身ともに健康な労働者を増やし、職場を活性化し、ひいては企業の生産性を高めるためにも重要です。

　ストレスチェック制度では、事前の準備や実施にかかる進捗管理、結果の活用の推進など重要な実務を「ストレスチェック制度担当者」が担うこととなります。

　本書は、ストレスチェック制度担当者が知っておくべき知識やノウハウについて解説するものです。ストレスチェック制度担当者をはじめ、関係者に広く活用され、ストレスチェック制度の実施が、事業場のこころの健康づくりにより良い効果を生むことを願います。

　平成28年5月

中央労働災害防止協会

目次

第1章 ストレスチェック制度の目的と概要　9
1. ストレスチェック制度の目的　9
2. ストレスチェック制度の概要と流れ　10
3. ストレスチェック制度担当者とは　11

第2章 ストレスチェック制度　導入に関する準備　13
1. 事業者の方針の表明　13
2. ストレスチェック制度に関わる人材とその役割　14
   - (1) 事業者　14
   - (2) ストレスチェック制度担当者　15
   - (3) 実施者　15
   - (4) 実施事務従事者　16
   - (5) 面接指導を行う医師　17
3. 衛生委員会等での調査審議と労働者への周知　17
4. 実施のための規程等の作成　18
5. 外部機関の活用　19
   - (1) 実施体制のパターン　19
   - (2) 外部機関の種類　19
   - (3) 依頼する際の確認事項　21

第3章 ストレスチェック制度の実施準備と実施時の留意事項　23
1. ストレスチェックの質問項目について　23
2. 使用する調査票の特徴や内容をよく理解しておくこと　24
3. ストレスチェックの実施方法　27
4. 実施時期　28
5. ストレスチェックの対象者　29
6. 受検の勧奨　29
7. 個人の評価、結果の通知方法および面接指導への流れ　30
   - (1) 個人の評価、高ストレス者の判定　30
   - (2) 結果の通知から面接指導へ　32
8. ストレスチェック結果の事業者への提供に関する同意取得　33
9. 面接指導　36
10. 集団分析（努力義務）　36
    - (1)「仕事のストレス判定図」(健康リスク)　37
    - (2) 評価の通知方法　38

11　個人情報の取扱い　39
  12　制度に関する問合せ窓口の設置（質問・苦情等）　40
  13　労働者への不利益な取扱いの禁止　40
  14　ストレスチェック結果の記録・保存・報告　41

第4章　医師による面接指導とその結果にもとづく事後措置　43
  1　医師による面接指導の概要とその位置づけ　43
  2　医師による面接指導の実施　45
    (1) 面接指導の対象者　45
    (2) 事業者がしなければならないこと　45
       （実行責任者としてのストレスチェック制度担当者の役割）
  3　医師による面接指導の内容　48
    (1) ストレスチェック結果の確認とその評価　48
    (2) メンタルヘルス教育とメンタルヘルス相談　52
    (3) 面接指導結果報告書、意見書の作成　53
  4　ストレスチェック結果について相談を希望する者への対応　55

第5章　ストレスチェック結果の教育への活用　58
  1　メンタルヘルス対策の一環として　58
  2　ストレスチェック結果の教育への活用　59
    (1) 全労働者を対象とした「セルフケア研修」　59
    (2) 管理監督者を対象とした「ラインケア研修」　63
  3　メンタルヘルスの根本対策「職場環境等の改善活動」　67
    (1) 職場の分析結果と職場環境等の改善　67
    (2) 組織対応としての「職場環境改善チーム」の設置　69
    (3) 「職場環境等の改善活動」を進めるうえでの留意点　69
    (4) 職場環境等の改善に用いるヒント集　70
    (5) ヒント集を使った労働者参加型の職場環境等の改善　70
    (6) 効果ある職場環境改善活動は組織で計画的に　71
  4　メンタルヘルス対策の年間スケジュール　73

付録
参考1　労働安全衛生法に基づくストレスチェック制度実施マニュアル　75
参考2　ストレスチェック制度関係Q&A　260

〈監　修〉

河野　慶三

河野慶三産業医事務所
一般社団法人日本産業カウンセラー協会　会長

〈執　筆　者〉

浜谷　啓三

中央労働災害防止協会　健康快適推進部
上席専門役　ストレスチェック相談室長

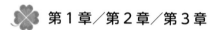 第1章／第2章／第3章

河野　慶三

 第4章

三觜　明

中央労働災害防止協会　健康快適推進部
研修支援センター所長

 第5章

第1章 ストレスチェック制度の目的と概要

1 ストレスチェック制度の目的

　これまでのメンタルヘルス対策は、メンタルヘルス不調の労働者を早期に発見し早期に対処すること、不調者の疾病管理、職場復帰の支援が主であり、個人をターゲットとした対応が中心であった。目の前に多数の不調者が出る状況下では、こうした対応はやむをえないものであった。

　しかし、これでは効果が対応した個人に限定したものとなる。職場全体に長期的な効果をもたらすためには、職場のストレスの低減や個人のストレス対処能力を上げることによる1次予防（未然防止）を行うことが必要である。

　ストレスチェック制度の目的はまさにこの1次予防にある。そのためにストレスチェック制度では、ストレスチェックを実施し、その結果を用いて次の2つの施策を推進する。

- ●労働者自身のストレスへの気づきを促す（セルフケア）
　定期的に労働者のストレス状況や心身の自覚症状等を把握するための検査を行い、結果を通知することにより、労働者自身のストレスの状況について気づきを促す。
- ●職場のストレス低減のために職場環境の改善につなげる（ラインによるケア）
　検査結果を職場ごとに集計・分析し、職場環境の改善につなげて、働きやすく働きがいを感じられる職場にする。

第1章

　ストレスチェック制度の準備・実施にあたっては、この制度を単体で捉えて進めていくのではなく、事業場の総合的なメンタルヘルス対策の中に位置づけ、これまでの対策との有機的なつながりや整合性を持たせることが大切である。それは例えば、あらかじめ労働者へのセルフケア教育や管理者への職場環境改善に関するラインケア教育を行い、ストレスチェックの理解を促しておくといった活動である。そうしたことがなければ、「単にチェックして終わり」といったことになりかねない。メンタルヘルス教育の詳細については、第5章2で解説する。

2　ストレスチェック制度の概要と流れ

　ストレスチェック制度の流れは**図表1-1**のとおりである。法令上の責任者である事業者が行うことの多くは、実行責任者であるストレスチェック制度担当者が行う。

・事業者が、ストレスチェック実施者（医師、保健師等）を決め、体制づくりをはじめ、実施のための準備を行う。
・ストレスチェック実施者が、仕事による心理的な負担の程度を把握するための検査（ストレスチェック）を行い、その結果を直接労働者に通知する。本人の同意がなければ事業者には結果は通知されない。
・ストレスチェック実施者は、ストレスチェックの結果、面接指導が必要と判断された労働者に対して面接指導を受けることを勧奨する。

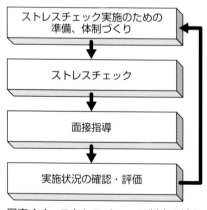

図表1-1　ストレスチェック制度の流れ

・面接を希望する労働者に対して、事業者は、医師による面接指導を実施する。
・事業者は、面接指導を行った医師の意見を聴取し必要に応じ就業上の措置を行う。
・事業者は実施状況の確認・評価を行い、次回のストレスチェック実施に向けて実施方法の見直しを行う。

3 ストレスチェック制度担当者とは

　労働安全衛生法の条文を見ると、多くの場合その主語は事業者である。これは法的責任を負っているのは事業者だからである。労働者が50人以上の事業場の場合、そうした規定のうち衛生に関する事項の実行責任は、ほとんど衛生管理者が負っている。ストレスチェック制度でもその原則は生きているので、法の趣旨に照らすとストレスチェック制度担当者には衛生管理者を当てることが適切である。

　ストレスチェック制度担当者はストレスチェック制度のかじ取り役であり、計画から実行、関係部署との調整、外部機関の選定など、ストレスチェック制度の成否に関わる大きな役割を担っている。メンタルヘルス対策全体を考えた上で対処していく必要があるので、メンタルヘルス推進担当者を選任している事業場では、メンタルヘルス推進担当者をストレスチェック制度担当者とすることも一案である。

　ストレスチェック制度担当者の役割については次章で紹介するが、ここではストレスチェック制度とその実施に関わる人材に関する用語を説明しておく（次頁）。

ここがポイント！

〜より効果を上げるために〜

- ストレスチェック制度担当者は、ストレスチェック制度のかじ取り役。衛生管理者やメンタルヘルス推進担当者が兼任し、職場の健康管理やメンタルヘルス活動と一体的に行う。
- ストレスチェック制度を活用することで、これまで不調者対応に偏っていたメンタルヘルス対策を改善し、不調者が出ず、働きやすく働きがいを感じられる職場環境を目指す（1次予防）。

第1章

用語の説明

ストレスチェック制度

　ストレスチェックの実施、その結果にもとづく医師による面接指導、面接指導結果にもとづく就業上の措置、ストレスチェック結果の集団ごとの集計・分析など、労働安全衛生法第66条の10に係る事業場における一連の取組み全体をいう。

ストレスチェックに関わる人材

（実施者）

　医師、保健師または厚生労働大臣が定める研修を修了した看護師もしくは精神保健福祉士であって、ストレスチェックを実施する者をいう。

（共同実施者・実施代表者）

　事業場の産業医と外部機関の医師等が共同でストレスチェックを実施する場合等、実施者が複数名いる場合の実施者を「共同実施者」という。この場合の複数名の実施者を代表する者を「実施代表者」という。

（実施事務従事者）

　実施者の指示により、ストレスチェックの実施の事務（個人の調査票のデータ入力、結果の出力または結果の保存（事業者に指名された場合に限る）等を含む。）に携わる者をいう。

（ストレスチェック制度担当者）

　ストレスチェック制度の実施計画の策定、実施の管理や外部に委託する場合の契約内容等の調整等を行う者をいう。個人情報を取り扱わないので人事権のある者も従事できる。衛生管理者、メンタルヘルス推進担当者および人事・総務担当者が当たることとなる。

第2章 ストレスチェック制度導入に関する準備

1 事業者の方針の表明

　安全衛生対策すべてに共通していることであるが、まず、トップが積極的に取り組む姿勢を示すことが対策を効果的に推進するカギとなる。実際には、ストレスチェック制度担当者が案を考えて、事業者に確認することから始まるが、トップ自身がストレスチェック制度の目的や事業場のメンタルヘルスの現状を理解したうえで表明することが大切である。事業者自らの声で目的や方針を示すことは、労働者が安心してストレスチェックを受けることにつながる。

　事業者からみたストレスチェック制度の目的は、リスクマネジメントと生産性の向上である（図表2-1）。各事業場のメンタルヘルス対策の実態に合った具体的な目標を方針に示すことが大切である（図表2-2）。

● **リスクマネジメント**
　労働安全衛生法で定められた実施義務（法令遵守）のほか、安全（健康）配慮義務、企業の社会的責任（CSR）を果たす。

● **生産性の向上**
　ストレスチェックを実施し、労働者のメンタルヘルス不調を未然に防ぐとともに、検査結果を職場ごとに集計・分析し、職場環境の改善につなげることで、生産性の向上を図る。

図表2-1　ストレスチェックを実施する事業者の目的

第2章

用語の説明

＊CSR（企業の社会的責任：Corporate Social Responsibility）
企業は社会的な存在であり、自社の利益、経済合理性を追求するだけでなく、利害関係者全体の利益を考えて行動すべきであり、法令の遵守、環境保護、人権擁護、消費者保護などの社会的側面にも責任を有するとの考え方

例文）　ストレスチェック制度の開始にあたって

　本事業所では、労働安全衛生法改正の趣旨にもとづき、本年度よりストレスチェック制度に対応したメンタルヘルス対策を実施することを決定した。
　法にもとづくストレスチェック、面接指導を実施するとともに職場環境の改善について積極的に取り組むこととする。従業員自身のストレスへの気づきを促し、心身の健康の保持増進を図るとともに、働きやすい職場の実現を通して、会社の活性化を図り経済競争に負けない、高い生産性を目指す。

　初年度は、①……、②……

　　　　　　　　　　　　　　　　　　　　　　　平成○年○月
　　　　　　　　　　　　株式会社　○○○○　代表　○○○○

図表2-2　ストレスチェック制度導入に当たっての事業者の方針（例）

2　ストレスチェック制度に関わる人材とその役割

　ストレスチェック制度を効果的に進めるには、まず実施体制の整備が必要である。次にそれぞれの具体的な役割を述べるが、ストレスチェック制度では、人事権のある者は従事できない実務があることに注意が必要である。

(1) 事業者

　事業者はストレスチェック制度の法令上の実施責任者である。
　事業者は法令を遵守し、労働者のメンタルヘルス対策もCSRの範囲内であるこ

とを踏まえる。事業者にはこうした経営的視点で労働者の健康管理・メンタルヘルスを捉えることが求められている。

(2) ストレスチェック制度担当者（※人事権者も従事可）

　ストレスチェック制度担当者の主な役割は次の①〜⑭のとおりで、ストレスチェック制度のかじ取り役となる。このため、予算や実行に関してある程度の裁量権がある者が当たるのが望ましい。衛生管理者やメンタルヘルス推進担当者が制度担当者を兼任したほうがよい。

① 　ストレスチェックの体制の整備
　　　　実施者、実施事務従事者および面接指導を行う医師等を決定
② 　外部に委託する場合の契約
③ 　調査票の選定、評価方法の決定等の事務（←実施者（医師等）が助言）
④ 　ストレスチェックの実施スケジュールの作成
⑤ 　ストレスチェックの実施について労働者への周知
⑥ 　調査票の配布および回収（※封入され内容が見られない状態での取扱い）
⑦ 　ストレスチェックを受けない労働者への受検勧奨
⑧ 　面接指導の申出方法の労働者への周知
⑨ 　面接指導の日時、場所の調整、労働者および直属の管理監督者への連絡
⑩ 　面接指導を行った医師からの意見の聴取
⑪ 　就業上の措置に関する連絡・調整
⑫ 　ストレスチェック・面接指導の実施結果の確認・評価
⑬ 　本人の同意を得たストレスチェック結果・面接指導の意見書の保存
⑭ 　労働基準監督署への報告

(3) 実施者（※人事権者は従事不可）

　実施者には、ストレスチェックの調査票の選定、高ストレス者の選定基準について専門的な立場から事業者に意見を述べるとともに、医師による面接指導の要否を決定することなど、次の①〜⑧の役割がある。

① 　記入済み調査票のデータ入力作業（実施事務従事者に指示）
② 　結果票の出力（実施事務従事者に指示）

第2章

③　高ストレス者の判定基準の作成
④　ストレスチェック結果の確認と医師による面接指導の要否の判断
⑤　ストレスチェック結果の本人への通知（実施事務従事者に指示）
⑥　集団ごとの分析の実施
⑦　事業者への集団分析結果の報告（実施事務従事者に指示）
⑧　面接指導対象者に対する申出の勧奨（実施事務従事者に指示）

　実施者については、「事業場内の産業医・保健師等がなる」「外部機関に委託する」の2つの方法がある。実施者には、事業場の実態をよく知っている産業医があたることが望ましいとされているが、実際には多くの事業場が、ストレスチェックの実施を外部機関に委託する方向に動いている。外部機関に委託する場合は、事業場内に共同実施者をおいておかないと、ストレスチェックの結果にアクセスしてその内容を見ることのできる人がいなくなり、ストレスチェック制度の運用に支障が出ることに注意する必要がある。

　なお、調査票の回収や回答情報の入力、結果票の出力等の実務は必ずしも実施者が行う必要はなく、実施事務従事者に指示して行わせることができる。

（4）実施事務従事者（※人事権者は従事不可）

　実施事務従事者は、実施者の指示に従いストレスチェックの実務を行う。次の①～⑥の役割がある。

①　調査票の作成
②　労働者への配布および回収＊
③　記入済み調査票のデータ入力作業
④　結果票の作成、労働者への配布＊
⑤　事業者への集団分析結果の報告
⑥　面接指導対象者に対する申出の勧奨

　また、事業者から指名された場合には、個人のストレスチェック結果の保存の役割を担う。

　なお、実施事務従事者には守秘義務があり、仮に上司からの要求であっても個人の結果や誰が「高ストレス者」か、などの個人情報を漏らしてはならない。

＊　封入され内容が見えない場合は管理監督者等が配布することは可能

(5) 面接指導を行う医師

　面接指導を行う医師は、面接の中で労働者の勤務の状況、心理的な負担の状況および心身の状況を確認し、事業者に対して意見書を作成する。意見書の内容は就業上の措置の必要性の有無、実施すべき措置の内容、必要に応じて職場環境改善に関する意見となる。したがって、面接指導には、事業場をよく知っている産業医が当たることが望ましい。

　産業医の多数を占める嘱託産業医の勤務実態を見ると、1か月に1日程度の勤務となっている事業場が多い。ストレスチェック後の面接指導や指導後の意見書の提出にはある程度の時間を要するため、嘱託産業医に面接指導を依頼する場合には、ストレスチェックの対象者数を考慮して、勤務日数などを早めに調整しておく必要がある。

3　衛生委員会等での調査審議と労働者への周知

　「心理的な負担の程度を把握するための検査及び面接指導の実施並びに面接指導結果に基づき事業者が講ずべき措置に関する指針」(改正平成27年11月30日、心理的な負担の程度を把握するための検査等指針公示第2号)(以下、「ストレスチェック指針」)に示された衛生委員会等で審議する事項は図表2-3のとおりである。ストレスチェック制度は労使が協調することで、はじめて効果が生じるものなので、規程や実施要綱の作成、年度計画を立てる際には衛生委員会等で十分審議を行うことが大切である。

　しかし、衛生委員会等の委員が、必ずしもストレスチェック制度について詳しいとは限らない。ストレスチェック制度担当者は、他社の取組み事例や外部機関からの提案をもとに審議の原案を作成し、説明を行う必要がある。

　また、衛生委員会等の調査審議の結果が労働者に十分な周知がなされないために、施策の効果が上がらないことがあるので、通知文や社内LANに加え、重要な事項は管理監督者に丁寧に説明し、管理監督者から一人ひとりの労働者に周知することが重要である(図表2-4)。

第2章

> 衛生委員会等における調査・審議事項
> ① ストレスチェック制度の目的に係る周知方法
> ② ストレスチェック制度の実施体制
> ③ ストレスチェック制度の実施方法
>   ・使用する調査票、高ストレス者の選定基準、ストレスチェックの実施頻度・時期・対象者、面接指導申出方法等。
> ④ ストレスチェック結果にもとづく集団ごとの集計・分析の方法
> ⑤ ストレスチェックの受検の有無の情報の取扱い
> ⑥ ストレスチェック結果の記録の保存方法
> ⑦ ストレスチェック、面接指導および集団ごとの集計・分析の結果の利用目的および利用方法
> ⑧ ストレスチェック、面接指導および集団ごとの集計・分析に関する情報の開示、訂正、追加および削除の方法
> ⑨ ストレスチェック、面接指導および集団ごとの集計・分析に関する情報の取扱いに関する苦情の処理方法
> ⑩ 労働者がストレスチェックを受けないことを選択できること
> ⑪ 労働者に対する不利益な取扱いの防止

図表 2-3 衛生委員会等での審議事項（ストレスチェック指針より）

> ① 検査の目的
> ② 担当部署、責任者名、担当者名、問合せ先
> ③ 検査結果の通知方法や個別面談等の事後措置の内容
> ④ 個人情報の取扱い
> ⑤ 検査会社名（外注する場合）、など

図表 2-4 労働者への周知の内容

4 実施のための規程等の作成

　衛生委員会等の調査審議結果を踏まえて、事業場におけるストレスチェック制度の実施について規程等を定める。規程に盛り込む内容は図表 2-5 のとおりである。規程の例を参考に事業場の実態にあった規程を作成する。規程を整備する場合は、社会保険労務士等の専門家に依頼するとよい。

　なお、規程等に盛り込む事項の進め方等のポイントは、次章で紹介する。

- 実施体制（実施者、実施事務従事者、担当部署等）
- ストレスチェックに使用する調査票や調査方法
- 高ストレス者の選定基準や面接指導の対象者の選定方法
- 個人結果の事業者への提供の同意の取得方法
- 個人情報の取扱いや守秘義務
- 面接指導の方法
- 集団分析の方法（努力義務）
- 苦情や訂正の申し出方法　　　　　　　　　　　　　など

図表2-5　ストレスチェックに係る規程に盛り込むべき事項

5　外部機関の活用

　ストレスチェックの実施を外部機関に依頼することにより、膨大な処理業務の軽減と情報管理が容易となる。一方で実施状況の把握がしにくい、というデメリットがある。もちろん委託費用が発生する。

　下記の実施体制のパターン（図表2-6）を参考に事業場の実態に合わせて外部機関を上手に活用することが大切である。

(1) 実施体制のパターン

　ストレスチェック・面接指導の実施にあたり、多くの事業場が外部機関を活用することとなる。このため、事業場内のリソースで行う部分と、外部機関に委託して行う部分を検討しておく必要がある。実施者の指名のほか、面接指導の実施やストレスチェック結果の保存など、項目ごとの分担を外部機関と協議して決定する。

(2) 外部機関の種類

　外部機関としては、医療系の機関（病院、健康診断機関）、EAP系の機関、IT系の機関および公的機関があげられる。

　医療系の機関は、健康診断と一括で受託することが多く、健康診断結果とストレスチェックの結果を合わせて管理できる。EAP系機関は、ストレスチェック、医

第2章

実施体制	事業場内	事業場外
①ストレスチェック制度担当者	・衛生管理者、メンタルヘルス推進担当者、人事総務部門の責任者など	
②実施者 複数の場合は共同実施者となり、実施代表者を決める	・産業医、保健師、看護師、精神保健福祉士	・外部機関の医師、保健師、看護師、精神保健福祉士
③実施事務従事者	・事業場内の人事担当者（人事権をもたない者）等	・外部機関のデータ入力担当者、事務担当者等
④面接指導を行う医師	・産業医	・外部機関の医師 ・事業場が契約する医師（近隣の精神科医等）
⑤高ストレス者選定に際しての面談を行う者	・実施者、産業カウンセラー、臨床心理士等	・外部機関の実施者 ・産業カウンセラー、臨床心理士等
⑥ストレスチェック結果についての相談窓口	・実施者	・外部機関の実施者
⑦情報の取扱いについての相談窓口	・個人情報管理の窓口	
⑧集団分析、職場環境改善の評価（努力義務）	・実施者	・外部機関実施者
⑨ストレスチェック結果の保存（労働者の同意あり）	・実施者、実施事務従事者	・外部機関の実施者、実施事務従事者
⑩ストレスチェック結果の保存（労働者の同意なし）	・制度担当者、実施事務従事者	・外部機関の実施者、実施事務従事者
⑪面接指導結果の保存	・制度担当者、実施事務従事者	

図表2-6　実施体制のパターン

師による面接指導に加えてカウンセリングや電話、メール相談等をパッケージで提供しているケースが多い。IT系機関は、情報・通信業のノウハウを活かしたウェブでのストレスチェックのサービスが中心となる。

　公的機関としては、独立行政法人労働者健康安全機構の地域窓口（地域産業保健センター）がある。ストレスチェック制度全般の相談対応や50人未満の小規模事業場のストレスチェック実施の支援を行っている。

＊　中央労働災害防止協会（中災防：http://www.jisha.or/jp/）も外部機関としてストレスチェック制度全般のコンサルテーションとストレスチェックのサービスを提供している。

用語の説明

＊EAP（従業員支援プログラム：Employee Assistance Program）
事業場において労働者へ提供される、仕事の業績に関わるような個人的問題に対しての福利厚生ケアの総称である。社員支援プログラムなどとも呼ばれる。

(3) 依頼する際の確認事項

　提供されるサービス内容は機関によって大きく異なる。ストレスチェック制度担当者としては、まず下記の点を確認する必要がある。

　「それぞれのメニューは必要なものだけを依頼できるのか？」「パッケージとなっているのか？」を確認する。パッケージにほとんど利用しないサービスが含まれていて結果として割高になる、ということがないよう注意する。

　料金については、概算の料金のみを公開している機関が多いので、見積りをとってサービス内容と合わせて料金を確認する。社内の担当者が事務を行うと、残業代などの人件費が発生することもあり、外部に委託したほうがコストがかからないこともある。

- 実施者の確認
- チェックは、紙（アンケート用紙）、ウェブ、両方を併用できるのか？
- ストレスチェック結果等の保存は？
- 面接指導への対応は？
- 高ストレス者選定の際の予備的面談への対応は？
- 集団分析・組織分析は？
- 産業保健活動としての相談、電話やメール相談の対応は？
- 情報管理の体制はしっかりしているか？
- 依頼から結果提供までの手続きとスケジュール

　その他、機関の組織体制、情報セキュリティ対策、ストレスチェック制度（類似サービス）の実績を確認し、「安かろう悪かろう」とならないよう注意する。

第2章

ここがポイント！
～より効果を上げるために～

- 事業者が方針表明を行い積極的に取り組む姿勢を示すことで、労働者が安心してストレスチェックを受けられ、担当者も運営をスムーズに行える。
- 衛生委員会等で実施に関わる重要事項を審議し、その内容を労働者にしっかり周知する。
- 外部機関は、それぞれの機関によって提供するサービスの内容、料金等が異なる。どの部分を委託するのか、機関の組織体制、情報セキュリティ対策を考慮して委託先を決定する。
- 外部機関に委託する場合でも、事業場内に共同実施者がいれば、ストレスチェックの結果にアクセスすることができるため、運用がスムーズとなる。

第3章

ストレスチェック制度の実施準備と実施時の留意事項

　ストレスチェック制度のことだけを考えて施策を検討すると、他のメンタルヘルス対策と矛盾したり重複したりと、ちぐはぐになりかねない。

　従来のメンタルヘルス相談では、「本人が同意しない限り人事にも直属の上司にも、相談内容はもちろん相談に来たことも伝えない。」という条件で相談を受けていることが多い。これに対して、ストレスチェック制度では「面接指導は事業者に申し出る。申し出た労働者の検査結果は事業者に伝えることに同意したとみなしてよい」となっているため、説明を十分に行わないと労働者は混乱する。

　したがって、今まで実施してきたメンタルヘルス・健康管理対策全体との関係性を見ながら検討し、取り組むことが大切である。

1　ストレスチェックの質問項目について

　ストレスチェックでは、次の3項目に関する調査票を用いた検査を行わなければならない。さらに、その調査票には一定の科学的根拠が必要とされている。実際には厚生労働省が推奨している「職業性ストレス簡易調査票」を選択する事業場が大多数であろう。

　職業性ストレス簡易調査票は、すでに多くの事業場で利用されている。全国平均との比較ができ、また集団分析結果である「仕事のストレス判定図」と連動した職場環境改善のツールも開発されている。

第3章

ストレスチェックにおける検査項目
① 職場における当該労働者の心理的な負担の原因に関する項目
② 当該労働者の心理的な負担による心身の自覚症状に関する項目
③ 職場における他の労働者による当該労働者への支援に関する項目

2 使用する調査票の特徴や内容をよく理解しておくこと

　検査を効果的に実施するには、まず、ストレスチェック制度担当者など実施する側が「その検査項目でどのようなことが分かるのか?」「この評価はどの質問からつくられているのか?」など調査票の特徴や検査内容をよく理解しておくことが大切である。

　「職業性ストレス簡易調査票」は、質問数は57問と少なく、記入時間も10分以内で行える。「何となくストレスチェックは面倒だな」という印象を持っている労働者が少なくないと思われるが、実際には短時間で記入できるので負担は小さい。労働者として回答しやすい、手軽な質問票であることを周知しておくとよい。

　質問項目は、「A仕事によるストレスの要因」「Bストレス反応」「C修飾要因」の3つのパートに分かれている（図表3-1）。「A仕事によるストレス要因」については、仕事の量的・質的な負担感やコントロール度、対人関係など仕事の直接的なストレス要因の項目が並んでいる（図表3-2）。また、「Bストレス反応」は、疲労感、不安感、抑うつ感や身体的な自覚症状に関する項目からなる（図表3-3）。「C修飾要因」は、労働者の周囲のサポート状況と仕事や生活の満足度の項目からなる（図表3-4）。

　この調査票は職場のストレス要因の把握を目的として開発されたため、家庭的なストレス要因についてはチェックできない。さらに、この調査票に労働者がどういう姿勢で回答したかは、まったく把握できない。自身に不利になる可能性がある質問には、事実と異なる回答をすることもありうることも理解しておく必要がある。

　したがって、ストレスチェックに職業性ストレス簡易調査票を用いる場合、実施者等には図表3-5に示された点に留意することが求められる。

A 仕事によるストレス要因 （心理的な負担の原因）	B ストレス反応 （心理的な負担による心身の自覚症状）	C 修飾要因 （他の労働者による当該労働者への支援）
仕事の負担（量） 仕事の負担（質） 身体的負担 対人関係 職場環境 コントロール度 技能の活用 適正度 働きがい	活気 イライラ感 疲労感 不安感 抑うつ感 身体愁訴	上司からのサポート 同僚からのサポート 家族や友人からのサポート 仕事や生活の満足度
【9指標 ： 17項目】	【6指標 ： 29項目】	【4指標 ： 11項目】

図表 3-1　職業性ストレス簡易調査票の構成

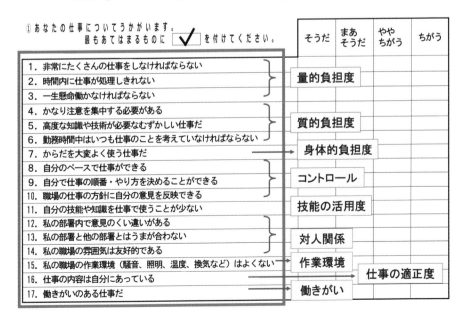

図表 3-2　仕事によるストレス要因

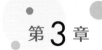

B ストレスによる心身の反応のチェック

心理的ストレス反応（1～18）
身体的ストレス反応（19～29）
ほとんどなかった
時々あった
しばしばあった
ほとんどいつもあった
1. 活気がわいてくる
2. 元気がいっぱいだ
3. 生き生きする
活気
4. 怒りを感じる
5. 内心腹立たしい
6. イライラしている
イライラ感
7. ひどく疲れた
8. へとへとだ
9. だるい
疲労感
10. 気がはりつめている
不安感
11. 不安だ
12. 落着かない
不安感
13. ゆううつだ
14. 何をするのも面倒だ
15. 物事に集中できない
16. 気分が晴れない
17. 仕事が手につかない
18. 悲しいと感じる
抑うつ感
19. めまいがする
20. 体のふしぶしが痛む
身体愁訴
21. 頭が重かったり頭痛がする
22. 首筋や肩がこる
23. 腰が痛い
24. 目が疲れる
25. 動悸や息切れがする
26. 胃腸の具合が悪い
27. 食欲がない
28. 便秘や下痢をする
29. よく眠れない
身体愁訴

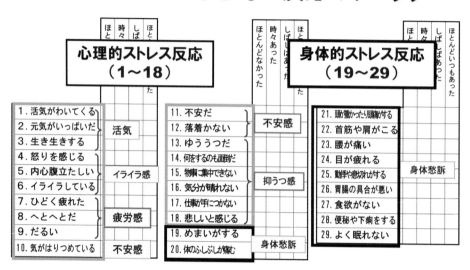

図表 3-3　ストレスの心身の反応

C 修飾要因（周囲のサポート）

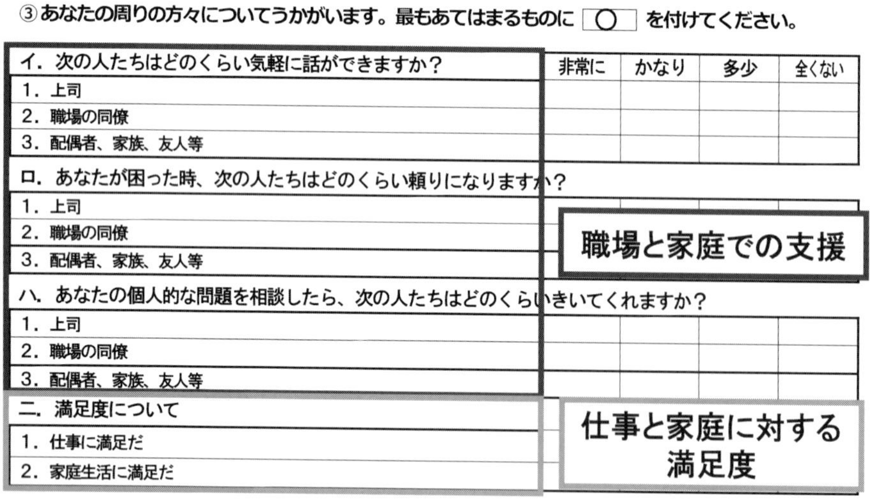

③あなたの周りの方々についてうかがいます。最もあてはまるものに ○ を付けてください。
非常に
かなり
多少
全くない
イ．次の人たちはどのくらい気軽に話ができますか？
1．上司
2．職場の同僚
3．配偶者、家族、友人等
ロ．あなたが困った時、次の人たちはどのくらい頼りになりますか？
1．上司
2．職場の同僚
3．配偶者、家族、友人等
ハ．あなたの個人的な問題を相談したら、次の人たちはどのくらいきいてくれますか？
1．上司
2．職場の同僚
3．配偶者、家族、友人等
職場と家庭での支援
ニ．満足度について
1．仕事に満足だ
2．家庭生活に満足だ
仕事と家庭に対する満足度

図表 3-4　修飾要因

- 職業性のストレス調査票であり、仕事外のストレス要因等、たとえば家庭生活におけるストレス要因などについては調査項目にない。
- 回答者のパーソナリティについて考慮されていない。評価にあたっては、自記式調査票に見られる個人の回答の傾向について、考慮する必要がある場合がある。
- 検査時点のストレス状況しか把握できない。
- 調査票単独で、個人のストレス状況を判断しない。適宜、労働者の声を聞きながら問題点を把握する。
- より正確な情報を早く得るため、検査の実施から結果評価まで、時間をおかずになるべく迅速に行う。

図表 3-5　職業性ストレス簡易調査票使用上の留意点

3　ストレスチェックの実施方法

　ストレスチェックの実施方法としては、紙ベースで調査票に記入させる方法とインターネットやイントラネット等のウェブ上で実施する方法がある。

　紙で実施する場合は、配布や入力の手間がかかることに加え労働者への結果の返却までに時間がかかる。また、記入漏れなど不完全な回答となってしまうことがある。記入漏れ等があった場合の評価の方法を決めておく必要がある。外部委託する場合は外部機関がどのように評価するかを確認する。

　紙で実施する場合、チェックシートの配布、回収が労働者の目の前で行われるのでイベント的な状況が出現し、受検率向上につながることがある。

　ウェブ上での実施には、配布の手間がかからず記入漏れがない、そして何より労働者の回答が終了すると即時に結果が出る、という利点がある。対象者数が多い場合は紙よりも経費が安くなることが多い。一方で個々の労働者にパソコン、メールアドレスが必要となり、製造業や建設業、運輸業など一人ひとりにパソコンやメールアドレスがない職場では実施しづらい。同じ会社内でも紙がよい職場とウェブ上がよい職場が混在することがほとんどなので、両者を組み合わせていくことが必要となる。ただし、同じ職場に紙で実施する労働者とウェブで実施する労働者が混在すると実施の管理が難しくなるので、事業場単位では同一の方法で実施したほうがよい。

なお、国からストレスチェックのためのソフトが無償で提供されており、これを用いると紙ベース（手入力）による処理とウェブ上での処理の両方ができる。

調査期間2～3週間とする企業が多いが、期間を長くすると受検率がよくなるというわけではない。受検率を上げ、かつ、正確な調査とするためには、検査の趣旨や個人情報の取扱いをアンケート用紙やウェブ画面に分かりやすく記載し、周知することがポイントとなる。実施の前に管理職研修を行い、制度の目的や守秘義務が守られることを説明に加えると、さらに効果的である。ストレスチェック制度の趣旨や受検時のポイントなどを分かりやすくまとめた小冊子の活用も有効である。

4　実施時期

ストレスチェック制度では、1年以内に1回以上の実施が義務づけられている。

実施時期については健康診断との関係を考えながら決める必要がある。たとえば、ストレスチェックと健康診断を同時に行えば、調査票や結果の労働者への配布の手間は軽減できるが、一方で、健康診断とストレスチェックの区別があいまいになるといった懸念がある。違いを労働者に周知する必要がある。また、人間ドックを受診し、その結果を事業場に提出することで事業場が設定した健康診断に替える労働者もいる。そのような人のストレスチェック受検をどうするかも検討しておく必要がある。

また、誕生月健診など1年間を通して健康診断を実施している事業場もある。この場合、組織分析は、ある時点で区切らざるを得ないので、部署内の労働者間、部署間で集計時期のばらつきが生じる。しかし一方で、1か月あたりの面接指導対象者が少なくなるため、面接指導を丁寧にできるというメリットがある。

「職場の人間関係」や「上司や同僚の支援」についての項目には、大きな人事異動の直後では回答が難しい。さらに、異動直前の実施は結果が職場環境改善に役立たないので好ましくない。年間の人事異動の時期を考慮して計画する必要がある。

5　ストレスチェックの対象者

　ストレスチェックの対象者は、次の①および②のいずれの要件をも満たす者である。これは、一般定期健康診断の対象者と同様である。
① 　期間の定めのない労働契約により使用される者、または、期間の定めのある労働契約により使用される者のであって、契約期間が1年以上の者、契約更新により1年以上使用されることが予定されている者、1年以上引き続き使用されている者。
② 　週労働時間数が、当該事業場において同種の業務に従事する通常の労働者の1週間の所定労働時間数の4分の3以上である者。

　また、派遣労働者のストレスチェックおよび面接指導については、派遣元事業者が実施の責任を負っている。派遣先は、派遣労働者が派遣元で行うストレスチェックを受検できるよう必要な配慮を行う。
　なお、ストレスチェック結果の集団ごとの集計・分析は、職場単位で実施する必要があることから、派遣先事業者は派遣労働者も含めてストレスチェックを実施することが望ましいとされている。

6　受検の勧奨

　制度担当者はできるだけ多くの労働者に受検してもらうための勧奨を行う。未受検者は、ウェブでの実施の場合は、コンピューターによりリアルタイムで受検状況が確認できる。紙でストレスチェックを実施する場合は、記入済みのチェック票回収の際に、リスト等で受検済みであることをチェックし、未受検者がすぐに分かるようにしておく必要がある。可能であれば、受検の勧奨は各職場の管理職に依頼し、管理職からしてもらうようにするとよい。その場合、労働者には受検の義務はないので、「ストレスチェックの受検を忘れていませんか？　締め切りは○月○日です」というように勧奨し、管理職が業務命令のように受検を強制しないように注意することが大切である。

第3章

7 個人の評価、結果の通知方法およびの面接指導への流れ

(1) 個人の評価、高ストレス者の判定

　職業性ストレス簡易調査票は、仕事によるストレス要因9指標、ストレス反応6指標、修飾要因（周囲のサポート）4指標で構成されている（25頁、図表3-1）。各指標は素点換算表を用いて5段階で評価することになっている。職業性ストレス簡易調査票を用いているところであれば、外部機関を含めて、どこで実施しても評価結果は同じである。

　また、評価にもとづき、高ストレス者として下記の①および②のいずれかに該当するものを選定する。

① 「心身のストレス反応」に関する項目の点数が高い者
② 「心身のストレス反応」に関する項目の点数が一定以上であり、かつ「仕事のストレス要因」および「周囲のサポート」に関する項目の得点が著しく高い者

　職業性ストレス簡易調査票を用いた高ストレス者の判定法は、次の2つの方法がある。

　（その1）各質問項目への回答の点数の合計を単純に合計して評価する方法
　ストレスが高い方を4点、低い方を1点として計算し、次の①または②のいずれかに該当するものを高ストレス者とする。

① 「心身のストレス反応」の項目の合計点が77点以上のもの。
② 「仕事のストレス要因」および「周囲のサポート」の項目の合計点が76点以上であって、「心身のストレス反応」の項目の合計点が63点以上のもの
　（図表3-6の「高ストレス者選定のイメージ」を参照。）

　（その2）各質問項目への回答の点数を素点換算表により5段階評価に換算して、その合計点を合計して行う方法
　5段階評価の評価点のストレスが高い方を1点、低い方を5点として計算し、次の①または②のいずれかに該当するものを高ストレス者とする。

高ストレス者選定のイメージ

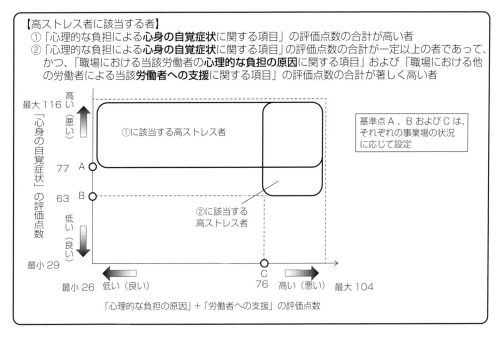

図表 3-6　高ストレス者選定（例）

① 「心身のストレス反応」の項目の5段階評価の得点の合計が12点以下のもの
② 「仕事のストレス要因」および「周囲のサポート」の項目の5段階評価の得点の合計が26点以下であって、「心身のストレス反応」の項目の5段階評価の得点の合計が17点以下のもの

　上記の2つの方法によると、過去の統計でみた高ストレス者の割合は、受検者の概ね10％程度となるが、この割合は事業場によって異なる。高ストレスと判定する基準は、それぞれの事業場の状況により変更することが可能であり、実施者の専門的な意見をもとに事業者が決定する。

　なお、高ストレス者数の経時変化は、評価点数の分布の変化と同じく事業場全体のストレス状況の評価指標となるので、基準に大きな問題がなければ変更しないほうがよい。

第3章

(2) 結果の通知から面接指導へ

　ストレスチェック結果の個人への通知方法や、高ストレスで医師の面接指導が必要とされた者の申出の方法についても、検査前に決定し労働者へ周知しておく必要がある。

　ストレスチェック制度外の仕組みとして、面接指導の体制に加え、検査結果についての問合せ先、検査結果により不安を感じた労働者に対する相談先を決めておくとよい（図表3-7）。いきなり医師の面接指導というと相談へのハードルが高くなるので、保健師や産業カウンセラー等が相談を受け、必要に応じてそこから面接指導につなげるのも良い方法である。このようにできるだけ多くの労働者が相談を受けられるような仕組みをつくることが大切である。

　また、面接指導の通知をする際に同僚等に知られないようにする方法や、直属の

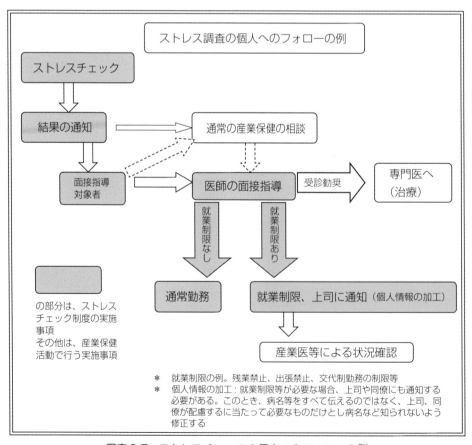

図表3-7　ストレスチェックの個人へのフォローの例

上司への通知方法などもルール化しておく。メンタルヘルスに関する知識が普及してきたとはいえ、「自分がメンタルヘルス不調（疾患）であることを知られたくない」という意識がまだ強いのは事実であり、配慮が必要である。

結果の通知例（個人プロフィール）を図表3-8に示す。

8 ストレスチェック結果の事業者への提供に関する同意取得

検査結果を事業者に提供する場合は本人の同意が必要となる。同意の取得は事業者にどのような内容が伝わるのかが分かる、個々人への検査結果の通知後でなくてはならないので、以下のような同意の取得は禁止されている。

- × 実施前（実施前にメールで確認等）
- × 実施時（調査票に同意の有無のチェック欄を設ける等）
- × 同意しない旨の申出がない限り、同意したとみなす方法

ストレスチェック制度上、その結果の内容を知る必要があるのは、ストレスチェック実施者を除けば面接指導を実施する医師のみである。ストレスチェック制度外でこの情報を使う場合には、それを明示して同意をとる必要がある。

なお、労働者が、事業者に対して面接指導の申出を行った場合には、その申出をもってストレスチェック結果の事業者への提供に同意がなされたものとみなして差し支えない。

また、提供される情報の内容は労働者に提供される内容と同じものが基本となるが、衛生委員会等で審議し、開示内容を限定することも可能である。開示の内容によって同意する労働者の数が変わることが想定される。例えば、自分は「面接指導対象者である」ことだけ開示される場合と「ストレスチェック結果の内容すべて」が開示される場合、前者の方が同意する人が多くなることが想定される。

誰にどこまで開示するかなど結果の取扱い等について決めておき、チェック実施前、チェック実施時、結果票の返却時など繰り返し労働者に周知する。それが面接指導を申し出る労働者を増やすことにもつながる。

第3章

あなたの ストレスプロフィール

ストレスの総合評価

全体的にみるとあなたは…

仕事のストレス要因があり、心身への負担もあるようです。ストレスの原因にお気づきですか。自然に親しむなど自分に合った方法でストレスを解消しましょう。

あなたはストレスが高い状態です（高ストレス者に該当します）。

評価結果（点数）について…

- 心身のストレス反応　81／116点
- ストレスの要因　　　45／68点
- 周囲のサポート　　　20／36点

合計 146／220点

※点数が高いほどストレスが高い状態です。

ストレスプロフィールの見かた

3つのレーダーチャートはあなたのストレス状態をあらわし、
- 均等に大きく広がっているほど良好な状態であることを示します。
- 反対にレーダーチャートの示す範囲が狭くなり、特に中央のカラーゾーンに入っている場合は、ストレス反応が高かったりストレスの原因が多い状態と思われますので、産業保健スタッフや専門家への相談をおすすめします。

※5段階評価は、約2万5千人の労働者のデータから作成された標準値をもとに判定されています。

⚠ ご覧いただく際の注意点

※主に仕事に関連したストレスについての結果です。
　ご家庭や仕事以外の生活によるストレスは測定されていません。
※ご記入いただいた時点のストレス状況しか把握できません。「心とからだにあらわれたストレス反応」については、最近1か月間の状況を示しています。
※性格（パーソナリティ）の違いは考慮されていません。
　また、ストレスの原因が同じように多い場合でも、ストレス反応（イライラ感や不安感など）は人によって異なります。

① 心とからだにあらわれた ストレス反応へのアドバイス
（心身のストレス反応）

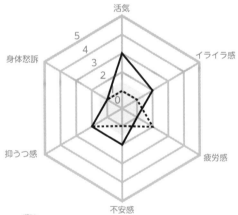

活気 … 活気は普通の状態ですね。良い気分のときを上手にとらえ、それをきっかけに流れを変えましょう。

イライラ感 … イライラ感がやや高い状態です。誰かに話したり一呼吸置くなどし、イライラをやり過ごしてください。

疲労感 … 非常に疲れているようです。十分な睡眠をとるなど心身の休養が必要です。解決できないときは、専門家にご相談ください。

不安感 … 不安感がやや高い状態です。ご自分で解決可能ですか。あなたの信頼する人や専門家への相談をお勧めします。

抑うつ感 … 抑うつ感がやや高い状態です。原因を見つけ、対処することが必要です。自分で解決できない場合は、抱え込まずにあなたの信頼する人や専門家への相談をお勧めします。

身体愁訴（からだの不調感） … 体調が思わしくないようです。医師と相談する等、前向きな対策をとりましょう。

34

2 ストレスの原因についてのアドバイス
（ストレスの要因）

現在あなたは、多くの仕事上のストレッサーに囲まれており、このまま放置すればあなたの心身の健康がそこなわれるおそれがあります。一人で抱え込まず、上司や周囲の人と相談するなどして問題点を整理して、ストレッサーの軽減に努めましょう。

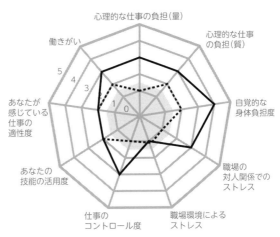

3 コミュニケーションについてのアドバイス
（周囲のサポート）

周囲の人とコミュニケーションがとれています。今後もより良い関係を広げましょう。

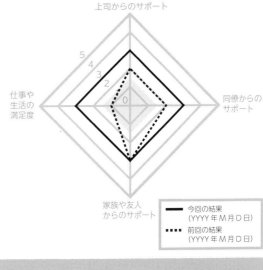

図表 3-8　ストレスプロフィール（例）

第3章

9 面接指導

ストレスチェック実施後、結果の通知から面接指導、就業上の措置までの流れは図表3-9のとおりで、速やかな対応が求められている。検査実施前に面接指導を担当する医師とスケジュールについて十分に打合せを行っておく必要がある。また、面接指導は一度で終了するとは限らない。複数回に渡ることのほうがむしろ一般的であることを認識しておいたほうがよい。

面接指導の具体的な実施方法は次章を参照されたい。

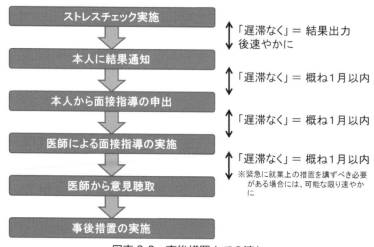

図表3-9　事後措置までの流れ

10 集団分析（努力義務）

職業性ストレス簡易調査票を用いると、個人のストレスチェック結果を集団ごとに集計・分析し、職場のストレス状況を評価することができる。ストレスチェック結果が職場の環境改善という具体的な形にまでつながれば、メンタルヘルス活動の意義や効果への期待が高まり、次回のストレスチェックのスムーズな実施にもつながる。職場環境改善の詳細については、第5章3で解説する。

(1)「仕事のストレス判定図」(健康リスク)

　職場環境を把握する指標として、「仕事のストレス判定図」を用いて求める健康リスクがある。「職業性ストレス簡易調査票」の質問項目の中から健康との関係が深い「1.仕事の量的負担」「2.仕事のコントロール」「3.上司の支援」「4.同僚の支援」の4つのストレス要因について職場の平均値を求め、その数値から職場のストレスを健康リスクとして評価するものである。

　判定には「量－コントロール判定図」と「職場の支援判定図」の2つの判定図を用いる(図表3-10)。実際には計算式を用いて健康リスクを求めることが多いが、評価したい職場の4つの要因の平均値が分かれば、この判定図を用い健康リスクを求めることができる。基準となる全国平均値に男女差があるため判定図は男女別になっている。

　「量－コントロール判定図」では、横軸に「仕事の量的負担」縦軸に「仕事のコントロール」の得点をとり、判定図より健康リスクを読み取る。

　「職場の支援判定図」では、横軸に「上司の支援」縦軸に「同僚の支援」の得点をとり、判定図より健康リスクを読み取る。

　図表3-10のB職場は量－コントロール判定図が105となり、標準集団と比較して5%ほどリスクが高いと判定される。同様に職場の支援判定図では112となり、標準集団より12%リスクが高いと判定される。

　また、2つの健康リスクを掛け合わせて「総合健康リスク」を求める(図表3-10)。B職場では118となる。

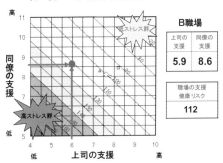

計算式（B職場の例）
式 105（量－コントロール）×112（職場の支援）÷100＝118（総合健康リスク）

図表3-10　仕事のストレス判定図（B職場・男性の例）

第3章

図表 3-11　総合健康リスク

- 標準集団を 100 として、数値が高くなるとストレスが高いと評価する。健康リスクが 120 を超えている場合には、すでに何らかのストレス問題が発生している場合が多いので、ストレス対策の必要性は高いと判断される。
- 「仕事の量的負担」得点が高くても「仕事のコントロール」得点が高ければ、「量－コントロール」判定図の健康リスクは低くなる。
- 「量－コントロール」健康リスクが高くても、「職場の支援」健康リスクが低ければ、総合健康リスクは低くなる。
- 全国平均（健康リスク 100）と比較する他、同業他社や事業場全体での健康リスクを基準として、各職場のリスクを検討する方法も考えられる。

図表 3-12　健康リスクの考え方

なお、各指標と健康リスク、総合健康リスクの位置づけは**図表 3-11**、健康リスクの考え方は**図表 3-12** のとおりである。

(2) 評価の通知方法（評価は双方向で）

集団分析の結果は実施者から事業者に通知することとなるが、まず制度担当者が受け取り、必要に応じて管理監督者等に通知することとなる。管理監督者等への通知に際して大切なのは、一方的な結果（数値）通知にしないことである。その結果を職場の管理監督者や労働者がどう捉えるかを確認しなければならない。「やっぱりそういう結果になったか」「自分の職場はそんなに健康リスクは高く（低く）ない」などの感想を聞きながら、数値から読める結果と現場の捉え方（感想）の一致点やずれを双方で確認することが大切である。そしてそれが、職場環境改善の大きなヒントとなる。

また、健康リスクが高かったとき、単に「結果が悪かった」と伝えると、職場内

で犯人探しが始まりかねない。現状は現状として捉え、「未来に向かって働きやすい職場にしよう」という「未来志向」の視点でアプローチしていくことが大切である。

11 個人情報の取扱い

　ストレスチェック制度では、「個人情報が守られている」という安心感が何よりも大切で、それがあって初めて労働者は率直に回答し、正確な検査が行える。本人の同意がない限り事業者には結果は開示されないことを、労働者に対して丁寧に周知する。
　また、本人の同意が得られた個人情報は、当人の健康の保持増進の範囲を超えて利用してはならず、本人が同意したからといって事業者は無制限に情報を使ってよいというわけではない。また、診断名、具体的な愁訴の内容など、詳細な医学的情報は事業者に提供してはならない。
　図表3-13は、労働安全衛生法の視点から情報開示の範囲を示したものである。
　一方で個人情報保護の視点では、「利用目的のない情報は取得しない」が原則で

		本人	管理監督者	実施者	面接指導医師	実施者等以外の産業保健スタッフ	実施事務従事者	人事労務部門	制度担当者
ストレスチェックの受検の有無		○	○	○	○	○	○	○	○
ストレスチェック結果(面接指導対象の該当の有無)	結果提供同意なし	○	×	○	×	×	○	×	×
	結果同意あり	○	△[*1]	○	○	△	○	○	○
	面接指導申出あり	○	△[*1]	○	○	△	○	○	○
面接指導の詳細な内容		○	×	×	○	△	×	○	○
面接指導に基づく就業上の措置に関する意見		○	△	×	○	△	×	○	○
集団分析の結果		△[*2]	△[*2]	○	△	△	○	○	○

○：把握・取得可　　×：把握・取得不可　　△：就業制限に必要な範囲で取得可
△[*1]：高ストレス者・面接指導対象者であることのみ取得可
△[*2]：自分の職場の結果のみ取得可

図表3-13　情報取得の範囲

第3章

ある。制度では、ストレスチェック結果の利用は面接指導と次回のストレスチェック時に高ストレス者の医師の面接指導の要否を判断する際に限られる。労働安全衛生法上は労働者の同意が得られれば事業者は取得可能であるが、ストレスチェック結果の内容を取得できるのは面接指導を行う医師のみとし、人事部門や管理監督者などには該当労働者が「面接指導対象者」であることと「面接指導の日時」だけにするのがよい。同様に集団分析結果の利用目的は職場環境改善である。したがって、管理監督者へは自分の職場の集団分析結果のみの通知とする。

それぞれの情報の利用目的を確認し、担当別に、どの情報をどこまで取得するのかを明確に決定し周知することが大切である。

12 制度に関する問合せ窓口の設置（質問・苦情等）

労働者自身がストレスチェックの結果等について質問、訂正または苦情の申出を行う窓口を設置し、その問合せ先（電話番号、メールアドレス等）、担当者名を周知する。

相談内容は、ストレスチェック結果の内容と「情報の漏えい」などの個人情報の管理に関することの2つに分けられる。ストレスチェック結果の問合せ先は実施者となる。外部機関に実施者を置いた場合は事業場内の実施事務従事者が問合せ窓口となり、そこから外部機関に問い合わせることとなる。この場合、外部機関と情報開示のルールを決めておく必要がある。

個人情報の管理については、事業場に設置されている「個人情報保護に関する相談先」を活用するとよい。

13 労働者への不利益な取扱いの禁止

事業者は、ストレスチェックおよび面接指導において、労働者の健康の保持増進の範囲を超えて、当該労働者に対して不利益な取扱いをしてはならない。

法令では、面接指導を申し出たこと、ストレスチェックの結果のみをもって不利益な取扱いをすることを禁止している。そのほか、具体的な不利益な取扱いの例は

以下のとおりである。

① 受検しないこと等を理由とした不利益な取扱い
・ストレスチェックを受けないこと。
・ストレスチェック結果を事業者に提供することに同意しないこと。
・面接指導の対象者にもかかわらず、面接指導の申出を行わないこと。

② 面接指導の結果を理由とした不利益
・措置の実施に当たり、医師による面接指導を行う際に法令上求められる手順に従わず、不利益な取扱いを行うこと。
・面接指導結果に基づく必要な措置について医師の意見を聴取すること等の法令上求められる手順に従わず、不利益な取扱いを行うこと。
・面接指導結果に基づく措置の実施に当たり、
　　a 医師の意見とはその内容・程度が著しく異なるもの
　　b 医師の意見を勘案し必要と認められる範囲内となっていないもの
　　c 労働者の実情が考慮されていないもの
　等の法令上求められる要件を満たさない内容の不利益な取扱いを行うこと。
・面接指導の結果を理由に、下記の措置を行うこと。
　　a 解雇すること。
　　b 期間を定めて雇用される者について契約の更新をしないこと。
　　c 退職勧奨を行うこと。
　　d 不当な動機・目的をもってなされたと判断されるような配置転換または職位（役職）の変更。
　　e その他、労働関係法令に違反する措置を講じること。
これらの事項は衛生委員会等で審議し、実施規程に明記し、労働者に十分周知する。

14 ストレスチェック結果の記録・保存・報告

　労働者の同意のもとに事業者に提供されたストレスチェック結果については、事業者が5年間の保存義務を負う。同意を得ていない結果は実施者が保存することが望ましいが、困難な場合は実施事務従事者の中から事業者が保存事務の担当者を決め保存する。
　面接指導の結果については、次に掲げる事項を記載した記録を作成し、事業者が

第3章

5年間保存する。

① 面接指導の実施年月日
② 労働者の氏名
③ 面接指導を行った医師の氏名
④ 労働者の勤務状況
⑤ 労働者の心理的な負担の状況
⑥ 労働者の心身の状況（自覚症状）
⑦ 労働者の健康の保持増進のための措置についての医師の意見

外部機関に記録を保存する場合は、労働者が事業者にストレスチェック結果を提供することに同意した場合や労働者がストレスチェック結果に関する問合せをした場合などの情報開示のルールを決めておく必要がある。

| 本人が同意し事業者に提供された結果 | ➡ | 事業者が5年間保存（義務） |

| 本人が同意せず実施者が保有する結果 | ➡ | 実施者が5年間保存（望ましい）
事業者は保存が適切に行われるよう必要な措置（義務） |

なお、ストレスチェックの結果等は、労働基準監督署へ所定の様式を用いて報告しなければならない。報告する内容は、受検対象労働者数、検査を実施した人数、面接指導を行った人数、集団分析実施の有無である。様式は実施マニュアルにある。

ここがポイント！
〜より効果を上げるために〜

- 職場の状況により、労働者が受検しやすいように、紙ベースで行うかウェブ上で行うか決める。
- 受検の有無をリアルタイムで把握し、趣旨をよく周知して、受検勧奨する。
- 問合せ先を設け、チェック結果に不安や疑問を感じる労働者をフォローする。
- 集団の評価は、ストレスチェックの結果だけではなく、広く情報を収集して改善に活かす。
- 個人情報の取扱いについて、情報の内容と開示対象について事前に取り決めておく。利用目的のない情報は取得しない。

第4章

医師による面接指導と その結果にもとづく事後措置

1 医師による面接指導の概要とその位置づけ

　ストレスチェック制度を定めた労働安全衛生法第66条の10の条文の見出しは、「心理的な負担の程度を把握するための検査等」となっている。この制度では、事業場で常時働いている労働者を対象として、心理的な負担の程度を把握するための検査、すなわち「ストレスチェック」を実施し、その結果を受検した労働者一人ひとりに返すことが事業者に義務づけられている。それによって、労働者自身の、

　① 心理的な負担の原因（ストレス要因）
　② 心理的な負担による心身の自覚症状（ストレス反応）
　③ 職場における他の労働者からの支援の状態（サポート要因）

に対する「気づき」を促すことを目指しているのである。

　換言すれば、この結果は、一人ひとりの労働者が「労働者の心の健康の保持増進のための指針」（平成18年　健康の保持増進のための指針　公示第3号、以下「メンタルヘルス指針」）で示されている4つのケア（**図表4-1**）のうち、「セルフケア」を進めるために活用すべき情報だということになる。

　したがって、ストレスチェック結果を受け取った労働者が、その内容をよく理解し、セルフケアに活かすことができれば、ストレスチェック制度は有効に機能したことになる。しかし、長年にわたって行われている健康診断結果の活用実態からみると、セルフケアの実行にはそう簡単につながりそうもない。健康診断のやりっぱなしと同じ現象が多発することが予測されるのである。また、今のところ、ストレスチェックの結果がセルフケアにどの程度活かされたかを把握するための指標は開発されていない。

第4章

　ストレスチェック制度では、さらに、ストレスチェック実施者によって、高ストレス状態にあり、医師による面接指導が必要であると判断された労働者については、本人が自らの意思で事業者に申し出れば、事業者は医師による面接指導を遅滞なく行わなければならないとされている。面接を行う医師が産業医であれば、これは4つのケアの「事業場内産業保健スタッフによるケア」に該当する。ただ、本人

事業者による心の健康づくりに対する意思表明と事業場としての計画と実施	
セルフケア 労働者自らが心の健康の保持増進のために行う活動	労働者自身のストレスへの気づき、ストレスへの対処、自発的な相談等の実施
ラインによるケア 管理監督者が部下である労働者の心の健康の保持増進のために行う活動	職場の管理監督者による、職場環境等の改善、労働者に対する相談等
事業場内産業保健スタッフ等によるケア 事業場内産業保健スタッフ等が労働者の心の健康の保持増進のために行う活動	事業場内産業保健スタッフ(産業医、衛生管理者又は衛生推進者、事業場内の保健師)及び事業場内の心の健康づくり専門スタッフ(心理相談担当者、産業カウンセラー、臨床心理士、精神科医、心療内科医等)、人事労務管理スタッフ等による職場環境等の改善、心の健康づくり対策に対する提言、支援および実行
事業場外資源によるケア 事業場外のさまざまな機関が事業場に対して心の健康づくり対策を支援する活動	都道府県産業保健総合支援センター、地域窓口(地域産業保健センター)、健康保険組合、労災病院勤労者メンタルヘルスセンター、中央労働災害防止協会、労働者健康保持増進サービス機関等、産業医学振興財団、日本医師会、都道府県医師会、産業医科大学、精神科・心療内科等の医療機関、地域保健機関、各種相談機関等の事業場外でメンタルヘルスへの支援を行う機関および労働衛生コンサルタント、産業カウンセラー、臨床心理士、精神保健福祉士等の事業場外でメンタルヘルスへの支援を行う専門家による支援およびサービスの提供

図表4-1　4つのケア

が申出をしなければ、このケアは実行されない。

　医師は、面接をとおして労働者が行うセルフケアを支援する必要があると判断した場合には、事業者に対して就業上の措置について意見を述べ、具体的な措置の内容を示す。その意見を受けて、事業者は労働者本人と話し合い、適切な就業上の措置を実施する（ラインによるケア）。さらに、高ストレス状態の背後に何らかの疾病が存在する可能性があると判断される労働者に対しては、精神科や心療内科などの専門医を紹介し、診断を依頼する（事業場外資源によるケア）。もちろん、その結果を受けて、就業上の措置に関する意見を述べる。

　いずれの場合も、その後の経過観察を行い、就業上の措置の変更、終了などについても意見を述べることになる。医師による面接指導は、一度で終わることがないわけではないが、継続して行わなければならないことの方がはるかに多い。

　ストレスチェック制度の制度上の欠陥は、すでに触れたとおり、労働者からの自発的な申出がない限り、高ストレス状態にある可能性のある労働者に対して、こうした事後措置を行うことができないことである。

2　医師による面接指導の実施

（1）面接指導の対象者

　面接指導の対象は、ストレスチェックの結果高ストレス状態にあると判定され、ストレスチェック実施者によって医師による面接指導が必要とされた労働者であって、事業者にその申出を行った者である。

　ところで、医師による面接指導が必要と判定されなかった受検者に対する指導を行うことは、法令上は想定されていない。しかし、ストレスチェック制度の効果的な運用を考えるならば、事業場独自の取組みを工夫し、ストレスチェック制度とは切り離して制度化しておくことが望まれる。この点については後で触れる。

（2）事業者がしなければならないこと
（実行責任者としてのストレスチェック制度担当者の役割）

　医師による面接指導に関して事業者がしなければならないことは、次に述べる

11項目であり、その多くは実行責任者であるストレスチェック制度担当者が担う。

① **面接指導を行う医師をあらかじめ決めておく。**

　産業医契約をしている医師であることが望ましいが、労働者のメンタルヘルスに詳しい医師でもよい。

② **面接指導の申出の方法を受検労働者に周知しておく。**

　面接指導の申出をするかどうかは労働者本人の意思によること、申出を行うとストレスチェック結果が事業者に開示されることも合わせて知らせる必要がある。

③ **申出を行った労働者が面接指導の対象者であることを確認する。**

　ストレスチェック結果を本人から提出してもらうことが原則である（これが開示の具体的な意思表示となる）。

④ **面接指導日時、場所の調整を行い、労働者に連絡する。**

　面接指導は、労働者からの申出後遅滞なく行う（遅くとも1か月を超えないこと）。初回の面接指導時間は、面接記録作成の時間を含めて60分程度を確保する。

　個人情報管理上、面接場所では医師と労働者の2人きりになるので、万一のトラブルに備え、ストレスチェック制度担当者などにすぐに連絡がとれるようにしておくことが必要である。継続面接のことを考慮すると、本人の同意のもとに保健師・看護師、産業カウンセラー、心理相談担当者などを始めから同席させ、情報のシェアをしておくのも良い方法である。

　なお、面接指導は勤務時間中に行うことが原則であり、その費用は事業者が負担する（外部の医師に依頼する場合も保険診療にしてはならない）。

⑤ **直属の管理監督者に限定して面接指導実施に関する情報提供を行う。**

　勤怠管理上、面接指導が行われる日時と場所を直属の管理監督者が知っていることが必要である。

⑥ **面接指導を行った医師からの報告と意見具申を必ず書面または電磁記録で受け取る。**

　医師からの報告と意見は、面接指導が的確に行われたことを確認し、事業者が労働者と事後措置について話し合うための重要な情報なので、必ず書面または電磁記録で受け取る。医師からの口頭や電話での話をメモしたものでは不十分である。

　面接指導を行う医師は、意見を述べる前提として、面接の際に労働者から聴き取った話の内容が事実をどの程度反映しているかを確認する必要がある。管理監督者に状況をどの程度話しているかを労働者に確認したうえで、「管理監督者が

あなたの困っている状況をどの程度分かっているかを知りたい」旨を告げて労働者の口頭での同意をとり、管理監督者の意見を聴く。問題の内容が管理監督者に直接関わるものである場合は、その上級の管理監督者の話を聴くことになる。この手順を踏んでいない意見書は一方的な内容となる可能性が高いので、意見書としての適格性に欠ける。

⑦　意見具申の内容をどう具体化するかについて労働者と話し合う。その結果にもとづいて措置に関する事業者としての意思決定を行う。

　このプロセスでは、労働者がその措置に納得することを重視しなければならない。そうしないと、ストレスチェックの結果を事業者が悪用したという思いを労働者が抱くおそれがある。また、現場を預かる管理監督者の理解を得ることも欠かせない。措置の内容によっては、人事担当者との調整が必要となる。こうした広がりが生じるので、情報をどこまで開示するかについての具体的な検討をしなければならない。

⑧　決定事項について、面接指導を実施した医師に伝える。面接指導を実施した医師が事業場の産業医でない場合は、産業医ともその結果をシェアしておく。

　労働安全衛生法第66条の10第6項は、医師の意見を衛生委員会等に報告することも求めている。

⑨　就業上の措置に関してその経過観察が必要な労働者については、産業医もしくは面接指導を行った医師による継続面接を実施し、措置のあり方について意見を求める。

　継続面接については、その一部を保健師・看護師、産業カウンセラー、心理相談担当者などに担当させ、その情報にもとづいて医師が意見を述べることも可能である。

⑩　労働者から提出されたストレスチェック結果、医師による面接指導結果、事業者が行った事後措置の記録を作成し、5年間保存する。

　この記録は電磁記録でもよい。また、この記録には事業者がアクセスできる。しかし、機微な個人情報であることには変わりはないので、アクセス権を持つ者を限定しておかなければならない。例えば、事業場外のストレスチェック受託機関に所属するストレスチェック実施者やストレスチェック事務従事者は、医師による面接指導結果、事業者が行った事後措置の記録にアクセスすることが自動的にはできない。その必要があるなら、あらかじめそれを可とすることを決めておかなければならない。

⑪ 1年に1回、労働基準監督署に結果報告を行う。

　結果報告は国が定めた書式で行うが、書式には面接指導を受けた労働者数を記入する欄がある。ここには、法令の規定にもとづき本人の意思で医師による面接指導を受けることを事業者に申し出た労働者のみの人数を書くこととされている。

3 医師による面接指導の内容

　面接は、「ストレスチェックの結果をみてどうですか」という、労働者からすればどのように答えてもいい内容の質問から始めるとよいだろう。労働者からの返事が、たとえば、「予想していたとおりでした」なのか、「結果を見て驚きました」なのかによって、その後の話の展開は異なってくる。

　面接指導の出発点は、面接指導を求めてきた労働者の「話をしたい、聴いてもらいたい」という気持ちを受け止めることである。そのためには、医師が「私はあなたの話に関心がある、聴かせてほしい」という気持ちをきちんと持つこと、そしてそれをまなざし、表情、姿勢などの非言語的な方法で積極的に相手に伝えることが重要である。

　面接指導は、次の3項目を実施する。労働者が「話を聴いてもらえた」と思わなければ、指導の効果は上がらないことを肝に銘じておきたい。

① ストレスチェック結果の確認とその評価
② ①にもとづく教育と相談
③ 医師の意見書を作成するための①以外の情報収集と面接指導結果報告書、意見書の作成

(1) ストレスチェック結果の確認とその評価

　ストレスチェックは質問紙による調査なので、結果に示されているのは本人の主観的な判断である。それがどの程度本人のストレスの実態と合致しているかを確認、評価する。

　高ストレスと判断する第一の軸はストレス反応の程度である。職業性ストレス簡

易調査票（57項目版）（**図表4-2**）では、「B. 最近1か月のあなたの状態についてうかがいます。最もあてはまるものに○をつけてください」という指示があり、「ほとんどなかった」「ときどきあった」「しばしばあった」「ほとんどいつもあった」のいずれかを選択するようになっている。このように、調査Bでは症状の頻度を調べているので、その症状がたとえ軽くても頻度が高いと高得点になる。また、自覚症状の数が多ければ高得点になる。したがって、調査Bの得点が高いこ

A 仕事のストレス要因

A. あなたの仕事についてうかがいます。
最もあてはまるものに○を付けてください。

1. 非常にたくさんの仕事をしなければならない
2. 時間内に仕事が処理しきれない
3. 一生懸命働かなければならない
4. かなり注意を集中する必要がある
5. 高度の知識や技術が必要なむずかしい仕事だ
6. 勤務時間中はいつも仕事のことを考えていなければならない
7. からだを大変よく使う仕事だ
8. 自分のペースで仕事ができる
9. 自分で仕事の順番・やり方を決めることができる
10. 職場の仕事の方針に自分の意見を反映できる
11. 自分の技能や知識を仕事で使うことが少ない
12. 私の部署内で意見のくい違いがある
13. 私の部署と他の部署とはうまが合わない
14. 私の職場の雰囲気は友好的である
15. 私の職場の作業環境（騒音、照明、温度、換気など）はよくない
16. 仕事の内容は自分にあっている
17. 働きがいのある仕事だ

B 心身のストレス反応

B. 最近1か月間のあなたの状態についてうかがいます。
最もあてはまるものに○を付けてください。

1. 活気がわいてくる
2. 元気がいっぱいだ
3. 生き生きする
4. 怒りを感じる
5. 内心腹立たしい
6. イライラしている
7. ひどく疲れた
8. へとへとだ
9. だるい
10. 気がはりつめている
11. 不安だ
12. 落着かない
13. ゆううつだ
14. 何をするのも面倒だ
15. 物事に集中できない
16. 気分が晴れない
17. 仕事が手につかない
18. 悲しいと感じる
19. めまいがする
20. 体のふしぶしが痛む
21. 頭が重かったり頭痛がする
22. 首筋や肩がこる
23. 腰が痛い
24. 目が疲れる
25. 動悸や息切れがする
26. 胃腸の具合が悪い
27. 食欲がない
28. 便秘や下痢をする
29. よく眠れない

C 周囲のサポート

C. あなたの周りの方々についてうかがいます。
最もあてはまるものに○を付けてください。

次の人たちはどのくらい気軽に話ができますか？
1. 上司
2. 職場の同僚
3. 配偶者、家族、友人等

あなたが困った時、次の人たちはどのくらい頼りになりますか？
4. 上司
5. 職場の同僚
6. 配偶者、家族、友人等

あなたの個人的な問題を相談したら、次の人たちはどのくらいきいてくれますか？
7. 上司
8. 職場の同僚
9. 配偶者、家族、友人等

D. 満足度について
1. 仕事に満足だ
2. 家庭生活に満足だ

図表4-2　職業性ストレス簡易調査票（57項）

第4章

とは、必ずしもストレス反応の程度が大であることを示しているとは限らないのである。

だからといって、29項目の質問それぞれについてその程度を聞くことは煩雑であり実際的ではない。その意味で、質問そのものに状態の程度に関する内容が含まれている、質問7「ひどく疲れた」、質問8「へとへとだ」の得点に着目することを推奨したい。もちろん、「ひどく疲れた」の"ひどく"や「へとへとだ」の"へとへと"も主観的な感覚であり個人差もあるが、一般的に言って、質問7、8の高得点者にはそれなりの特徴があり、面接の場でいきいきとした表情や言動、元気さをみせることはない。面接すればそれが容易に確認できる。また、質問7、8が高得点であるにもかかわらず、面接時にそれが確認できない場合や、質問7と8の回答に明らかな乖離がみられる場合は、そのこと自体を面接の内容として取り上げて確認する。

この2つの項目に加えて、質問29「よく眠れない」の得点にも着目したい。得点が高い場合は、睡眠の実態を直接聞き取る。就寝時間・入眠までの時間・眠りの深さ・中途覚醒の回数・中途覚醒後の眠り・早朝覚醒の有無・目覚めの時間・起床時間・起床時の気分・昼間の眠気の程度を知ることによって、睡眠障害の種類と程度をおよそ判断することができる。

次頁で紹介する「事例性」の観点からすると、質問17「仕事が手につかない」も着目したい項目である。質問17にはその状態の程度に関する内容は含まれていないが、たとえそれが軽度であっても頻度が高いことに事例性がある。事例性が認められる労働者の背後には、疾病性、すなわち何らかの病気が存在する可能性がある。どのような事象があるから仕事が手につかないのかを具体的に聴くことによって、"いらいらしてじっとしていられない"、"心配事があって仕事に集中できない"、"仕事をする意欲がまったくない"、"動悸や空気飢餓感があって苦しい"など、仕事が手につかない要因を把握することができる。

こうしたプロセスをとおして、"頻度の評価"を"程度の評価"に置き換えること、事例性の有無を確認すること、そして質問票の回答がどの程度正確に行われているかを確認することが、医師による面接指導の第一歩となる。

なお、ストレスチェックは精神疾患のスクリーニングを直接の目的とはしていないが、こうした状態が把握できれば、背後に何らかの精神疾患が存在している可能性が高いので、医療的な対応を優先しなければならない。就業上の措置について意見を述べる前提として、精神科医・心療内科医の判断を求めることが必要である。

"事例性" 〜知っておきたい キーワード〜

事例性というのは、平均的な姿から乖離した状態を指す言葉で、次の2つの場合がある。

　① その人が属する職場集団の平均的な姿からの乖離
　② その人がそれまでに示してきた通常の行動様式からの乖離

①は、メンバーが定常的に残業をしている組織のなかで、「自分は残業はしない主義だ」と主張して定時で帰ってしまうような例のことである。事の善悪は別として、職場集団の平均的な姿から乖離していることはまちがいない。

②は、それまで遅刻などしたことがなかった人が、遅刻を繰り返したり、無断欠勤をしたりするようになった状態、あるいは、それまで上司にたてつくような行動をしたことがなかった人が、ささいなことで上司と衝突するというような状態を指している。いずれもその人のそれまでの平均的な姿から乖離した状態である。

どちらの事例であっても、職場環境に影響が出ることは明らかで、管理監督者には何らかの対策、すなわち労務対策を講じることが求められる。

①のタイプの事例は、本人の行動が組織の活動にどんな影響を与えるかによって組織からの反応は異なるにしても、わが国の従来の職場ではまずまちがいなく人間関係の障害を起こし、協調性がないということでその職場から排除されてきた。しかし最近では、職場のダイバーシティの確保、障害者雇用の拡大など、①の事例との共存が求められるようになった。従来の排除の思想のみでは対処できなくなっている。

②のタイプの事例に関しては、「いつもと違う」という言葉を用いて管理監督者の対処法を示してきた。「いつもと違う部下への気づきをよくする」ことが対処の基本であり、「いつもと違う」ことに気づいた場合には、声かけをすること、本人から話を聴くことを勧めてきた。話を聴くには「傾聴」の訓練をしておく必要があることは言うまでもない。

メンタルヘルスケアの視点からみて事例性が問題となるのは、①、②どちらの事例にも、その背後に疾病性すなわち病気が存在する可能性があるからである。病気がある場合には、労務対策に優先して疾病管理のルートに乗せることが必要である。事例性を生じさせている原因が病気であることが明らかな労働者には、事業者は安全配慮義務を遵守した措置をとらなければならない。

第4章

　高ストレスと判断するもう1つの軸は、ストレス要因と周囲のサポートの得点である。職業性ストレス簡易調査票（57項目版）では、調査Aの17項目、調査Cの9項目の得点の合計で判定することになっている。この26項目はいずれもその程度をきく内容になっているので、得点そのもので程度を判断することができる。ただ、調査Aの質問15「私の職場の作業環境（騒音、照明、温度、換気など）はよくない」を除くと、第三者が確認できる項目はない。まったく主観的である。

　そのことと関連して重要なのは、ここで評価されているストレス要因とサポートの評価は、ストレス反応として生じているメンタルヘルス不調の影響を強く受けている可能性があることについての認識である。たとえば、うつ状態の労働者が、はじめは仕事や職場の人間関係に原因があると考え、繰り返しそう話していたにもかかわらず、治療によって回復した段階では、どうしてそのように考えていたのか不思議だと振り返ることがまれではない。これは、うつ状態がもたらす認知の偏りにより生じたと考えることが自然である。調査Aと調査Cに示されたストレス要因とサポートの評価は客観的な事実と一致しないことがあり、必ずしも調査Bのストレス反応を説明する変数にはならないのである。

　「ストレスチェック指針」では、事業者に対して、面接指導を行う医師に、労働者の労働時間、労働密度、深夜業の回数・時間数、作業態様、勤務の状況、職場環境などの情報を提供するよう指示している。このような情報の中で数字で示される客観的な情報が、ストレス要因とサポートの評価を行うに当たって大きな役割を果たすことがある。

(2) メンタルヘルス教育とメンタルヘルス相談

　職場のメンタルヘルス対策の原点は教育・相談・職場環境の快適化である。教育は指導する側からの一定の考え方にもとづく働きかけと、それに対する指導を受ける側からの反応で成り立つ営みである。一方、相談は相談者の依頼にもとづいて相談者の抱える問題の解決に向けた支援を行うことである。

　「相談は自力で問題解決ができない人がすることで、問題解決は可能な限り自分ですべきだ」という考え方が根強く存在している。女性に比べると男性にその傾向が顕著である。何でも相談すればよいというものではないが、話をし、聴いてもらうことによって自然に心理的な混乱が整理され、何が問題なのかに気づくことはだれもが日常的に経験していることである。セルフケアの基本は自分で考えることで

あるが、考えてもうまくいかないときには、話を聴いてもらうことが大切で、セルフケアを進めるうえで相談の果たす役割は大きい。相談をしやすくするには、相談に対する職場の雰囲気を変えることが必要で、日常的に行われる労働者教育、管理監督者教育がそのために果たす役割は大きい。また、相談することが問題解決につながるという事実を具体例で示すことも、相談をしやすくするポイントとしてあげることができる。

ストレスチェック結果にもとづく面接指導には、個人を対象とした教育という側面はもちろんあるが、相談の要素が大きい。面接指導では、ストレスチェックによって提起された問題の解決を目指すのだから、一般論ではなく問題に即したテイラーメイドの対応を行う。

(3) 面接指導結果報告書、意見書の作成

面接指導結果の報告を受けた事業者には、法律上、報告内容を記録して5年間保存すること、面接指導を行った医師から事後措置に関する意見を聴くことが義務づけられている。具体的には、図表4-3に示す就業区分およびその内容に関する医師の意見等である。このプロセスは実務上、面接指導をした医師が面接指導結果報告書と事後措置にかかる意見書を作成して事業者に提出する作業に置き換えられていて、事業者が医師から直接聴き取る形にはなっていない。形式的にはこれで事業者の義務を果たしたことになるが、「労働安全衛生法に基づくストレスチェック制度実施マニュアル」（以下、「実施マニュアル」）に示されている報告書と意見書のモデル様式（図表4-4）を見ても、就業上の措置がスムーズに進むとは考えにくい。事業者側と医師との連携を密にすることが重要な課題である。

面接指導結果報告書、意見書の書式は任意とされているので、どのような形でもよいが、法令が事業者に求めている記録には図表4-5に示した事項が含まれている必要があることに留意して作成する。意見書には、

① 必要とされる就業上の措置とその期限
② 措置を行う際の注意事項
③ 措置を必要とする根拠

を簡明に記述する。

この際、意見書を作成する医師がもっとも気をつけなければならないのは、すでに述べたように労働者の話だけで判断するのではなく、管理監督者からの情報をき

第4章

就業区分		就業上の措置の内容
区分	内容	
通常勤務	通常の勤務でよいもの	
就業制限	勤務に制限を加える必要のあるもの	メンタルヘルス不調を未然に防止するため、労働時間の短縮、出張の制限、時間外労働の制限、労働負荷の制限、作業の転換、就業場所の変更、深夜業の回数の減少または昼間勤務への転換等の措置を講じる。
要休業	勤務を休む必要のあるもの	療養等のため、休暇または休職等により一定期間勤務させない措置を講じる。

図表 4-3　就業区分とその内容

面接指導結果報告書

対象者	氏名		所属	
			男・女	年齢　　　歳

- 勤務の状況（労働時間、労働時間以外の要因）
- 心理的な負担の状況
  - （ストレスチェック結果）
    - A.ストレスの要因　　　点
    - B.心身の自覚症状　　　点
    - C.周囲の支援　　　　　点
  - （医学的所見に関する特記事項）
- その他の心身の状況　　0. 所見なし　　1. 所見あり（　　　　　　）

面接医師判定

- 本人への指導区分 ※複数選択可
  - 0. 措置不要
  - 1. 要保健指導
  - 2. 要経過観察
  - 3. 要再面接（時期：　　　　）
  - 4. 現病治療継続　又は　医療機関紹介
- （その他特記事項）

就業上の措置に係る意見書

- 就業区分　0. 通常勤務　　1. 就業制限・配慮　　2. 要休業

就業上の措置

- 労働時間の短縮（考えられるものに○）
  - 0. 特に指示なし
  - 1. 時間外労働の制限　　　　時間/月まで
  - 2. 時間外労働の禁止
  - 3. 就業時間を制限　　時　分～　時　分
  - 4. 変形労働時間制または裁量労働制の対象からの除外
  - 5. 就業の禁止（休暇・休養の指示）
  - 6. その他
- 労働時間以外の項目（考えられるものに○を付け、措置の内容を具体的に記述）
  - 主要項目　a. 就業場所の変更　b. 作業の転換　c. 深夜業の回数の減少　d. 昼間勤務への転換　e. その他
  - 1)
  - 2)
  - 3)
- 措置期間　　　　日・週・月　又は　　年　月　日～　年　月　日

- 職場環境の改善に関する意見
- 医療機関への受診配慮等
- その他（連絡事項等）

医師の所属先		年　月　日（実施年月日）	印
	医師氏名		

実施マニュアルより

図表 4-4　面接指導結果報告書・就業上の措置にかかる意見書

> ①面接指導の実施年月日
> ②面接を受けた労働者の氏名
> ③面接指導を行った医師の氏名
> ④面接を受けた労働者の勤務の状況
> ⑤面接を受けた労働者の心理的な負担の状況
> ⑥面接を受けた労働者のその他の心身の状況
> ⑦面接を受けた労働者の健康を保持するために必要な措置についての医師の意見

図表 4-5　事業者が作成する面接指導結果記録の法令上の記載事項

ちんと加味した判断をすることである。偏った判断をすると、就業上の措置の実効が期待しがたくなる。そのためには、管理監督者との面接が欠かせない。

「マニュアル」は、「就業上の措置を実施するため必要最小限の情報に限定して」事業者に情報提供することを求めており、提供してはいけない情報の例として、診断名、検査値、具体的な愁訴の内容、詳細な医学的情報をあげている。これは③の根拠の記述にあたって注意すべきことである。また、これは、守秘義務の遵守という点で重要であるのみではなく、意見書を書く医師の自己防衛の視点からも重要である。

しかし、現場では、人事担当者、現場の管理監督者に就業上の措置をきちんと進めてもらうために、どんな症状があるのか、経過観察のポイントは何か、見通しはどうなのかなどを伝えることは欠かせないので、理屈どおりの四角四面の対応には限界がある。この問題をクリアする方法は、労働者の同意を得ることしかないので、同意を得ることができる事業場の職場環境を日頃から培っておくことがポイントとなる。

4　ストレスチェック結果について相談を希望する者への対応

　ストレスチェック制度では、事後措置については、対象者はストレスチェックの結果にもとづいて決定され、通知を受けた労働者が事業者に申し出ることが手続きとして定められている。そのため、

　①　対象者になっても、事業者への申出に抵抗があり申出をしない者
　②　対象者にはならなかったが、相談はしたい者

が出現する。①は高ストレス者である可能性が高いにもかかわらず、その確認ができなくて事後措置につながらない者であり、②はストレスチェックが中途半端な形で終わってしまう者である。

この対策は、ストレスチェック制度そのものでは実施できない。そこで、制度外の仕組みとして、始めから、ストレスチェック受検者は誰であっても、本人からの申出があれば、産業医を含む産業保健スタッフが相談に応ずることにしておくのである（**図表4-6**）。そうしておけば、相談してもその情報は事業者には伝わらない。また、検査結果について話し合い、自分の抱えているストレスに対する気づきを促すことをとおしてセルフケアの支援を行うことができる。この仕組みは、健康診断の事後措置をしっかり行っている事業場であれば、容易に構築することができる。

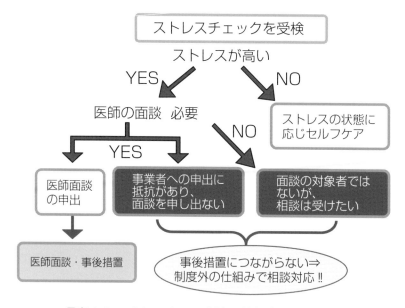

図表4-6　ストレスチェック制度で対応が漏れる労働者

ここが ポイント！
～より効果を上げるために～

- 面接指導を行う医師に、管理監督者からの情報が伝わるよう調整をはかる。そのためには本人の同意が必要。
- 就業上の措置がスムーズに行えるように、事業者側と医師の連携を密にする。そのためには、人事担当者・管理監督者も必要な情報を共有する必要がある。この場合も労働者の同意が必要。
- 事業者への申出に抵抗があり面談を申し出ない労働者、面談の対象者にならなかったが不安を抱える労働者に対して、ケアを行う仕組みを作る。

第5章

ストレスチェック結果の教育への活用

1 メンタルヘルス対策の一環として

　ストレスチェック制度は、メンタルヘルス対策の一環として行うものであることは言うまでもなく、この制度を活かすには、管理監督者を含む労働者全員がその理解を深め、それぞれの役割が果たせるような体制を構築することが大切である。そこでは、メンタルヘルス不調者への対応（2次、3次予防）だけではない対策が求められる。

　「ストレスチェック結果を活かしたメンタルヘルス教育」や努力義務として示されている「集団分析結果による職場環境改善活動」を行うには、これまでの心の健康づくり計画に加えてストレスチェック制度実施計画を組み込むことが必要である（図表5-1）。そのためには事業場内メンタルヘルス推進担当者や人事労務担当者など事業場内産業保健スタッフ等と連携しなければならないので、衛生委員会等または関係労働者との話合いによりその方法を調整する。

　また、教育指導を事業場内の産業保健スタッフが担うのか事業場外の専門家に依頼するのかを決める。事業場外の専門家が行うのであれば、その内容については事業場内のストレスチェック制度担当者などが事前に確認し、事業場の実状を考慮したプログラムになるよう調整する。すべてを任せてしまうことのないようにすることが重要である。

　したがって、担当者はそれを実行するために必要な一定の知識を有していることが必須となる。そうした知識は、中災防や都道府県産業保健推進センター等、外部機関で実施する研修に積極的に参加して取得する。

> 1. 心の健康づくり活動方針
>   （1）位置づけ　（2）心の健康づくりの目標　（3）推進体制　（4）推進事項
>   ―相談体制／教育・研修および情報提供／ストレス対策／マニュアル等／プライバシーへの配慮
> 2. 心の健康づくり推進体制およびストレスチェック実施体制
>   ―従業員／管理監督者／事業場内産業保健スタッフ（事業場内メンタルヘルス推進担当者・衛生管理者等・産業医）／人事労務部門／衛生委員会／ストレスチェック実施者
>   ―当社のストレスチェックの実施要領
> 3. 問題点の把握および事業場外資源を活用したメンタルヘルスケアの実施
>   （1）職場環境等の把握と改善
>   ―管理監督者による把握と改善／事業場内産業保健スタッフによる把握と改善
>   （2）ストレスチェックの実施
>   （3）心の健康づくりに関する教育研修・情報提供
>   ―全従業員向け／管理監督者向け／事業場内産業保健スタッフ等向け
>   （4）事業場外資源を活用した心の健康に関する相談の実施
>   ―管理監督者への相談／産業保健スタッフへの相談／「○○クリニック」の医師への相談／人事労務管理担当者への相談
> 4. 個人のプライバシーおよび不利益取扱いへの配慮
> 5. 心の健康づくりのための目標および評価
>   ―心の健康づくりの長期目標／心の健康づくりの年次目標／目標達成のための取組み／心の健康づくり活動の評価

図表5-1　事業場における心の健康づくり計画およびストレスチェック実施計画（例）

2　ストレスチェック結果の教育への活用

（1）全労働者を対象とした「セルフケア研修」

①　セルフケアに活かせる情報の提供

　ストレスチェック制度は、ストレスチェック結果から「労働者が自分のストレスがどのような状態にあるのかを知り、ストレスをためすぎないように対処する（自分自身でコントロールする）こと」をねらいとしている。労働者への結果通知は、健康の保持増進を図る「セルフケア」に役立つ分かりやすい情報に加工する。
　ただし、健康診断とは異なり、ストレスチェックを受けることに法的な拘束力は

第5章

なく、その後の対処についても労働者自身の判断で取り組むこととされているので、セルフケアにどう活かすかについての判断は、労働者に任されている。また、高ストレスと判断されて医師による面接指導を受ける必要があると通知された労働者は、事業者に面接指導の申出をすることとされているが、その申出をするかどうかも本人の判断によることから、単に通知をしただけでは申出をする人は限られてしまうことが考えられる。

労働者にストレスチェックを受ける動機づけをし、その後のセルフケアに活かしてもらうためにも、事業者は「ストレスチェックによって何が分かるのか（結果の見方）」「高ストレス者と判定された場合、医師による面接指導を受けることにどのような意味があるのか」「個人情報の保護と不利益取扱いの禁止とはどういうことなのか」などの説明を行うことが大事である。

② ストレスチェックに関する情報を「セルフケア研修」に盛り込む

ストレスチェック実施後に結果を通知するだけではなく、セルフケアに活かせる情報を提供することは大事である。しかし、健康に関する知識がないと、ストレスチェック実施後の結果通知に記載されているグラフやコメント（図表5-2）を見てもストレス状況が分かったり、その後の対処に活かしたりすることができない。

そこで、従来から「セルフケア研修（図表5-3）」が行われているのであれば、その研修にストレスチェックに関する情報を盛り込むことが適切である。特に自らの結果に対する見方についての説明があると、ストレスと心の健康や具体的なスト

1の①～③については、必ず通知しなければならないものであり、2および3は通知することが望ましいもの。
1 個人のストレスチェック結果
　① 個人のストレスプロフィール
　　・職場における当該労働者の心理的な負担の原因に関する項目
　　・当該労働者の心理的な負担による心身の自覚症状に関する項目
　　・職場における他の労働者による当該労働者への支援に関する項目
　② ストレスの程度（高ストレスに該当するかどうかを示した評価結果）
　③ 面接指導の対象者か否かの判定結果
2 セルフケアのためのアドバイス
3 事業者への面接指導の申出方法（申出窓口）
　※1で面接指導の対象とされた者に限る。

図表5-2 実施者から労働者に通知する内容（実施マニュアルより）

- メンタルヘルス対策に関する事業場の方針
- ストレスおよびメンタルヘルスケアに関する基礎知識
- セルフケアの重要性および心の健康問題に対する正しい態度
- ストレスへの気づき方
- ストレスの予防、軽減およびストレスへの対処の方法
- 自発的な相談の有用性
- 事業場内の相談先および事業場外資源に関する情報

図表 5-3　労働者への教育研修・情報提供（メンタルヘルス指針より）

要素	No.	項目
計画・準備	【推奨1】実施回数 【推奨2】ケアの提供者 【推奨3】ストレス評価の事後対応 【ヒント1】対象の設定 【ヒント2】1回あたりの実施時間	心理的ストレス反応の低減を目的としたプログラムの場合、最低2回の教育セッションと1回のフォローアップセッションを設ける。 職場のメンタルヘルスの専門家、もしくは事業場内産業保健スタッフが実施する。 労働者のストレス状況を評価する場合は、評価結果を返却するだけでなく、ストレス軽減のための具体的な方法（教育や研修）を併せて提供する。 時間、費用、人的資源などに制約がある場合には、優先度の高い集団から実施する。 1回あたりの実施時間は2時間程度とすることが望ましい。
内容形式	【推奨4】プログラムの構成 【推奨5】プログラムの提供形式 【ヒント3】セルフケアとその他の対策との組合せ	プログラムでは、認知・行動的アプローチに基づく技法を単独で用いるか、リラクセーションと組み合わせて実施する。 事業場や参加者の特徴・状況に応じて、提供形式（集合教育、個別教育）を選択する。 学習内容の活用を促進させるための職場環境づくりを行う（裁量権を上げるための対策を併用する）。
事後の対応	【推奨6】フォローアップセッションの設定 【ヒント4】活用促進のための工夫	教育セッションの終了後にフォローアップセッションを設け、プログラムで学んだ知識や技術を振り返る機会や日常生活での適用を促進する機会を設ける。 知識や技術を定着させ、日常生活での活用を促進するための工夫を行う。

島津明人：科学的根拠に基づいた職場のメンタルヘルスの1次予防のガイドライン　職場のメンタルヘルスのためのセルフケア教育のガイドライン：産業ストレス研究、20, 127 – 133（2013）

図表 5-4　個人向けストレス対策のガイドライン（概要版）

レス対処法についての関心も高くなり、研修の教育効果が上がる。

なお、具体的なプログラムのガイドラインについては、厚生労働省の研究班「労働者のメンタルヘルス不調の第1次予防の浸透手法に関する調査研究」（主任：川上憲人東京大学教授、以下「ガイドライン」という。）で公表されている（http://mental.m.u-tokyo.ac.jp/jstress/）。

セルフケア研修に関するガイドラインの概要は図表 5-4 のとおりである。

第5章

③ 効果的な研修の実施時期とその方法

　セルフケア研修は、全ての人に受講してもらうことが望ましく、研修の実施時期は、できるだけ多くの人が参加できるよう繁忙期を避け、定期的に行うようにする。特にストレスチェックの結果が本人に通知されてからは、できるだけ間を置かずに行うことが望ましい。

　ただし、大規模事業場になると一堂に会して研修を行うことは難しくなるため、受講者を絞ることもある。受講対象とならなかった労働者に対しては、社内報やイントラネット上でストレス対処法のポイントや相談窓口に関する情報を発信する。また、小冊子やパンフレットを配布したり、多くの人が目にする機会の多い社内掲示板や社員食堂にポスターを掲示したりする。

④ 「気づき」や「実感」を伴う教育

　「ストレス」というと良いイメージがなく、健康に悪い影響を及ぼすものという印象がある。しかし、ストレスは健康に悪いばかりではなく、人を成長させるのに必要なものであるという理解を得ることも大切である。つまり、ストレスをためないようにしたり、ストレッサーから逃れたりすることだけがセルフケアなのではない。ストレスの原因が職場や仕事にある場合には、対処しやすいことから手をつけるという積極的な取組みが大事である。小さな成功体験を積むことが本人の自信につながり、イキイキと働けることにつながる。ただし、このような良いストレスであったとしても、いつまでも同じストレスを受け続けないようにする工夫も必要になる。長時間労働が続かないようにするための労働時間の管理を行い適度な休憩を取ること、1週間に1日は必ず休日を取り、年次有給休暇を消化するなど、「セルフケア」のための時間の確保を勧めることも大切である。

　「実施マニュアル」に示されているストレスチェック結果通知シートの例（具体例・様式例③）の中では、「セルフケアのアドバイスの記載例（受検者全員に配布

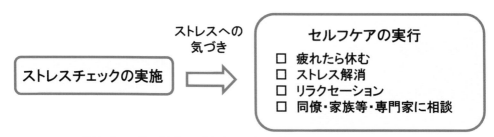

図表5-5　「気づき」や「実感」を伴う「参加・体験型」の研修内容

する場合の例）」が掲載されている。

　セルフケア教育では、労働者自らがストレスに気づき、これに対処するための知識や方法を学ぶことだけで終わらせるのではなく、それを必要な時に実行できるようにすることを目指す。そのためには、イラストや図表を用いて理解しやすくなるように工夫する。また、学術的な根拠を示すことは必要だが、それはできる限り平易な表現にする。いずれにしても「気づき」や「実感」を伴う「参加・体験型」の教育を提供することが望まれる（図表5-5）。

⑤　相談することの大切さを伝える（いつまでも抱え込まないために）

　ときには自分で対応しきれない大きな問題を抱えることがあるが、ストレスによる影響を緩和できる状況があると、健康問題に発展する可能性が低くなることが分かっている。重要なのは、周囲からの支援である。支援を受けるには、信頼できる人や専門家に相談する必要がある。仕事や生活のことであれば同僚や上司、家族や友人、心身の不調であれば医療の専門家に相談する。このような周囲からの支援は緩衝要因として機能し、直面している負担を軽減する。相談することの有用性については第4章（52頁）でも述べたとおりである。

　ストレスチェックで医師の面接指導が必要とされた者から、面談の申出があった場合には、当然面接指導を行うが、申出をしない者への対応を考えておいたほうがよい。日常の産業保健活動で行われている相談体制を活用することがもっとも実際的な対策となるので、その連絡先や連絡方法を周知しておくとよい。

　なお、管理監督者にとってもセルフケアは重要であり、「セルフケア研修」の対象に管理監督者も含めることが必要となる。また、「管理監督者研修」の中でもセルフケアについて必ず取り上げるようにする。

(2) 管理監督者を対象とした「ラインケア研修」

①　欠かせない管理監督者のストレスチェック制度への理解

　ストレス要因は、健康問題に代表される個人的なものから、家庭、地域、職域の問題まで多様である。中でも職域のストレス要因である仕事の質や量、長時間労働、対人関係の問題（パワハラ、セクハラ等）は、関係者の利害や組織の枠組みが絡んでいたりして、変革が必要であったりするなど、労働者自身の力だけでは対応が難しいことが多い。

第5章

　このような職場に存在するストレス要因の軽減を図るには、事業者による組織的かつ計画的な取組みが必要である。その推進役は、職場内のメンタルヘルスケアの直接的な実行責任者である管理監督者である。そのためには、事業者が管理監督者に適切な情報やスキルを提供することが欠かせない。その意味でストレスチェック制度を推進するにも、管理監督者がこの制度に関する理解を深め実践に必要なスキルを身につけるための教育が必須である。

　メンタルヘルス指針では、管理監督者への教育研修・情報提供として**図表 5-6**の項目をあげている。

②　効果的な研修の実施時期と情報提供

　労働者のストレスチェックの受検率を高める上でも、管理監督者の理解は不可欠であることから、情報提供のためライン研修は年に1回はすべての管理監督者に受けてもらうようにする。ラインケア研修は毎年実施し、その内容が**図表 5-7**の例

- ・メンタルヘルスケアに関する事業場の方針
- ・職場でメンタルヘルスケアを行う意義
- ・ストレスおよびメンタルヘルスケアに関する基礎知識
- ・管理監督者の役割および心の健康問題に対する正しい態度
- ・職場環境等の評価および改善の方法
- ・労働者からの相談対応（話の聴き方、情報提供および助言の方法等）
- ・心の健康問題により休業した者の職場復帰への支援の方法
- ・事業場内産業保健スタッフ等との連携およびこれを通じた事業場外資源との連携の方法
- ・セルフケアの方法
- ・事業場内の相談先および事業場外資源に関する情報
- ・健康情報を含む労働者の個人情報の保護等

図表 5-6　管理監督者への教育研修・情報提供（メンタルヘルス指針より）

- ①　管理監督者を含む全員が心の健康問題について理解し、心の健康づくりに関わるそれぞれの役割が果たせるようにする。
- ②　ストレスチェック制度の導入・定着を図る。
- ③　円滑なコミュニケーションを推進し、風通しの良い活気ある職場づくりを目指す。
- ④　働きやすい職場づくりに努め心の健康問題を発生させない。

図 5-7　心の健康づくりの長期目標（例）

に示すような心の健康づくりの長期目標に沿ってステップアップしていく計画を立てる。

具体的なプログラムとしては、例えば、次のような内容が考えられる。

- 第1回目　心の健康づくりの方針と計画の内容およびストレスチェック制度について周知
- 第2回目　管理監督者の役割を明らかにしながら事例による検討
- 第3回目　部下からの相談への対応方法、話の聴き方について体験

また、教育の必要性の高い職場を優先したり、必要によって対象管理職の階層分けを行ったりして、対象職場のニーズや状況に焦点を合わせた研修を企画するなどの工夫をする。

③　労働者からの相談への対応と体制整備

管理監督者による支援は部下のストレス反応に良好に作用する。管理監督者にはメンタルヘルス不調者の早期発見や職場復帰に関与する重要な役割もある。労働者が心の健康に問題や不調を感じた時は、管理監督者に相談し、管理監督者はその相談を受ける。必要に応じて産業医や人事労務管理担当者、あるいは契約している相談機関や専門医につなぐ。このようにしてそれぞれが、いつまでも抱え込まないようにする。

話の聴き方や情報提供及び助言の方法等については、以下の点を研修の中でしっかりと伝える。

- 法令および社内規程にもとづき守秘義務を遵守し、安心して相談できるようにする
- 労働者のプライバシーに配慮し、労働者の個人情報を他に伝える場合は、原則として本人の同意を得るようにする

また、事業者は、管理監督者に労働者の勤務状況を日常的に把握させ、個々の労働者に過度な長時間労働による疲労やストレスが生じないようにする。

なお、相談体制に関する情報を提供し、管理監督者自身も必要に応じて、ストレスチェックおよびその結果にもとづく面接指導、メンタルヘルス相談を利用するな

第5章

ど、管理監督者自身のセルフケアにも配慮する。

④ 誰もが「これならできる」と思える内容の提供を

組織におけるストレスへの対応としては「仕事による負担を軽減するなどの措置だけではなく、職場環境の改善につなげること」を目指す。管理監督者が行う「ラインによるケア」が重要な役割を果たすことはすでに述べたが、現在の職場環境では、管理監督者自身にも相当な負荷がかかっており、その上に部下のメンタルヘルスへの対応まで求めるのは大変なことでもある。

メンタルヘルスはマネジメントの1つの課題であり、研修を通して管理監督者の役割が整理され、またその役割をサポートする事業場内でのシステムが整備されることによって得られるメリットは大きい。そのためには、管理監督者が「これならできる」という自己効力感を高めるような「参加型」で「体験型」の内容を提供することが何よりも大事であろう。

例えば、いつもと違う部下への気づきをよくする、声かけをする、部下の話を聴く、専門家につなぐなどについて、身近な事例（実際の事例は同定されないよう改める）を取り上げ、グループワークで検討する。また、話の聴き方についてはロールプレイを行って傾聴の方法を身につけたりする。

ここがポイント！

〜より効果を上げるために〜

- ストレスチェックをセルフケアに活かすかどうかの主体は労働者。ストレスチェック制度の趣旨を正しく理解できるよう教育し、積極的な活用を促す。
- 相談することの大切さを伝え、医師面談などにつなげる。
- セルフケアについて、必要なときに自ら実行できるよう、実感を伴う「参加・体験型」の教育を行う。
- ストレスチェック制度の効果的な運用には、管理監督者の理解が欠かせない。ライン研修で、情報提供する。
- 管理監督者の支援は部下のストレス反応に良好に作用する。しかし、管理監督者自身の負荷も高まるため、支援の方法について「これならできる」と実感できる「参加・体験型」教育を行う。

3 メンタルヘルスの根本対策「職場環境等の改善活動」

　組織としてメンタルヘルスケアを進める場合、高まっているストレスを軽減する働きかけはメンタルヘルスの根本対策であり、1次予防として必要である。特に働きにくいと感じるような職場はストレスを高めることから、誰もが働きやすいと感じる職場づくりを目指す「職場環境等の改善活動」が求められる。

　ここで問題となるのは、誰が主体となってその活動を進めるのかである。例えば、労働者自身が解決できない職場環境が問題となっている場合、職場で取り組むべき課題として対応する必要がある。職場に存在する課題なので、職場の管理監督者がその解決にあたり、制度担当者は管理監督者に話をつなぐ。この場合には本人の同意が必要になる。本人の同意が得られない場合には対処できないが、職場巡視などを通じて職場環境の改善について助言、指導することはできる。この場合には、本人が特定されないような配慮や工夫が必要である。セクシャルハラスメントや上司のパワーハラスメントなどの問題がある場合には、そのために設けられている社内制度の活用を勧める。

　このように、職場環境等の改善活動は制度担当者だけで担うことは困難である。事業場外資源の協力が必要な場合も考えられることから、事前に衛生委員会等で主体となる担当者とその役割を明確にしておくことが大事である。

　なお、職場集団ごとの集計・分析およびその結果に基づく職場環境の改善は、規則に基づく事業者の努力義務であり、すぐに実施しなければならないものではない。したがって、実施体制が整わないうちに行うのは効果がみられないだけではなく、今後の活動に支障が出ることもあるので無理に実施することは避けたほうがよい。対象者の何％が検査を受けたのか、その結果はどのような分布をしているのかなど、基本的な情報を整理し、まずは十分そしゃくする必要がある。そのうえで、実施に向けての積極的な検討を行う。

(1) 職場の分析結果と職場環境等の改善

　ストレスチェックを実施し、職場ごとの集団分析の結果から、ストレスの高い職場との判定があった場合（以下、「高ストレス職場」）、その職場ではストレス要因

第5章

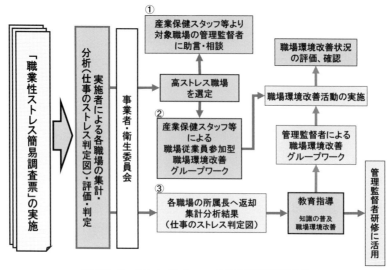

図表 5-8　ストレスチェック後の職場環境改善

の軽減対策が必要になる。特に仕事の量的負担や質的負担の軽減、裁量の自由度の向上については、職場環境からのアプローチが有効とされている。

このような高ストレス職場のリスクを低減するための方法には、**図表 5-8** に示した2つがある。

1つは、高ストレス職場のみを対象としてアプローチする方法で、①高ストレス職場に属している管理監督者に対して、産業保健スタッフが助言や相談を行う方法と、②対象職場の労働者に参加させ、いかに働きやすい職場にするかという改善策について話し合う活動（ワーク）を行う方法である。職場の皆で話をして決定した改善策については実行性も高く、②の方法の効果が高いことが分かっている。

もう1つは、高ストレス職場に限定せず、全所属長に自分の職場の集計分析結果を返却して、管理監督者の教育研修に活用していく方法（③）である。この場合、結果を知らせる際に教育指導を行い、結果の見方についての正しい理解が得られるように配慮することが大切である。

前者は、高ストレス職場に直接働きかけるため効果は高いが、実施に至るまでの体制づくりや時間の確保など、入念な計画が必要である。後者は、事業場全体としての活動になり、組織の活性化につながる可能性があるが、改善を実施するかどうかは管理監督者に委ねられることになる。

いずれの方法をとるにしても、制度担当者は、事業者や衛生委員会、各部署の管理監督者と改善計画を立て、産業保健スタッフからの助言や事業場外の専門家の支

援を受け、当該部署の管理監督者と協力しながら行うことになる。

(2) 組織対応としての「職場環境改善チーム」の設置

　職場環境等の改善活動を行うには、業務時間内に話し合う時間を確保することが必要であり、管理監督者の理解と協力が不可欠になる。また、管理監督者の協力を得るにはトップの意思表明が必須になる。

　さらに、この活動では自分たちが行えることを優先するが、他部署の協力やコストをかけなければ改善できないということもある。したがって、人事部門や健康管理部門だけではなく、経営管理部門や各職場など組織としての対応ができるようにする必要がある。そのために「職場環境改善チーム」を設置し、組織的活動とする。こうした組織があることで、それぞれの職場で行っている好事例や改善事例を発表し、紹介し合う場を作ることができ、また継続して実行しているかどうかの進捗状況を定期的に把握できる。職場環境改善チームを設けると、中長期的に持続した活動にすることが可能となる。

(3)「職場環境等の改善活動」を進めるうえでの留意点

　「職場環境改善」というと、問題となる個所を見つけ出し、そこを改めるものと思われる。しかし、ここでは「ヒント集」（(4) で解説）を参考にしながら「働きやすい職場づくりに役立っている良い点」に着目して話し合う。例えば、「ノー残業デーがあり、仕事にメリハリがつけられる」「更衣室、休憩室がきれいで気分転換になる」「災害時対応のマニュアルがしっかりしているので安心」などである。このように働く場の良い点に着目して話し合うと誰もが発言しやすく、ワーク全体も活発になる。多岐にわたる意見が出るので、次の改善策を見つけやすく水平展開がしやすくなる。

　ここで取り上げる改善策は、低コストで他部署の協力を得ずにできることを最優先にする。例えば「始業時にミーティングをする」「納期に追われないよう事前計画を密に行う」「ささいなことでもありがとうと言う」など、日頃から行っていなければならないようなことも出てくる。

　このような当たり前な改善策であったとしても、職場の風通しが良くなり、快適で働きやすいと感じる職場になるため、ストレスが軽減する。

第5章

誰もがコミュニケーションを良くして、人間関係を良好に保ちたいと思っている。しかし、成果主義にもとづく賃金制度の導入、IT化による個人作業の増大、人員削減による仕事の量的負担増、雇用条件の異なる労働者の組織の中で、情報共有化の困難さなど、コミュニケーションを妨げる多くの職場環境の問題がある。一見当たり前のような対策であっても、そこに至るまでの話合いの過程でお互いの理解が深まるため、実行性の高い改善策となるのである。

(4) 職場環境等の改善に用いるヒント集

職場環境等の改善活動で、いきなり改善策を考えることにすると何から手をつけていいのか分からず、職場環境改善にまで至らないということにもなる。

そこで、働きやすい職場づくりに役立った職場の良好事例をもとに開発された「職場環境改善のためのヒント集」(メンタルヘルスアクションチェックリスト、以下「ヒント集」)を活用した改善活動を紹介する。このヒント集は、職場で実際に行われている事柄でストレス軽減に役立った事例を収集し、6つの領域に分類して整理した事例集である(図表5-9)。

(5) ヒント集を使った労働者参加型の職場環境等の改善

職場の構成員を5～7名程度のグループに分け、ヒント集を用いてその職場ですでに実施されている良い点と、これから行うべき改善点についての話合いをする(図表5-10)。ヒント集を利用することで、職場環境等の改善における目のつけどころが分かるため、改善を考える上でのきっかけづくりとなる。また、労働者参加

現場で行いやすいアクションの6領域	
A. 作業計画への参加と情報の共有	少人数単位の裁量範囲、過大な作業量の調整、情報の共有
B. 勤務時間と作業編成	ノー残業日などの目標、ピーク作業時の作業変更、交代制、休日
C. 円滑な作業手順	物品の取扱い、情報入手、反復作業の改善、作業ミス防止
D. 作業場環境	温熱・音環境、有害物質対応、受動喫煙の防止、休養設備、緊急時対応
E. 職場内の相互支援	相談しやすさ、チームワークづくり、仕事の評価、職場間の相互支援
F. 安心できる職場のしくみ	訴えへの対処、自己管理の研修、仕事の見通し、昇格機会の公平化、緊急の心のケア

図表5-9 職場ストレスを軽減するための「職場環境改善ヒント集」

作業内容	
グループ編成・役割分担	進行・記録・発表・各1名
個人チェック【良い点】	ヒント集を使った点検
グループ討議【良い点】	働きやすい職場作りに役立っていると思われる点をグループで3つ選択
個人チェック【改善点】	ヒント集を使った点検
グループ討議【改善点】	実行可能な改善点と具体的アイディアを検討
発　　表	良い点と改善点について、グループ討議の結果発表

図表 5-10　労働者参加型の職場環境改善の内容

　ブレーン・ストーミングとは、自由に意見を出し合い、互いのアイディアの相乗効果で新しい発想を生み出すミーティングの方法。これを定期的に行うと、仲間同士で互いの考え方への理解を深め、コミュニケーションを活性化することにもつながる。

【4つの原則】
①　批判禁止　自由に発言できるよう批判をしない
②　自由奔放　奇抜なアイディアも歓迎する
③　大量生産　さまざまな角度から多種多様な意見を
④　便乗加工　出た意見を合体させたり加工したりして新しいアイディアを生み出す

図表 5-11　話合いはブレーン・ストーミングで

型で行うヒント集を利用した職場環境改善活動は、自らの職場条件に合わせて設計し、改善実施、評価するという一連のステップを体験しながら職場環境等の改善を進めることができる。ただし、この方法は小グループで話し合うことを基本にしているため、ミーティングをする機会の少ない職場でいきなり始めようとしても難しい。まずは話合いの場を設定するようにして、そこから始めるとよい。

　なお、話合いはブレーン・ストーミングで行うようにする。「批判をしない」「全員が自由に」発言できるようにすることがこの話合いの中では大事な約束事になる（図表5-11）。

（6）効果ある職場環境改善活動は組織で計画的に

　職場環境の改善活動は1度行えばよいというものではない。それは環境を変えること、それ自体がストレスの要因になるからである。また、改善によりすぐに職場

第5章

の雰囲気が良くなったと感じられるものでもない。改善したことが良かったのかどうかを見直す必要がある。さらには経済の動向により会社の方針、組織の変更、人事異動など、職場環境は刻々と変わる。少なくとも1年に1回は話合いをして、改善効果の有無を点検する。

　この話合いにおいても「改善して良くなった点」をあげてから、「改善できなかった点」についての意見交換を行う。改善できなかった理由の多くは、当然のことであるが提案どおりに実施しなかったことである。「業務が忙しくて実施には至らなかった」「役割分担や実施の日程が明確ではなかった」「改善点が多く出たが、絞りきれずにどれも手がつけられなかった」などがよくあげられる理由である。このような場合には、実行できなかった原因を明らかにして、即実行できる改善策を提案し直すよう促すことである。

　いずれにしても、大切なことは理想的な改善策をあげるのではなく、当たり前と思われていることを合意の上で実施することである。働きやすいと感じる者が多くなれば、次からは短時間のミーティングであっても改善提案が出るようになる。誰もが働きやすい職場で働きたいと思っており、改善効果が実感できると建設的な意見が出るようになるのである（図表5-12）。

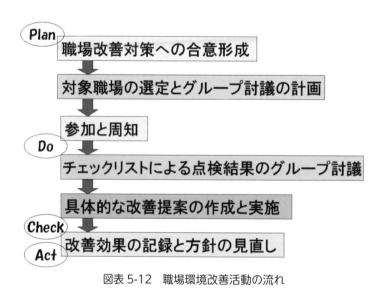

図表5-12　職場環境改善活動の流れ

4　メンタルヘルス対策の年間スケジュール

　図表 5-13 は、ある事業場のメンタルヘルス対策の年間スケジュール例である。5～6月にかけて、春の定期健康診断に合わせてストレスチェックを実施し、その結果を受けて8月からセルフケア研修、個別の面接指導を行う。続いて組織集団分析の結果（ストレスチェックによる集団分析と、職場の関連情報から得られる総合的な職場環境結果）を受けて、結果の説明も兼ねたラインケア研修の実施、9～10月の2か月をかけた各職場の職場環境改善の取組みの検討、11～1月の3か月間をかけた対策の実行が計画されている。

　また、衛生委員会等では、4月の調査実施の説明、8月の調査結果の報告、3月の職場環境改善の結果を含めた全体のまとめが計画されている。

　このように年間スケジュールを作成すると、どの時期に何をすればよいかが分かり、実施漏れが防げる。また、ストレスチェックの結果を活かしたセルフケア研修やラインケア研修、職場環境の改善を行うことができ、ストレスチェックをメンタルヘルス対策全体の中に組み込んで実施することができる。

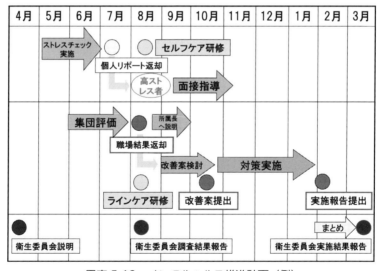

図表 5-13　メンタルヘルス推進計画（例）

第5章

ここがポイント！

～より効果を上げるために～

- ストレスが高い職場へのアプローチとしては、全員で話し合い、改善策を見つけていく「職場の環境改善のためのヒント集」の活用が効果的。
- 職場環境改善の実効性を高めるには、組織対応として「改善チーム」体制づくりが有用。
- 改善活動の話合いの過程で職場のコミュニケーションが良くなり、改善効果が高まる。
- 年間スケジュールの作成により対策全般を俯瞰でき、取りこぼしを防ぐことができる。

参考1

労働安全衛生法に基づく ストレスチェック制度 実施マニュアル

平成 27 年 5 月
改訂　平成 28 年 4 月

厚生労働省労働基準局安全衛生部
労働衛生課産業保健支援室

ストレスチェック等を行う医師や保健師等に対する研修準備事業
ストレスチェック制度に関するマニュアル作成委員会

目　次

編注）目次の頁番号は各頁中央下のページ数が該当します

はじめに……………………………………………………………………………… 1

定義…………………………………………………………………………………… 3

1　ストレスチェック制度の趣旨・目的 …………………………………………… 4
2　ストレスチェック制度の基本的な考え方 ……………………………………… 5
3　ストレスチェック制度の実施に当たっての留意事項 ………………………… 6
4　ストレスチェック制度に基づく取組の手順 …………………………………… 8
5　衛生委員会等における調査審議 ………………………………………………… 11
6　ストレスチェックの実施方法等 ………………………………………………… 23
（1）ストレスチェック制度の実施体制 …………………………………………… 23
（2）ストレスチェックの実施方法 ………………………………………………… 29
　　ア　ストレスチェックの実施頻度と対象者 ………………………………… 29
　　イ　ストレスチェックの定義と調査票 ……………………………………… 33
　　ウ　ストレスの程度の評価方法及び高ストレス者の選定方法・基準 …… 38
（3）ストレスチェックの受検の勧奨 ……………………………………………… 47
（4）面接指導対象者の確認 ………………………………………………………… 48
（5）ストレスチェック結果の通知と通知後の対応 ……………………………… 49
　　ア　労働者本人に対するストレスチェック結果の通知方法 ……………… 49
　　イ　ストレスチェック結果の通知後の対応 ………………………………… 57
（6）ストレスチェック結果の記録と保存 ………………………………………… 62
7　面接指導の実施方法等 …………………………………………………………… 65
（1）面接指導の対象労働者の要件 ………………………………………………… 65
（2）対象労働者の要件の確認方法 ………………………………………………… 66
（3）面接指導を実施する医師と実施時期 ………………………………………… 67
（4）実施方法 ………………………………………………………………………… 69

（5）面接指導の結果についての医師からの意見の聴取 ……………………………… 78
（6）就業上の措置の決定と実施 ……………………………………………… 79
（7）結果の記録と保存…………………………………………………………… 81
8　ストレスチェック結果に基づく集団ごとの集計・分析と職場環境の改善………… 83
9　実施状況報告 …………………………………………………………………… 98
10　労働者に対する不利益な取扱いの防止 ……………………………………… 100
11　ストレスチェック制度に関する労働者の健康情報の保護 …………………… 102
（1）労働者の健康情報の保護の重要性 ………………………………………… 102
（2）実施事務従事者の範囲と留意事項 ………………………………………… 103
（3）ストレスチェック結果の労働者への通知に当たっての留意事項 ……………… 104
（4）ストレスチェック結果の事業者への提供に当たっての留意事項 ……………… 105
（5）集団ごとの集計・分析の結果の事業者への提供に当たっての留意事項……… 109
（6）面接指導結果の事業者への提供に当たっての留意事項 …………………… 110
12　その他の留意事項………………………………………………………………… 111
（1）産業医等の役割 ……………………………………………………………… 111
（2）派遣労働者に関する留意事項 ……………………………………………… 112
（3）外部機関にストレスチェック等を委託する場合の体制の確認に関する留意事項 116
（4）労働者数50人未満の事業場における留意事項 …………………………… 120
おわりに ……………………………………………………………………………… 121

巻末資料………………………………………………………………………………… 122
1　ストレスチェック制度に関する法令及び通達 …………………………………… 123
2　職業性ストレス簡易調査票及び分布表 ………………………………………… 171

はじめに

このマニュアルの対象と使い方

このマニュアルは、改正労働安全衛生法に基づくストレスチェック制度(平成26年6月25日公布、平成27年12月1日施行)について、実務を担う産業保健スタッフ等向けに各事業場でストレスチェック制度を適切に導入し運用していくための進め方と留意点を示した手引きとなっています。

ストレスチェック制度の実施が義務付けられている労働者数50人以上の事業場において、産業医、保健師、衛生管理者等の事業場内産業保健スタッフが、ストレスチェック制度に関する一連の業務を行う際に参照できるよう、構成しています。

事業者から委託を受けてストレスチェック制度に関する業務を実施する外部機関(健康診断機関、メンタルヘルスサービス機関、健康保険組合、病院・診療所等)においても、法令に従うほか、この手引きの必要箇所を参照し、ストレスチェック制度を適切に実施することが望まれます。

マニュアルの構成

このマニュアルには、改正労働安全衛生法に基づくストレスチェック制度に関する労働安全衛生規則の規定、「心理的な負担の程度を把握するための検査及び面接指導の実施並びに面接指導結果に基づき事業者が講ずべき措置に関する指針」(以下「ストレスチェック指針」という。)、ストレスチェック指針の解説、運用の参考となる具体的な事例などを記載しています。

マニュアルの作成について

このマニュアルの作成に当たっては、平成26年度の厚生労働省の委託事業「ストレスチェック等を行う医師や保健師等に対する研修準備事業」において「ストレスチェック制度に関するマニュアル作成委員会」を開催し、検討・作成しました。

＜ストレスチェック制度に関するマニュアル作成委員会名簿と開催状況＞
 【開催状況】
  12月11日 第1回
  1月15日 第2回
  1月30日 第3回
  2月12日 最終回
 【委員会委員】　　　　　　　　　　　　　　　　　　(◎座長、50音順、敬称略)
 ◎相澤　好治　北里大学名誉教授
  岡田　邦夫　プール学院大学教育学部教育学科教授
  川上　憲人　東京大学大学院精神保健学分野教授
  下光　輝一　東京医科大学医学部公衆衛生学名誉教授
  中村　純　　(公社)日本精神神経学会理事
  増田　将史　イオン(株)グループ人事部イオングループ総括産業医

三柴　丈典	近畿大学法学部教授
南　　良武	(公社)日本精神科病院協会常務理事
宮本　俊明	新日鐵住金(株)君津製鐵所安全環境防災部安全健康室上席主幹
渡辺洋一郎	(公社)日本精神神経科診療所協会会長

　また、先進的な取り組み事例等を紹介するにあたり、次の方々にご協力いただきました。

＜事例提供・データ解析等＞

小田切優子	東京医科大学医学部公衆衛生学講座講師
小林　由佳	本田技研工業(株)臨床心理士
西本　真証	(株)三越伊勢丹ホールディングス健康管理推進室統括産業医
濵田　千雅	大阪ガス㈱人事部大阪ガスグループ健康開発センター副統括産業医
森口　次郎	京都工場保健会診療所副所長
彌冨美奈子	(株)ＳＵＭＣＯ九州事業所統括産業医
吉川　徹	(公財)労働科学研究所副所長

（50 音順、敬称略）

表記について

　本文中、特に表記した場合を除き、次の略称を使います。

　法：労働安全衛生法（昭和 47 年法律第 57 号）

　規則：労働安全衛生規則（昭和 47 年労働省令第 32 号）

　ストレスチェック指針：心理的な負担の程度を把握するための検査及び面接指導の実施並びに面接指導結果に基づき事業者が講ずべき措置に関する指針（平成 27 年 4 月 15 日心理的な負担の程度を把握するための検査等指針公示第 1 号）

　施行通達：労働安全衛生法の一部を改正する法律の施行に伴う厚生労働省関係省令の整備に関する省令等の施行について（平成 27 年 5 月 1 日付基発 0501 第 3 号）

定義

本指針において、次に掲げる用語の意味は、それぞれ次に定めるところによる。
① ストレスチェック制度
　　法第66条の10に係る制度全体をいう。
② 調査票
　　ストレスチェックの実施に用いる紙媒体又は電磁的な媒体による自記式の質問票をいう。
③ 共同実施者・実施代表者
　　事業場の産業医等及び外部機関の医師が共同でストレスチェックを実施する場合等、実施者が複数名いる場合の実施者を「共同実施者」という。この場合の複数名の実施者を代表する者を「実施代表者」という。
④ 実施事務従事者
　　実施者のほか、実施者の指示により、ストレスチェックの実施の事務（個人の調査票のデータ入力、結果の出力又は記録の保存（事業者に指名された場合に限る）等を含む。）に携わる者をいう。
⑤ ストレスチェック結果
　　調査票に記入又は入力した内容に基づいて出力される個人の結果であって、次に掲げる内容が含まれるものをいう。
・職場における当該労働者の心理的な負担の原因に関する項目、心理的な負担による心身の自覚症状に関する項目及び職場における他の労働者による当該労働者への支援に関する項目について、個人ごとのストレスの特徴及び傾向を数値又は図表等で示したもの
・個人ごとのストレスの程度を示したものであって、高ストレスに該当するかどうかを示した結果
・医師による面接指導の要否
⑥ 集団ごとの集計・分析
　　ストレスチェック結果を事業場内の一定規模の集団（部又は課等）ごとに集計して、当該集団のストレスの特徴及び傾向を分析することをいう。
⑦ 産業医等
　　産業医その他労働者の健康管理等を行うのに必要な知識を有する医師をいう。
⑧ 産業保健スタッフ
　　事業場において労働者の健康管理等の業務に従事している産業医等、保健師、看護師、心理職又は衛生管理者等をいう。
⑨ メンタルヘルス不調
　　精神及び行動の障害に分類される精神障害及び自殺のみならず、ストレス、強い悩み及び不安等、労働者の心身の健康、社会生活及び生活の質に影響を与える可能性のある精神的及び行動上の問題を幅広く含むものをいう。

（ストレスチェック指針より抜粋）

1 ストレスチェック制度の趣旨・目的

ストレスチェック制度の趣旨・目的

労働者のメンタルヘルス不調の未然防止（一次予防）が主な目的です

近年、仕事や職業生活に関して強い不安、悩み又はストレスを感じている労働者が5割を超える状況にある中、事業場において、より積極的に心の健康の保持増進を図るため、「労働者の心の健康の保持増進のための指針」（平成18年3月31日付け健康保持増進のための指針公示第3号。以下「メンタルヘルス指針」といいます。）を公表し、事業場におけるメンタルヘルスケアの実施を促進してきたところです。しかし、仕事による強いストレスが原因で精神障害を発病し、労災認定される労働者が、平成18年度以降も増加傾向にあり、労働者のメンタルヘルス不調を未然に防止することが益々重要な課題となっています。

こうした背景を踏まえ、平成26年6月25日に公布された「労働安全衛生法の一部を改正する法律」（平成26年法律第82号）においては、心理的な負担の程度を把握するための検査（以下「ストレスチェック」といいます。）及びその結果に基づく面接指導の実施等を内容としたストレスチェック制度（労働安全衛生法第66条の10に係る事業場における一連の取組全体を指します）が新たに創設されました。

この制度は、労働者のストレスの程度を把握し、労働者自身のストレスへの気付きを促すとともに、職場改善につなげ、働きやすい職場づくりを進めることによって、労働者がメンタルヘルス不調となることを未然に防止すること（一次予防）を主な目的としたものです。

ストレスチェック制度の実施義務を有する事業場

常時50人以上の労働者を使用する事業場に実施義務があります

衛生管理者や産業医の選任義務と同様、常時50人以上の労働者を使用する事業場にストレスチェック制度の実施義務があります。この場合の「労働者」には、パートタイム労働者や派遣先の派遣労働者も含まれます。

また、それ以外の事業場（常時50人未満の労働者を使用する事業場）については、ストレスチェック制度は当分の間、努力義務とされていますが、労働者のメンタルヘルス不調の未然防止のため、できるだけ実施することが望ましいことから、国では様々な支援を行っています（P120）。

なお、個々の労働者が、ストレスチェックの実施義務の対象となるか否かの判断については、P30を参照してください。

2　ストレスチェック制度の基本的な考え方

○　ストレスチェック制度の基本的な考え方

　事業場における事業者による労働者のメンタルヘルスケアは、取組の段階ごとに、労働者自身のストレスへの気付き及び対処の支援並びに職場環境の改善を通じて、メンタルヘルス不調となることを未然に防止する「一次予防」、メンタルヘルス不調を早期に発見し、適切な対応を行う「二次予防」及びメンタルヘルス不調となった労働者の職場復帰を支援する「三次予防」に分けられる。

　新たに創設されたストレスチェック制度は、これらの取組のうち、特にメンタルヘルス不調の未然防止の段階である一次予防を強化するため、定期的に労働者のストレスの状況について検査を行い、本人にその結果を通知して自らのストレスの状況について気付きを促し、個々の労働者のストレスを低減させるとともに、検査結果を集団ごとに集計・分析し、職場におけるストレス要因を評価し、職場環境の改善につなげることで、ストレスの要因そのものを低減するよう努めることを事業者に求めるものである。さらにその中で、ストレスの高い者を早期に発見し、医師による面接指導につなげることで、労働者のメンタルヘルス不調を未然に防止することを目的としている。

　事業者は、メンタルヘルス指針に基づき各事業場の実態に即して実施される二次予防及び三次予防も含めた労働者のメンタルヘルスケアの総合的な取組の中に本制度を位置付け、メンタルヘルスケアに関する取組方針の決定、計画の作成、計画に基づく取組の実施、取組結果の評価及び評価結果に基づく改善の一連の取組を継続的かつ計画的に進めることが望ましい。

　また、事業者は、ストレスチェック制度が、メンタルヘルス不調の未然防止だけでなく、従業員のストレス状況の改善及び働きやすい職場の実現を通じて生産性の向上にもつながるものであることに留意し、事業経営の一環として、積極的に本制度の活用を進めていくことが望ましい。

（ストレスチェック指針より抜粋）

3 ストレスチェック制度の実施に当たっての留意事項

○ストレスチェック制度の実施に当たっての留意事項

　ストレスチェック制度を円滑に実施するためには、事業者、労働者及び産業保健スタッフ等の関係者が、次に掲げる事項を含め、制度の趣旨を正しく理解した上で、本指針に定める内容を踏まえ、衛生委員会又は安全衛生委員会（以下「衛生委員会等」という。）の場を活用し、互いに協力・連携しつつ、ストレスチェック制度をより効果的なものにするよう努力していくことが重要である。

① ストレスチェックに関して、労働者に対して受検を義務付ける規定が置かれていないのは、メンタルヘルス不調で治療中のため受検の負担が大きい等の特別の理由がある労働者にまで受検を強要する必要はないためであり、本制度を効果的なものとするためにも、全ての労働者がストレスチェックを受検することが望ましい。

② 面接指導は、ストレスチェックの結果、高ストレス者として選定され、面接指導を受ける必要があると実施者が認めた労働者に対して、医師が面接を行い、ストレスその他の心身の状況及び勤務の状況等を確認することにより、当該労働者のメンタルヘルス不調のリスクを評価し、本人に指導を行うとともに、必要に応じて、事業者による適切な措置につなげるためのものである。このため、面接指導を受ける必要があると認められた労働者は、できるだけ申出を行い、医師による面接指導を受けることが望ましい。

③ ストレスチェック結果の集団ごとの集計・分析及びその結果を踏まえた必要な措置は、規則第52条の14の規定に基づく努力義務であるが、事業者は、職場環境におけるストレスの有無及びその原因を把握し、必要に応じて、職場環境の改善を行うことの重要性に留意し、できるだけ実施することが望ましい。

（ストレスチェック指針より抜粋）

<解説>

○ 実施に当たっては、産業保健スタッフは以下の点に特に留意して取り組むことが求められます。

1 安心して受検してもらう環境づくりに努めること。

　ストレスチェックの結果は労働者の同意がなければ事業者に提供してはならないことや、検査の実施の事務に従事した者の守秘義務が規定されているといった労働者のプライバシーへの配慮を求めた法律の趣旨を踏まえる必要があります。

　また、ストレスチェックは、自記式の調査票を用いて行うため、労働者が自身の状況をありのままに答えることのできる環境を整えることが重要です。安心して答えられる環境にないと、労働者によって回答が操作され、労働者や職場の状況を正しく反映しない結果となるおそれがあることに留意

しなければなりません。

2 　検査を受ける受検者以外の方にも配慮すること。

　　例えば、ストレスチェックを受けた労働者の所属部署の責任者にとっては、そのストレスチェック結果は責任者としての人事労務管理・健康管理能力の評価指標として用いられる可能性があるため、そうした責任者に不利益が生じるおそれにも配慮する必要があります。

3 　安心して面接指導を申し出られる環境づくりに努めること

　　面接指導の申出がしやすい環境を整えないと、高ストレスの状況にある労働者がそのまま放置されるおそれがありますので、労働者が安心して医師の面接を希望する旨申し出られるように配慮する必要があります。

4 ストレスチェック制度に基づく取組の手順

✓ **ストレスチェック制度の実施責任主体は事業者であり、事業者は制度の導入方針を決定・表明します。**

○ ストレスチェック制度の手順

ストレスチェック制度に基づく取組は、次に掲げる手順で実施するものとする。

ア 基本方針の表明
　事業者は、法、規則及び本指針に基づき、ストレスチェック制度に関する基本方針を表明する。

イ ストレスチェック及び面接指導
① 衛生委員会等において、ストレスチェック制度の実施方法等について調査審議を行い、その結果を踏まえ、事業者がその事業場におけるストレスチェック制度の実施方法等を規程として定める。
② 事業者は、労働者に対して、医師、保健師又は厚生労働大臣が定める研修を修了した看護師若しくは精神保健福祉士（以下「医師等」という。）によるストレスチェックを行う。
③ 事業者は、ストレスチェックを受けた労働者に対して、当該ストレスチェックを実施した医師等（以下「実施者」という。）から、その結果を直接本人に通知させる。
④ ストレスチェック結果の通知を受けた労働者のうち、高ストレス者として選定され、面接指導を受ける必要があると実施者が認めた労働者から申出があった場合は、事業者は、当該労働者に対して、医師による面接指導を実施する。
⑤ 事業者は、面接指導を実施した医師から、就業上の措置に関する意見を聴取する。
⑥ 事業者は、医師の意見を勘案し、必要に応じて、適切な措置を講じる。

ウ 集団ごとの集計・分析
① 事業者は、実施者に、ストレスチェック結果を一定規模の集団ごとに集計・分析させる。
② 事業者は、集団ごとの集計・分析の結果を勘案し、必要に応じて、適切な措置を講じる。

（ストレスチェック指針より抜粋）

<解説>
○ ストレスチェック制度の実施に先立って、労働者への通知ならびにストレスチェック制度の実施体制の確立が重要な課題です。事業者は、ストレスチェックを円滑に実施する体制の整備並びに個人情報保護等をも含めた対応について労働者へ十分な説明をする必要があります。その際、事業者がストレスチェ

ック導入についての方針等について事業場内で表明することが必要です。事業者の表明に続いて、衛生委員会の審議や体制の整備、個人情報保護などの対応が検討され、円滑な実施に向けてスタートすることになります。安全衛生（健康）計画や新年度に向けての経営陣の経営方針と同時に発表することが効果的といえます。事業場においては年度毎に安全衛生（健康）方針を定めて周知しているところもあることから、その安全衛生（健康）方針の中にストレスチェック制度の内容等を含めて周知することも一つの方法です。

ストレスチェック制度の流れは次の図のとおりです。

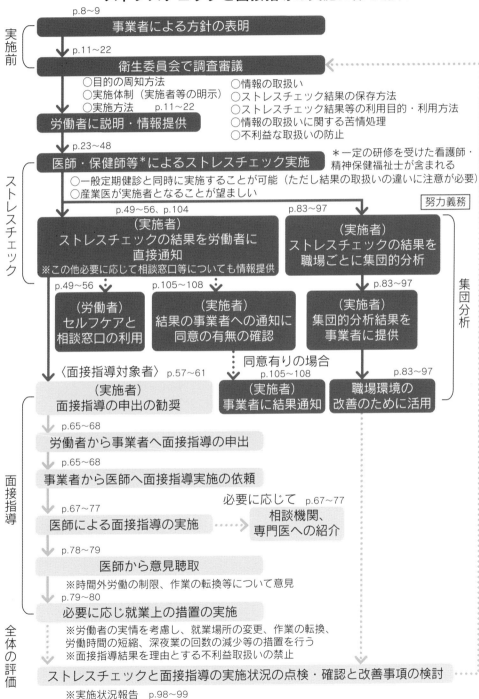

5　衛生委員会等における調査審議

- ✓ **事業者は、ストレスチェックの実施前に、事業場の衛生委員会等で実施体制、実施方法等を審議・決定し、社内規程を定めます。**
- ✓ **事業者は、ストレスチェックの実施の趣旨・社内規程を労働者に周知します。**
- ✓ **ストレスチェック実施後には、実施状況やそれを踏まえた実施方法の改善等について調査審議し、次回の実施に活かします。**

(衛生委員会)
第18条　事業者は、政令で定める規模の事業場ごとに、次の事項を調査審議させ、事業者に対し意見を述べさせるため、衛生委員会を設けなければならない。
① 　労働者の健康障害を防止するための基本となるべき対策に関すること。
② 　労働者の健康の保持増進を図るための基本となるべき対策に関すること。
③ 　労働災害の原因及び再発防止対策で、衛生に係るものに関すること。
④ 　前三号に掲げるもののほか、労働者の健康障害の防止及び健康の保持増進に関する重要事項

(法より抜粋)

(衛生委員会の付議事項)
第22条　法第18条第1項第4号の労働者の健康障害の防止及び健康の保持増進に関する重要事項には、次の事項が含まれるものとする。
⑩ 　労働者の精神的健康の保持増進を図るための対策の樹立に関すること。

(規則より抜粋)

---

(1) 衛生委員会等における調査審議の意義
　ストレスチェック制度を円滑に実施するためには、事業者、労働者、産業保健スタッフ等の関係者が、制度の趣旨を正しく理解した上で、本指針に定める内容を踏まえ、互いに協力・連携しつつ、事業場の実態に即した取組を行っていくことが重要である。このためにも、事業者は、ストレスチェック制度に関する基本方針を表明した上で、事業の実施を統括管理する者、労働者、産業医及び衛生管理者等で構成される衛生委員会等において、ストレスチェック制度の実施方法及び実施状況並びにそれを踏まえた実施方法の改善等について調査審議を行わせることが必要である。

（2）衛生委員会等において調査審議すべき事項

　規則第 22 条において、衛生委員会等の付議事項として「労働者の精神的健康の保持増進を図るための対策の樹立に関すること」が規定されており、当該事項の調査審議に当たっては、ストレスチェック制度に関し、次に掲げる事項を含めるものとする。また、事業者は、当該調査審議の結果を踏まえ、法令に則った上で、当該事業場におけるストレスチェック制度の実施に関する規程を定め、これをあらかじめ労働者に対して周知するものとする。

① ストレスチェック制度の目的に係る周知方法
- ストレスチェック制度は、労働者自身のストレスへの気付き及びその対処の支援並びに職場環境の改善を通じて、メンタルヘルス不調となることを未然に防止する一次予防を目的としており、メンタルヘルス不調者の発見を一義的な目的とはしないという趣旨を事業場内で周知する方法。

② ストレスチェック制度の実施体制
- ストレスチェックの実施者及びその他の実施事務従事者の選任等ストレスチェック制度の実施体制。

　実施者が複数いる場合は、共同実施者及び実施代表者を明示すること。この場合において、当該事業場の産業医等が実施者に含まれるときは、当該産業医等を実施代表者とすることが望ましい。

　なお、外部機関にストレスチェックの実施の全部を委託する場合は、当該委託契約の中で委託先の実施者、共同実施者及び実施代表者並びにその他の実施事務従事者を明示させること（結果の集計業務等の補助的な業務のみを外部機関に委託する場合にあっては、当該委託契約の中で委託先の実施事務従事者を明示させること）。

③ ストレスチェック制度の実施方法
- ストレスチェックに使用する調査票及びその媒体。
- 調査票に基づくストレスの程度の評価方法及び面接指導の対象とする高ストレス者を選定する基準。
- ストレスチェックの実施頻度、実施時期及び対象者。
- 面接指導の申出の方法。
- 面接指導の実施場所等の実施方法。

④ ストレスチェック結果に基づく集団ごとの集計・分析の方法
- 集団ごとの集計・分析の手法。
- 集団ごとの集計・分析の対象とする集団の規模。

⑤ ストレスチェックの受検の有無の情報の取扱い
- 事業者による労働者のストレスチェックの受検の有無の把握方法。
- ストレスチェックの受検の勧奨の方法。

⑥ ストレスチェック結果の記録の保存方法
- ストレスチェック結果の記録を保存する実施事務従事者の選任。

- ストレスチェック結果の記録の保存場所及び保存期間。
- 実施者及びその他の実施事務従事者以外の者によりストレスチェック結果が閲覧されないためのセキュリティの確保等の情報管理の方法。

⑦ ストレスチェック、面接指導及び集団ごとの集計・分析の結果の利用目的及び利用方法
- ストレスチェック結果の本人への通知方法。
- ストレスチェックの実施者による面接指導の申出の勧奨方法。
- ストレスチェック結果、集団ごとの集計・分析結果及び面接指導結果の共有方法及び共有範囲。
- ストレスチェック結果を事業者へ提供するに当たっての本人の同意の取得方法。
- 本人の同意を取得した上で実施者から事業者に提供するストレスチェック結果に関する情報の範囲。
- 集団ごとの集計・分析結果の活用方法。

⑧ ストレスチェック、面接指導及び集団ごとの集計・分析に関する情報の開示、訂正、追加及び削除の方法
- 情報の開示等の手続き。
- 情報の開示等の業務に従事する者による秘密の保持の方法。

⑨ ストレスチェック、面接指導及び集団ごとの集計・分析に関する情報の取扱いに関する苦情の処理方法
- 苦情の処理窓口を外部機関に設ける場合の取扱い。
  なお、苦情の処理窓口を外部機関に設ける場合は、当該外部機関において労働者からの苦情又は相談に対し適切に対応することができるよう、当該窓口のスタッフが、企業内の産業保健スタッフと連携を図ることができる体制を整備しておくことが望ましい。

⑩ 労働者がストレスチェックを受けないことを選択できること
- 労働者にストレスチェックを受検する義務はないが、ストレスチェック制度を効果的なものとするためにも、全ての労働者がストレスチェックを受検することが望ましいという制度の趣旨を事業場内で周知する方法。

⑪ 労働者に対する不利益な取扱いの防止
- ストレスチェック制度に係る労働者に対する不利益な取扱いとして禁止される行為を事業場内で周知する方法。

(ストレスチェック指針より抜粋)

〈解説〉

衛生委員会等における調査審議の意義

○ 新たにストレスチェックを導入する場合、ならびに従来からストレスチェックを独自に実施している場合においても、今般法制化されたストレスチェ

ック制度の実施に備えて、法令で定めた一定の要件を満たしているかどうか確認することが必要です。本人の同意など個人情報の取扱いや不利益取扱いの有無等について検討し、円滑にストレスチェック制度が実施できるよう準備を進めなければなりません。問題があれば事前に検討し改善しておく必要があります。

○ 心の健康に関する情報は機微な情報であることに留意し、実施方法から記録の保存に至るまでストレスチェック制度における労働者の個人情報が適切に保護されるような体制の構築が必要です。ストレスチェックに関与する産業保健スタッフならびに事務職についても個人情報保護等についての教育啓発を怠ってはいけません。どのような方法で教育啓発するのかも検討しておく必要があります。

ストレスチェックの受検の有無、ならびに対象者が同意した場合に事業者に提供される結果内容、高ストレスと判定された場合の面接指導の申し出等に対して不利益な取扱いが発生しないよう審議しておくことが重要です。

衛生委員会等において調査審議すべき事項

○ ストレスチェック制度導入についての労働者への周知が求められます。ストレスチェックがどのような形で実施されるのか、またどのような結果が通知されるのか等についても事前に十分に教育啓発し、一人でも多くの労働者が安心して受検できるよう周知を図らなければなりません。なお、ストレスチェックは、事業者に課せられた義務ですが、労働者において受検は強制ではないこと、ただしなるべく全ての労働者に受けていただくことが望ましいことを周知することが重要です。派遣労働者においては、派遣元ならびに派遣先においてストレスチェックの位置付けについて明確にしておくことが望ましいといえます。

○ ストレスチェックの実施方法については、質問紙による調査票、もしくはICT[1]を活用するのかを選択（併用も可）し、その実施方法についての具体的な注意点を整理しておく必要があります。また、集団ごとの分析を実施して職場環境の改善に活用するための方法等についても予め定めておくことが望ましいといえます。

○ ストレスチェック結果をどのような方法で本人に通知するのかについて、個人情報の保護の視点を考慮して定めておくことが必要です。面接指導の対象となったことが対象者の不利益にならないよう、その結果通知の方法には工夫が必要です（P49参照）。

○ 個人のストレスチェック結果の事業者への提供に当たっての、同意の取得方法としては、対象となる労働者全員に対して個別に同意を取得する必要があり、衛生委員会等での合議による包括的な同意は認められません。

また、個人のストレスチェック結果は事業者に提供しない取扱いとするこ

---

[1] Information Communication Technology の略。インターネットや社内イントラネットを用いたストレスチェックの実施の趣旨。

とも可能です。
- ○ ストレスチェックに関して個人情報の漏えいや不利益取扱いが発生した場合には、再発を防止するためにその対策等を調査審議しなければなりません。

その他

- ○ 労使の定期的な調査審議の場である衛生委員会を活用して、各事業場においてストレスチェック制度が適切に実施されていることを確認、点検し、より適切で有効な仕組みとなるようＰＤＣＡサイクル[2]により評価、改善を行うことが重要です。

- ○ なお、衛生委員会の議事については、規則第 23 条に基づき、開催の都度議事の概要を労働者に周知し、重要なものに係る記録を 3 年間保存することとされているので、留意しましょう。

○衛生委員会での調査審議の結果を踏まえてストレスチェック制度の実施に関する社内規程を作成する場合の例を次頁に示します。

---

[2] 計画（Plan）－実施（Do）－評価（Check）－改善（Act）の略。「ＰＤＣＡサイクル」を通じて安全衛生管理を自主的・継続的に実施する仕組みは安全衛生マネジメントシステムと呼ばれる。

<具体例>

ストレスチェック制度実施規程（例）

（注）この規程（例）は、事業場がストレスチェック制度に関する社内規程を作成する際に参考としていただくために、あくまでも一例としてお示しするものです。それぞれの事業場で本規程（例）を参考に、実際に規程を作成する際には、社内でよく検討し、必要に応じて加除修正するなどし、事業場の実態に合った規程を作成していただくようお願いします。

第1章　総則

（規程の目的・変更手続き・周知）

第1条　この規程は、労働安全衛生法第66条の10の規定に基づくストレスチェック制度を株式会社＿＿＿＿＿において実施するに当たり、その実施方法等を定めるものである。

2　ストレスチェック制度の実施方法等については、この規程に定めるほか、労働安全衛生法その他の法令の定めによる。

3　会社がこの規程を変更する場合は、衛生委員会において調査審議を行い、その結果に基づいて変更を行う。

4　会社は規程の写しを社員に配布又は社内掲示板に掲載することにより、適用対象となる全ての社員に規程を周知する。

（適用範囲）

第2条　この規程は、次に掲げる株式会社＿＿＿＿＿の全社員及び派遣社員に適用する。

一　期間の定めのない労働契約により雇用されている正社員
二　期間を定めて雇用されている契約社員
三　パート・アルバイト社員
四　人材派遣会社から株式会社＿＿＿＿＿に派遣されている派遣社員

（制度の趣旨等の周知）

第3条　会社は、社内掲示板に次の内容を掲示するほか、本規程を社員に配布又は社内掲示板に掲載することにより、ストレスチェック制度の趣旨等を社員に周知する。

一　ストレスチェック制度は、社員自身のストレスへの気付き及びその対処の支援並びに職場環境の改善を通じて、メンタルヘルス不調となることを未然に防止する一次予防を目的としており、メンタルヘルス不調者の発見を一義的な目的とはしないものであること。
二　社員がストレスチェックを受ける義務まではないが、専門医療機関に通院中などの特別な事情がない限り、全ての社員が受けることが望ましいこと。
三　ストレスチェック制度では、ストレスチェックの結果は直接本人に通知され、本人の同意なく会社が結果を入手するようなことはないこと。したがって、ストレスチェックを受けるときは、正直に回答することが重要であること。
四　本人が面接指導を申し出た場合や、ストレスチェックの結果の会社への提供に同意した

場合に、会社が入手した結果は、本人の健康管理の目的のために使用し、それ以外の目的に利用することはないこと。

第2章　ストレスチェック制度の実施体制

（ストレスチェック制度担当者）
第4条　ストレスチェック制度の実施計画の策定及び計画に基づく実施の管理等の実務を担当するストレスチェック制度担当者は、＿＿＿＿課職員とする。
2　ストレスチェック制度担当者の氏名は、別途、社内掲示板に掲載する等の方法により、社員に周知する。また、人事異動等により担当者の変更があった場合には、その都度、同様の方法により社員に周知する。第5条のストレスチェックの実施者、第6条のストレスチェックの実施事務従事者、第7条の面接指導の実施者についても、同様の扱いとする。

（ストレスチェックの実施者）
第5条　ストレスチェックの実施者は、会社の産業医及び保健師の2名とし、産業医を実施代表者、保健師を共同実施者とする。

（ストレスチェックの実施事務従事者）
第6条　実施者の指示のもと、ストレスチェックの実施事務従事者として、衛生管理者及び＿＿＿＿課職員に、ストレスチェックの実施日程の調整・連絡、調査票の配布、回収、データ入力等の各種事務処理を担当させる。
2　衛生管理者又は＿＿＿＿課の職員であっても、社員の人事に関して権限を有する者（課長、調査役、＿＿＿＿）は、これらのストレスチェックに関する個人情報を取り扱う業務に従事しない。

（面接指導の実施者）
第7条　ストレスチェックの結果に基づく面接指導は、会社の産業医が実施する。

第3章　ストレスチェック制度の実施方法

第1節　ストレスチェック

（実施時期）
第8条　ストレスチェックは、毎年＿＿＿月から＿＿＿月の間のいずれかの1週間の期間を部署ごとに設定し、実施する。

（対象者）
第9条　ストレスチェックは、派遣社員も含む全ての社員を対象に実施する。ただし、派遣社員のストレスチェック結果は、集団ごとの集計・分析の目的のみに使用する。
2　ストレスチェック実施期間中に、出張等の業務上の都合によりストレスチェックを受けることができなかった社員に対しては、別途期間を設定して、ストレスチェックを実施する。
3　ストレスチェック実施期間に休職していた社員のうち、休職期間が1月以上の社員につい

ては、ストレスチェックの対象外とする。

（受検の方法等）

第10条　社員は、専門医療機関に通院中などの特別な事情がない限り、会社が設定した期間中にストレスチェックを受けるよう努めなければならない。

2　ストレスチェックは、社員の健康管理を適切に行い、メンタルヘルス不調を予防する目的で行うものであることから、ストレスチェックにおいて社員は自身のストレスの状況をありのままに回答すること。

3　会社は、なるべく全ての社員がストレスチェックを受けるよう、実施期間の開始＿＿＿＿日後に社員の受検の状況を把握し、受けていない社員に対して、実施事務従事者又は各職場の管理者（部門長など）を通じて受検の勧奨を行う。

（調査票及び方法）

第11条　ストレスチェックは、別紙1の調査票（職業性ストレス簡易調査票）を用いて行う。

2　ストレスチェックは、社内LANを用いて、オンラインで行う。ただし、社内LANが利用できない場合は、紙媒体で行う。

（ストレスの程度の評価方法・高ストレス者の選定方法）

第12条　ストレスチェックの個人結果の評価は、「労働安全衛生法に基づくストレスチェック制度実施マニュアル」（平成27年5月　厚生労働省労働基準局安全衛生部労働衛生課産業保健支援室）（以下「マニュアル」という。）に示されている素点換算表を用いて換算し、その結果をレーダーチャートに示すことにより行う。

2　高ストレス者の選定は、マニュアルに示されている「評価基準の例（その1）」に準拠し、以下のいずれかを満たす者を高ストレス者とする。

　①　「心身のストレス反応」（29項目）の合計点数が77点以上である者
　②　「仕事のストレス要因」（17項目）及び「周囲のサポート」（9項目）を合算した合計点数が76点以上であって、かつ「心身のストレス反応」（29項目）の合計点数が63点以上の者

（ストレスチェック結果の通知方法）

第13条　ストレスチェックの個人結果の通知は、実施者の指示により、実施事務従事者が、実施者名で、各社員に電子メールで行う。ただし、電子メールが利用できない場合は、封筒に封入し、紙媒体で配布する。

（セルフケア）

第14条　社員は、ストレスチェックの結果及び結果に記載された実施者による助言・指導に基づいて、適切にストレスを軽減するためのセルフケアを行うように努めなければならない。

（会社への結果提供に関する同意の取得方法）

第15条　ストレスチェックの結果を電子メール又は封筒により各社員に通知する際に、結果を会社に提供することについて同意するかどうかの意思確認を行う。会社への結果提供に同意する場合は、社員は結果通知の電子メールに添付又は封筒に同封された別紙2の同意書に

入力又は記入し、発信者あてに送付しなければならない。
2　同意書により、会社への結果通知に同意した社員については、実施者の指示により、実施事務従事者が、会社の人事労務部門に、社員に通知された結果の写しを提供する。

（ストレスチェックを受けるのに要する時間の賃金の取扱い）
第16条　ストレスチェックを受けるのに要する時間は、業務時間として取り扱う。
2　社員は、業務時間中にストレスチェックを受けるものとし、管理者は、社員が業務時間中にストレスチェックを受けることができるよう配慮しなければならない。

第2節　医師による面接指導

（面接指導の申出の方法）
第17条　ストレスチェックの結果、医師の面接指導を受ける必要があると判定された社員が、医師の面接指導を希望する場合は、結果通知の電子メールに添付又は封筒に同封された別紙3の面接指導申出書に入力又は記入し、結果通知の電子メール又は封筒を受け取ってから30日以内に、発信者あてに送付しなければならない。
2　医師の面接指導を受ける必要があると判定された社員から、結果通知後　　　　日以内に面接指導申出書の提出がなされない場合は、実施者の指示により、実施事務従事者が、実施者名で、該当する社員に電子メール又は電話により、申出の勧奨を行う。また、結果通知から30日を経過する前日（当該日が休業日である場合は、それ以前の最後の営業日）に、実施者の指示により、実施事務従事者が、実施者名で、該当する社員に電子メール又は電話により、申出に関する最終的な意思確認を行う。なお、実施事務従事者は、電話で該当する社員に申出の勧奨又は最終的な意思確認を行う場合は、第三者にその社員が面接指導の対象者であることが知られることがないよう配慮しなければならない。

（面接指導の実施方法）
第18条　面接指導の実施日時及び場所は、面接指導を実施する産業医の指示により、実施事務従事者が、該当する社員及び管理者に電子メール又は電話により通知する。面接指導の実施日時は、面接指導申出書が提出されてから、30日以内に設定する。なお、実施事務従事者は、電話で該当する社員に実施日時及び場所を通知する場合は、第三者にその社員が面接指導の対象者であることが知られることがないよう配慮しなければならない。
2　通知を受けた社員は、指定された日時に面接指導を受けるものとし、管理者は、社員が指定された日時に面接指導を受けることができるよう配慮しなければならない。
3　面接指導を行う場所は、　　　　　　　とする。

（面接指導結果に基づく医師の意見聴取方法）
第19条　会社は、産業医に対して、面接指導が終了してから遅くとも30日以内に、別紙4の面接指導結果報告書兼意見書により、結果の報告及び意見の提出を求める。

（面接指導結果を踏まえた措置の実施方法）
第20条　面接指導の結果、就業上の措置が必要との意見書が産業医から提出され、人事異動

を含めた就業上の措置を実施する場合は、人事労務部門の担当者が、産業医同席の上で、該当する社員に対して、就業上の措置の内容及びその理由等について説明を行う。
2 社員は、正当な理由がない限り、会社が指示する就業上の措置に従わなければならない。

（面接指導を受けるのに要する時間の賃金の取扱い）
第21条 面接指導を受けるのに要する時間は、業務時間として取り扱う。

第3節 集団ごとの集計・分析

（集計・分析の対象集団）
第22条 ストレスチェック結果の集団ごとの集計・分析は、原則として、課ごとの単位で行う。ただし、10人未満の課については、同じ部門に属する他の課と合算して集計・分析を行う。

（集計・分析の方法）
第23条 集団ごとの集計・分析は、マニュアルに示されている仕事のストレス判定図を用いて行う。

（集計・分析結果の利用方法）
第24条 実施者の指示により、実施事務従事者が、会社の人事労務部門に、課ごとに集計・分析したストレスチェック結果（個人のストレスチェック結果が特定されないもの）を提供する。
2 会社は、課ごとに集計・分析された結果に基づき、必要に応じて、職場環境の改善のための措置を実施するとともに、必要に応じて集計・分析された結果に基づいて管理者に対して研修を行う。社員は、会社が行う職場環境の改善のための措置の実施に協力しなければならない。

第4章 記録の保存

（ストレスチェック結果の記録の保存担当者）
第25条 ストレスチェック結果の記録の保存担当者は、第6条で実施事務従事者として規定されている衛生管理者とする。

（ストレスチェック結果の記録の保存期間・保存場所）
第26条 ストレスチェック結果の記録は、会社のサーバー内に5年間保存する。

（ストレスチェック結果の記録の保存に関するセキュリティの確保）
第27条 保存担当者は、会社のサーバー内に保管されているストレスチェック結果が第三者に閲覧されることがないよう、責任をもって閲覧できるためのパスワードの管理をしなければならない。

（事業者に提供されたストレスチェック結果・面接指導結果の保存方法）
第28条 会社の人事労務部門は、社員の同意を得て会社に提供されたストレスチェック結果

の写し、実施者から提供された集団ごとの集計・分析結果、面接指導を実施した医師から提供された面接指導結果報告書兼意見書（面接指導結果の記録）を、社内で５年間保存する。
2　人事労務部門は、第三者に社内に保管されているこれらの資料が閲覧されることがないよう、責任をもって鍵の管理をしなければならない。

第５章　ストレスチェック制度に関する情報管理

（ストレスチェック結果の共有範囲）
第２９条　社員の同意を得て会社に提供されたストレスチェックの結果の写しは、人事労務部門内のみで保有し、他の部署の社員には提供しない。

（面接指導結果の共有範囲）
第３０条　面接指導を実施した医師から提供された面接指導結果報告書兼意見書（面接指導結果の記録）は、人事労務部門内のみで保有し、そのうち就業上の措置の内容など、職務遂行上必要な情報に限定して、該当する社員の管理者及び上司に提供する。

（集団ごとの集計・分析結果の共有範囲）
第３１条　実施者から提供された集計・分析結果は、人事労務部門で保有するとともに、課ごとの集計・分析結果については、当該課の管理者に提供する。
2　課ごとの集計・分析結果とその結果に基づいて実施した措置の内容は、衛生委員会に報告する。

（健康情報の取扱いの範囲）
第３２条　ストレスチェック制度に関して取り扱われる社員の健康情報のうち、診断名、検査値、具体的な愁訴の内容等の生データや詳細な医学的情報は、産業医又は保健師が取り扱わなければならず、人事労務部門に関連情報を提供する際には、適切に加工しなければならない。

第６章　情報開示、訂正、追加及び削除と苦情処理

（情報開示等の手続き）
第３３条　社員は、ストレスチェック制度に関して情報の開示等を求める際には、所定の様式を、電子メールにより＿＿＿＿課に提出しなければならない。

（苦情申し立ての手続き）
第３４条　社員は、ストレスチェック制度に関する情報の開示等について苦情の申し立てを行う際には、所定の様式を、電子メールにより＿＿＿＿課に提出しなければならない。

（守秘義務）
第３５条　社員からの情報開示等や苦情申し立てに対応する＿＿＿＿課の職員は、それらの職務を通じて知り得た社員の秘密（ストレスチェックの結果その他の社員の健康情報）を、他人に漏らしてはならない。

第7章　不利益な取扱いの防止

（会社が行わない行為）
第36条　会社は、社内掲示板に次の内容を掲示するほか、本規程を社員に配布することにより、ストレスチェック制度に関して、会社が次の行為を行わないことを社員に周知する。

一　ストレスチェック結果に基づき、医師による面接指導の申出を行った社員に対して、申出を行ったことを理由として、その社員に不利益となる取扱いを行うこと。
二　社員の同意を得て会社に提供されたストレスチェック結果に基づき、ストレスチェック結果を理由として、その社員に不利益となる取扱いを行うこと。
三　ストレスチェックを受けない社員に対して、受けないことを理由として、その社員に不利益となる取扱いを行うこと。
四　ストレスチェック結果を会社に提供することに同意しない社員に対して、同意しないことを理由として、その社員に不利益となる取扱いを行うこと。
五　医師による面接指導が必要とされたにもかかわらず、面接指導の申出を行わない社員に対して、申出を行わないことを理由として、その社員に不利益となる取扱いを行うこと。
六　就業上の措置を行うに当たって、医師による面接指導を実施する、面接指導を実施した産業医から意見を聴取するなど、労働安全衛生法及び労働安全衛生規則に定められた手順を踏まずに、その社員に不利益となる取扱いを行うこと。
七　面接指導の結果に基づいて、就業上の措置を行うに当たって、面接指導を実施した産業医の意見とはその内容・程度が著しく異なる等医師の意見を勘案し必要と認められる範囲内となっていないものや、労働者の実情が考慮されていないものなど、労働安全衛生法その他の法令に定められた要件を満たさない内容で、その社員に不利益となる取扱いを行うこと。
八　面接指導の結果に基づいて、就業上の措置として、次に掲げる措置を行うこと。
　①　解雇すること。
　②　期間を定めて雇用される社員について契約の更新をしないこと。
　③　退職勧奨を行うこと。
　④　不当な動機・目的をもってなされたと判断されるような配置転換又は職位（役職）の変更を命じること。
　⑤　その他の労働契約法等の労働関係法令に違反する措置を講じること。

附則

（施行期日）
第1条　この規程は、平成＿＿＿年＿＿＿月＿＿＿日から施行する。

6　ストレスチェックの実施方法等

（1）　ストレスチェック制度の実施体制

- ✓ **事業者は事業場の労働衛生管理体制等を整備の上、実施者等を選定します。**
- ✓ **事業場の状況を日頃から把握している者（産業医等）が実施者となることが望まれます。**
- ✓ **実施者は、ストレスチェックの企画と結果の評価に関与します。**

（検査の実施者等）
第52条の10　法第66条の10第1項の厚生労働省令で定める者は、次に掲げる者（以下この節において「医師等」という。）とする。
　①　医師
　②　保健師
　③　検査を行うために必要な知識についての研修であって厚生労働大臣が定めるものを修了した看護師又は精神保健福祉士
　2　検査を受ける労働者について解雇、昇進又は異動に関して直接の権限を持つ監督的地位にある者は、検査の実施の事務に従事してはならない。

附則
（労働安全衛生法第66条の10第1項の厚生労働省令で定める者に関する経過措置）
　2　前項ただし書に規定する規定の施行の日の前日において、労働安全衛生法第13条第1項に規定する労働者の健康管理等の業務に該当する業務に従事した経験年数が3年以上である看護師又は精神保健福祉士は、第1条の規定による改正後の労働安全衛生規則（次項において「新安衛則」という。）第52条の10第1項の規定にかかわらず、同法第66条の10第1項の厚生労働省令で定める者とする。

（規則より抜粋）

○ストレスチェック制度の実施体制の整備
　ストレスチェック制度は事業者の責任において実施するものであり、事業者は、実施に当たって、実施計画の策定、当該事業場の産業医等の実施者又は委託先の外部機関との連絡調整及び実施計画に基づく実施の管理等の実務を担当する者を指名する等、実施体制を整備することが望ましい。当該実務担当者には、衛生管理者又はメンタルヘルス指針に規定する事業場内メンタルヘルス推進担当者を指名することが望ましいが、ストレスチェックの実施そのものを担当する実施者及びその他の実施事務従事者と異なり、ストレスチェック結果等の個人情報を取り扱わないため、労働者の解雇等に関して直接の権限を持つ監督的地位にある者を指名することもできる。

（ストレスチェック指針より抜粋）

<解説>

○ 事業者は実務担当者（ストレスチェック制度担当者）を指名します。実務担当者は、ストレスチェック結果等の個人情報を取り扱わないため、実施事務従事者と異なり、人事課長など人事権を持つ者を指名することもできます。

○ 事業場又は委託先の外部機関の、医師、保健師、一定の研修を受けた※看護師、精神保健福祉士の中からストレスチェックの実施者を選定します。看護師等を対象とする研修の科目や講師要件は、巻末資料に示されています。

※ ストレスチェック制度が施行される日の前日である平成27年11月30日現在において、労働者の健康管理業務に3年以上従事した経験のある看護師、精神保健福祉士については、研修の受講が免除されます。

○ 事業場で選任されている産業医が実施者となることが最も望ましいでしょう。また、産業医として選任されていなくても、当該事業場の産業保健活動に携わっている精神科医、心療内科医等の医師、保健師、看護師など、日頃から事業場の状況を把握している産業保健スタッフも実施者として推奨されます。

○ ストレスチェック制度の実施体制のイメージは次のとおりです。

事業者	・ストレスチェック制度の実施責任 ・方針の決定
ストレスチェック制度担当者 （衛生管理者、事業場内メンタルヘルス推進担当者など）	・ストレスチェック制度の実施計画の策定 ・実施の管理　等
実施者（産業医など） ↓指示 実施事務従事者 （産業保健スタッフ、事務職員など）	・ストレスチェックの実施（企画及び結果の評価） ・実施者の補助（調査票の回収、データ入力等）

ストレスチェックの「実施の事務」
※個人情報を扱うため守秘義務あり

○ ストレスチェックの実施を外部機関に業務委託する場合にも、産業医等の事業場の産業保健スタッフが共同実施者として関与し、個人のストレスチェックの結果を把握するなど、外部機関と事業場内産業保健スタッフが密接に連携することが望まれます。

　※　産業医が共同実施者でない場合には、個人のストレスチェックの結果は労働者の個別の同意がなければ産業医が把握することができず、十分な対応を行うことが難しくなる可能性があります。

○ ストレスチェック結果が労働者の意に反して人事上の不利益な取扱いに利用されることがないようにするため、当該労働者について解雇、昇進又は異動（以下「人事」という。）に関して直接の権限を持つ監督的地位にある者は、ストレスチェックの実施の事務（ストレスチェックの実施を含む）に従事してはいけません。

○ なお、「解雇、昇進又は異動に関して直接の権限を持つ」とは、当該労働者の人事を決定する権限を持つこと又は人事について一定の判断を行う権限を持つことをいい、人事を担当する部署に所属する者であっても、こうした権限を持たない場合は、該当しません。

○ 人事に関する直接の権限（人事権）の有無により、ストレスチェックの「実施の事務」に従事可能かどうかを整理すると次のとおりです。

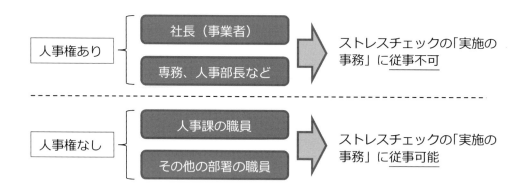

○ 人事に関して直接の権限を持つ監督的地位にある者が従事することができない事務は、ストレスチェックの実施に直接従事することと、労働者の健康情報を取扱う事務であり、従事することができない事務と、従事することが出来る事務を整理すると以下のようになります。

ストレスチェックの「実施の事務」

（人事に関して直接の権限を持つ監督的地位にある者が従事できない事務）

労働者の健康情報を取扱う事務をいい、例えば、以下の事務が含まれます。

① 労働者が記入した調査票の回収※、内容の確認、データ入力、評価点数の算出等のストレスチェック結果を出力するまでの労働者の健康情報を取扱う事務。

② ストレスチェック結果の封入等のストレスチェック結果を出力した後の労働者に結果を通知するまでの労働者の健康情報を取扱う事務。

③ ストレスチェック結果の労働者への通知※の事務。

④ 面接指導を受ける必要があると実施者が認めた者に対する面接指導の申出勧奨。

⑤ ストレスチェック結果の集団ごとの集計に係る労働者の健康情報を取扱う事務。

※封筒に封入されている等、内容を把握できない状態になっているものを回収又は通知する事務を除く。

その他の事務

（人事に関して直接の権限を持つ監督的地位にある者が従事できる事務）

労働者の健康情報を取扱わない事務をいい、例えば、以下の事務が含まれます。

① 事業場におけるストレスチェックの実施計画の策定。

② ストレスチェックの実施日時や実施場所等に関する実施者との連絡調整。

③ ストレスチェックの実施を外部機関に委託する場合の外部機関との契約等に関する連絡調整。

④ ストレスチェックの実施計画や実施日時等に関する労働者への通知。

⑤ 調査票の配布。

⑥ ストレスチェックを受けていない労働者に対する受検の勧奨。

> ○ 実施者の役割
> 　実施者は、ストレスチェックの実施に当たって、当該事業場におけるストレスチェックの調査票の選定並びに当該調査票に基づくストレスの程度の評価方法及び高ストレス者の選定基準の決定について事業者に対して専門的な見地から意見を述べるとともに、ストレスチェックの結果に基づき、当該労働者が医師による面接指導を受ける必要があるか否かを確認しなければならないものとする。
> 　なお、調査票の回収、集計若しくは入力又は受検者との連絡調整等の実施の事務については、必ずしも実施者が直接行う必要はなく、実施事務従事者に行わせることができる。事業者は、実施の事務が円滑に行われるよう、実施事務従事者の選任等必要な措置を講じるものとする。
> 　　　　　　　　　　　　　　　　　　　　　　　　（ストレスチェック指針より抜粋）

<解説>

　○　実施者は、ストレスチェックに関して具体的には次に掲げる事項を直接行う必要があります。
　　①　事業者がストレスチェックの調査票を決めるに当たって、事業者に対して専門的な見地から意見を述べること。
　　②　事業者が高ストレス者を選定する基準や評価方法を決めるに当たって、事業者に対して専門的な見地から意見を述べること。
　　③　個人のストレスの程度の評価結果に基づき、医師による面接指導を受けさせる必要があるかどうか判断すること。

　○　また、実施者は、必要に応じて他の実施事務従事者に指示して、次に掲げる事項も行うようにします。
　　①　規則の規定に基づき、個人のストレスチェック結果について記録を作成すること。（規則第52条の11）
　　②　規則の規定に基づき、個人のストレスチェック結果を当該労働者に通知すること。（規則第52条の12）
　　③　個人のストレスチェック結果を集団的に分析し、その結果を事業者に提供すること。
　　④　高ストレスであって面接指導が必要と評価された労働者に対して、医師による面接指導の申出を行うように勧奨すること。

　○　これらの事項のほか、実施者は次に掲げる事項も行うことが望ましいでしょう。
　　①　高ストレスであって面接指導が必要と評価された労働者であって、医師による面接指導の申出を行わない者に対して、相談、専門機関の紹介等の支援を必要に応じて行うこと。

　○　事業者は、ストレスチェックの実施に当たっては、実施者のほか、実施者

の事務を補助するために、実施事務従事者を選び、ストレスチェックの実施の実務に従事させることができます。ストレスチェックを受ける労働者に対して直接的な人事権を有する者は実施事務従事者になれませんが、事業場の人員体制等の状況によっては、人事担当の部署の従業員（人事権のない者に限る。）が実施事務従事者になることは可能です。ただし、この場合は特に情報の取扱いに気を付ける必要があり、後述の「11　ストレスチェック制度に関する労働者の健康情報の保護」（P102）の留意事項を参照し、適切に対応してください。

（２） ストレスチェックの実施方法

✓ **事業者は、１年以内ごとに１回、ストレスチェックを実施します。**

✓ **ストレスチェック調査票を選定し、質問紙または情報通信機器（ICT）を用いて調査票を労働者に配布・記入させます。**

✓ **厚生労働省では、「厚生労働省版ストレスチェック実施プログラム」を無料で提供しています。**

ア　ストレスチェックの実施頻度と対象者

> （心理的な負担の程度を把握するための検査の実施方法）
> 第52条の9　事業者は、常時使用する労働者に対し、１年以内ごとに１回、定期に、次に掲げる事項について法第66条の10第１項に規定する心理的な負担の程度を把握するための検査（以下この節において「検査」という。）を行わなければならない。
> ① 職場における当該労働者の心理的な負担の原因に関する項目
> ② 当該労働者の心理的な負担による心身の自覚症状に関する項目
> ③ 職場における他の労働者による当該労働者への支援に関する項目
>
> （規則より抜粋）

> ○ 健康診断と同時に実施する場合の留意事項
> 　事業者は、ストレスチェック及び法第66条第１項の規定による健康診断の自覚症状及び他覚症状の有無の検査（以下「問診」という。）を同時に実施することができるものとする。ただし、この場合において、事業者は、ストレスチェックの調査票及び健康診断の問診票を区別する等、労働者が受診・受検義務の有無及び結果の取扱いがそれぞれ異なることを認識できるよう必要な措置を講じなければならないものとする。
>
> （ストレスチェック指針より抜粋）

＜解説＞

実施頻度

　○　１年以内に複数回実施することや、一般にストレスが高まると考えられる繁忙期に実施することに関しては、衛生委員会等での調査審議により、労使で合意すれば可能です。

一般定期健診との同時実施

○ ストレスチェックを一般定期健康診断と同時に実施する場合は、ストレスチェックには労働者に検査を受ける義務がないこと、検査結果は本人に通知し、本人の同意なく事業者に通知できないことに留意し、

① ストレスチェックの調査票と一般定期健康診断の問診票を別葉にする
② 記入後、ストレスチェックに係る部分と一般定期健康診断に係る部分を切り離す
③ ＩＣＴを用いる場合は、一連の設問であっても、ストレスチェックに係る部分と一般定期健康診断に係る部分の区別を明らかにする

など、受検者がストレスチェックの調査票と一般定期健康診断の問診票のそれぞれの目的や取扱いの違いを認識できるようにする必要があります。

○ ストレスチェックは集団的な分析を行うことから、少なくとも集計・分析の単位となる集団について同時期に行うことが望まれます。このため、定期健康診断を一斉実施としていない（例えば誕生月に実施する場合や複数の健診機関に委託して実施している場合）事業場では、検討が必要でしょう。

対象となる労働者

○ ストレスチェックの対象者となる「常時使用する労働者」とは、次のいずれの要件をも満たす者をいいます（一般定期健康診断の対象者と同様です）。

> ① 期間の定めのない労働契約により使用される者（期間の定めのある労働契約により使用される者であって、当該契約の契約期間が１年以上である者並びに契約更新により１年以上使用されることが予定されている者及び１年以上引き続き使用されている者を含む。）であること。
> ② その者の１週間の労働時間数が当該事業場において同種の業務に従事する通常の労働者の１週間の所定労働時間数の４分の３以上であること。

なお、１週間の労働時間数が当該事業場において同種の業務に従事する通常の労働者の１週間の所定労働時間数の４分の３未満である労働者であっても、上記の①の要件を満たし、１週間の労働時間数が当該事業場において同種の業務に従事する通常の労働者の１週間の所定労働時間数のおおむね２分の１以上である者に対しても、ストレスチェックを実施することが望まれます。

※ 派遣先事業場における派遣労働者の扱いは、後述「１２（２）派遣労働者に関する留意事項」（P112）を参照してください。

※ ストレスチェックの実施時期に休職している労働者については実施しなくても差し支えありません。

実施プログラムの提供

○ 厚生労働省では、事業者がICTを用いてストレスチェックを実施する場合に利用可能なプログラムを無料で提供しています。

・「厚生労働省版ストレスチェック実施プログラム」ダウンロードサイト
https://stresscheck.mhlw.go.jp/

「厚生労働省版ストレスチェック実施プログラム」の機能

1. 労働者が画面でストレスチェックを受けることができる機能

    ※職業性ストレス簡易調査票の５７項目によるものと、より簡易な２３項目によるものの２パターンを利用可能

    ※紙の調査票で実施しCSV等へ入力したデータをインポートすることも可能

2. 労働者の受検状況を管理する機能
3. 労働者が入力した情報に基づき、あらかじめ設定した判定基準に基づき、自動的に高ストレス者を判定する機能
4. 個人のストレスチェック結果を出力する機能
5. あらかじめ設定した集団ごとに、ストレスチェック結果を集計・分析(仕事のストレス判定図の作成)する機能
6. 集団ごとの集計・分析結果を出力する機能
7. 労働基準監督署へ報告する情報を表示する機能

<具体例・様式例>

【ストレスチェック実施時の文例；Web実施版】

〇〇株式会社△△事業場の皆様

平素より会社の健康・衛生管理施策にご協力いただき、誠にありがとうございます。
衛生管理者（事業場内メンタルヘルス推進担当者）の〇〇です。
今般、セルフケア（一人ひとりが行う自身の健康管理）のさらなる充実化及び働きやすい職場環境の形成を目的に、労働安全衛生法に基づき、産業医〇〇および保健師〇〇を実施者としたストレスチェックを行います。
ご多忙の中恐縮ではありますが、上記目的を鑑みて、期間内に受けるようお願い致します。

Ⅰ．実施期間：20**年**月** 日（火）～**月**日（火）
　　　　　　<u>**月**日（火）17:00 までに回答をお願いします。</u>

Ⅱ．対象者　：20**年**月1日時点で就業している社員
　　　　　　<u>本メールが届いた方は対象ですので、受検をお願いします。</u>

Ⅲ．質問数　：**問　所要時間：約**分～**分／回（就業時間の取扱いとなります）

Ⅳ．実施方法：原則として<u>Web</u>にて実施
　　　　　　利用者ガイド若しくはURL**********を参照下さい。
　　　　　　利用者ガイド→　こちら
　＊<u>実施結果は自身で閲覧・印刷することが可能ですので、自己管理ツールとしてご活用下さい。</u>
　＊マークシート回答の方　：　後日「個人結果表（ストレスプロフィール）」を社内便で送付

Ⅴ．結果の取扱について
　　　ご回答いただいた個人のストレスチェック結果は、個人の健康管理を目的として、
　　<u>産業医・保健師のみが確認し、必要に応じて面接推奨のご連絡を個別に差し上げます。</u>
　　<u>個人の結果が外部（上司・人事部門等）に漏れることは、一切ありません。</u>
　　また、職場全体のストレス傾向の把握を目的に、個人が特定できないようストレスチェック
　　<u>結果を加工し、分析および報告書作成に使用します。</u>

ご不明な点がありましたら〇〇（内線****）まで、ご遠慮なくご連絡下さい。
以上、宜しくお願い致します。

イ ストレスチェックの定義と調査票

（心理的な負担の程度を把握するための検査の実施方法）
第 52 条の 9　事業者は、常時使用する労働者に対し、1 年以内ごとに 1 回、定期に、次に掲げる事項について法第 66 条の 10 第 1 項に規定する心理的な負担の程度を把握するための検査（以下この節において「検査」という。）を行わなければならない。
① 職場における当該労働者の心理的な負担の原因に関する項目
② 当該労働者の心理的な負担による心身の自覚症状に関する項目
③ 職場における他の労働者による当該労働者への支援に関する項目
(規則より抜粋)

○　ストレスチェックの定義
　　法第 66 条の 10 第 1 項の規定によるストレスチェックは、調査票を用いて、規則第 52 条の 9 第 1 項第 1 号から第 3 号までに規定する次の 3 つの領域に関する項目により検査を行い、労働者のストレスの程度を点数化して評価するとともに、その評価結果を踏まえて高ストレス者を選定し、医師による面接指導の要否を確認するものをいう。
① 職場における当該労働者の心理的な負担の原因に関する項目
② 心理的な負担による心身の自覚症状に関する項目
③ 職場における他の労働者による当該労働者への支援に関する項目

○　ストレスチェックの調査票
　　事業者がストレスチェックに用いる調査票は、規則第 52 条の 9 第 1 項第 1 号から第 3 号までに規定する 3 つの領域に関する項目が含まれているものであれば、実施者の意見及び衛生委員会等での調査審議を踏まえて、事業者の判断により選択することができるものとする。
　　なお、事業者がストレスチェックに用いる調査票としては、別添の「職業性ストレス簡易調査票」を用いることが望ましい。
(ストレスチェック指針より抜粋)

＜解説＞
実施方法
○　ストレスチェックは、調査票に労働者自ら記入又は入力してもらう方法で行うことを基本とします。ただし、調査票への記入又は入力に加えて、補足的に面談も行うことで、より具体的に個々の労働者のストレスの状況を把握するという方法もありますので、それぞれの事業場の実情に応じて、適切な

方法を選択してください。

具体的なストレスチェックの項目

○ ストレスチェックの調査票は、実施者の提案や助言、衛生委員会の調査審議を経て、事業者が決定します。

○ 法に基づくストレスチェックは次の3領域を含むことが必要です。

① 仕事のストレス要因：職場における当該労働者の心理的な負担の原因に関する項目をいいます。

② 心身のストレス反応：心理的な負担による心身の自覚症状に関する項目をいいます。

③ 周囲のサポート：職場における他の労働者による当該労働者への支援に関する項目をいいます。

○ ストレスチェックの項目（調査票）としては、以下に示す「職業性ストレス簡易調査票」（57項目）を利用することが推奨されます。また、これを簡略化したストレスチェック項目（調査票）の例（簡略版（23項目））も以下に示します。ただし、これらは、法令で規定されたものではありませんので、各事業場において、これらの項目を参考としつつ、衛生委員会で審議の上で、各々の判断で項目を選定することができます。

※ ただし、各事業場において、独自の項目を選定する場合にも、規則に規定する3領域に関する項目をすべて含まなければなりません。また、選定する項目に一定の科学的な根拠が求められます。

職業性ストレス簡易調査票（57項目）

A あなたの仕事についてうかがいます。最もあてはまるものに○を付けてください。
【回答肢（4段階）】そうだ／まあそうだ／ややちがう／ちがう
1. 非常にたくさんの仕事をしなければならない
2. 時間内に仕事が処理しきれない
3. 一生懸命働かなければならない
4. かなり注意を集中する必要がある
5. 高度の知識や技術が必要なむずかしい仕事だ
6. 勤務時間中はいつも仕事のことを考えていなければならない
7. からだを大変よく使う仕事だ
8. 自分のペースで仕事ができる
9. 自分で仕事の順番・やり方を決めることができる
10. 職場の仕事の方針に自分の意見を反映できる
11. 自分の技能や知識を仕事で使うことが少ない
12. 私の部署内で意見のくい違いがある
13. 私の部署と他の部署とはうまが合わない
14. 私の職場の雰囲気は友好的である
15. 私の職場の作業環境（騒音、照明、温度、換気など）はよくない
16. 仕事の内容は自分にあっている
17. 働きがいのある仕事だ

B 最近1か月間のあなたの状態についてうかがいます。最もあてはまるものに○を付けてください。
【回答肢（4段階）】ほとんどなかった／ときどきあった／しばしばあった／ほとんどいつもあった
1. 活気がわいてくる
2. 元気がいっぱいだ
3. 生き生きする
4. 怒りを感じる
5. 内心腹立たしい
6. イライラしている
7. ひどく疲れた
8. へとへとだ
9. だるい
10. 気がはりつめている
11. 不安だ
12. 落着かない
13. ゆううつだ
14. 何をするのも面倒だ
15. 物事に集中できない
16. 気分が晴れない
17. 仕事が手につかない
18. 悲しいと感じる
19. めまいがする
20. 体のふしぶしが痛む
21. 頭が重かったり頭痛がする
22. 首筋や肩がこる
23. 腰が痛い
24. 目が疲れる
25. 動悸や息切れがする
26. 胃腸の具合が悪い
27. 食欲がない
28. 便秘や下痢をする
29. よく眠れない

C あなたの周りの方々についてうかがいます。最もあてはまるものに

○を付けてください。
【回答肢（4段階）】非常に／かなり／ 多少／全くない
次の人たちはどのくらい気軽に話ができますか？
1. 上司
2. 職場の同僚
3. 配偶者、家族、友人等
あなたが困った時、次の人たちはどのくらい頼りになりますか？
4. 上司
5. 職場の同僚
6. 配偶者、家族、友人等

あなたの個人的な問題を相談したら、次の人たちはどのくらいきいてくれますか？
7. 上司
8. 職場の同僚
9. 配偶者、家族、友人等
D 満足度について
【回答肢（4段階）】満足／まあ満足／ やや不満足／ 不満足
1. 仕事に満足だ
2. 家庭生活に満足だ

＝＝＝＝＝＝＝＝＝＝＝＝＝＝＝＝＝＝＝＝＝＝＝＝＝＝＝＝＝＝＝＝＝

職業性ストレス簡易調査票の簡略版（23項目）

A あなたの仕事についてうかがいます。最もあてはまるものに○を付けてください。
【回答肢（4段階）】そうだ／まあそうだ／ややちがう／ちがう
1. 非常にたくさんの仕事をしなければならない
2. 時間内に仕事が処理しきれない
3. 一生懸命働かなければならない
8. 自分のペースで仕事ができる
9. 自分で仕事の順番・やり方を決めることができる
10. 職場の仕事の方針に自分の意見を反映できる

B 最近1か月間のあなたの状態についてうかがいます。最もあてはまるものに○を付けてください。
【回答肢（4段階）】ほとんどなかった／ときどきあった／
　　　　　　　　　しばしばあった／ほとんどいつもあった
7. ひどく疲れた
8. へとへとだ
9. だるい
10. 気がはりつめている
11. 不安だ
12. 落着かない

13. ゆううつだ
14. 何をするのも面倒だ
16. 気分が晴れない
27. 食欲がない
29. よく眠れない

C あなたの周りの方々についてうかがいます。最もあてはまるものに○を付けてください。
【回答肢（4段階）】非常に／かなり／ 多少／全くない
次の人たちはどのくらい気軽に話ができますか？
1. 上司
2. 職場の同僚
あなたが困った時、次の人たちはどのくらい頼りになりますか？
4. 上司
5. 職場の同僚
あなたの個人的な問題を相談したら、次の人たちはどのくらいきいてくれますか？
7. 上司
8. 職場の同僚

＝＝＝＝＝＝＝＝＝＝＝＝＝＝＝＝＝＝＝＝＝＝＝＝＝＝＝＝＝＝＝＝＝

※　上記「職業性ストレス簡易調査票」は3領域を含んでおり、Aが「仕事のストレス要因」、Bが「心身のストレス反応」、Cが「周囲のサポート」に当たります。

注）「職業性ストレス簡易調査票」の標準版（57項目）と簡略版（23項目）を巻末資料に掲載するとともに、標準版（57項目）を厚生労働省ホームページで提供していますので、ご利用ください。

http://www.mhlw.go.jp/bunya/roudoukijun/anzeneisei12/

調査票の利用方法

○　ストレスチェック調査票を対象労働者に記入してもらいます。調査票の用紙を配布し記入してもらう方法と、社内のイントラネットなどICTを利用して回答を入力してもらう方法がありますが、それぞれの留意点は以下のとおりです。

（紙を配布して記入してもらう場合の留意点）

・　調査票の用紙を配布する場合、配布は誰が行っても差し支えありませんが、回収の際は、記入の終わった調査票が周囲の者の目に触れないよう、封筒に入れてもらうなどの配慮が必要です。

（ICTを利用して実施する場合の留意点）

- インターネットまたは社内のイントラネットなど ICT を利用してストレスチェックを実施する場合は、以下の３つの要件が全て満たされている必要があります。
    ① 事業者及び実施者において、個人情報の保護や改ざんの防止（セキュリティの確保）のための仕組みが整っており、その仕組みに基づいて実施者又はその他の実施事務従事者による個人の検査結果の保存が適切になされていること。
    ② 本人以外に個人のストレスチェック結果を閲覧することのできる者の制限がなされている（実施者以外は閲覧できないようにされている）こと。
    ③ 6(1)の実施者の役割（調査票の選定、評価基準の設定、個人の結果の評価等）が果たされること。
- ICT を活用した場合の情報管理については、事業者が留意すべき事項として、健康診断結果と同様に、記録の保存に関して「医療情報システムの安全管理に関するガイドライン」[3]を参照するようにしてください。

ストレスチェックに含めることが不適当な項目

✓ **ストレスチェックとして行う調査票に、「性格検査」「希死念慮」「うつ病検査」等を含めることは不適当です。**
- ○ ストレスチェックは「性格検査」や「適性検査」を目的とするものではないことから、労働安全衛生法に基づくストレスチェックと銘打って、「性格検査」や「適性検査」そのものを実施することは不適当です。
- ○ 「希死念慮」や「自傷行為」に関する項目は、背景事情なども含めて評価する必要性がより高く、かつこうした項目から自殺のリスクを把握した際には早急な対応が必要となることから、企業における対応の体制が不十分な場合には検査項目として含めるべきではありません。
- ○ 事業者独自の項目を設定する場合には、上記のほか、ストレスチェックの目的はうつ病等の精神疾患のスクリーニングではないことに留意して項目を選定する必要があります。

ストレスチェックと一般健康診断の自他覚症状の有無の検査との関係

✓ **一般健康診断で心身両面の問診を行うことは、原則、これまでどおり可能です。**

（基本的な考え方）
- ○ 一般定期健康診断の自他覚症状の有無の検査（いわゆる医師による「問診」）は、労働者の身体症状のみならず、精神面の症状も同時に診ることにより、総合的に心身の健康の状況を判断するものであり、問診に含める検査項目について、事業場における労働者の健康管理を目的とするものであれば、原則として制限されません。
    しかし、このような問診を行ったことをもって、ストレスチェックに替えること

---
[3] 第 4.2 版（平成 25 年 10 月）

はできません。

○ 一方で、法第66条第1項において、ストレスチェックは健康診断から除くこととされたため、健康診断の問診の中で法に基づくストレスチェックをそのまま実施することはできません。

（具体的な例）

○ 健康診断の問診において「仕事のストレス要因」「心身のストレス反応」及び「周囲のサポート」の3領域にまたがる項目について点数化し、数値評価する方法でストレスの程度を把握することは、仮に「職業性ストレス簡易調査票」とは異なる項目を使用したとしても、法に基づくストレスチェックに該当するものを健康診断として実施することとなるため、不適当です。

○ 一方、例えば「イライラ感」、「不安感」、「疲労感」、「抑うつ感」、「睡眠不足」、「食欲不振」などについて数値評価せずに問診票を用いて「はい・いいえ」といった回答方法で該当の有無を把握し、必要に応じて聞き取りをするような方法は、法に基づくストレスチェックには該当せず、問診として実施できる例として整理することが可能です。

○ 特殊健康診断の検査項目の一部には、精神面の自覚症状が含まれているものがありますが[※]、これはストレスの程度を把握するためのものではなく、有害物質による症状を把握するためのものですので、ストレスチェックとは全く異なるものであり、その検査結果は従来どおり事業者に通知し、必要に応じて事後措置等を行う必要があります。

※ 例えば、鉛健康診断における「鉛による自覚症状又は他覚症状と通常認められる症状の有無の検査（易疲労感、倦怠感、睡眠障害、焦燥感）」

ウ　ストレスの程度の評価方法及び高ストレス者の選定方法・基準

○　個人のストレスの程度の評価方法
　　事業者は、ストレスチェックに基づくストレスの程度の評価を実施者に行わせるに当たっては、点数化した評価結果を数値で示すだけでなく、ストレスの状況をレーダーチャート等の図表で分かりやすく示す方法により行わせることが望ましい。

○　高ストレス者の選定方法
　　次の①又は②のいずれかの要件を満たす者を高ストレス者として選定するものとする。この場合において、具体的な選定基準は、実施者の意見及び衛生委員会等での調査審議を踏まえて、事業者が決定するものとする。
　①　調査票のうち、「心理的な負担による心身の自覚症状に関する項目」の評価点数の合計が高い者
　②　調査票のうち、「心理的な負担による心身の自覚症状に関する項目」の評価点数の合計が一定以上の者であって、かつ、「職場における当該労働者の心理的な負担の原因に関する項目」及び「職場における他の労働者による当該労働者への支援に関する項目」の評価点数の合計が著しく高い者
　　実施者による具体的な高ストレス者の選定は、上記の選定基準のみで選定する方法のほか、選定基準に加えて補足的に実施者又は実施者の指名及び指示のもとにその他の医師、保健師、看護師若しくは精神保健福祉士又は産業カウンセラー若しくは臨床心理士等の心理職が労働者に面談を行いその結果を参考として選定する方法も考えられる。この場合、当該面談は、法第66条の10第1項の規定によるストレスチェックの実施の一環として位置付けられる。

（ストレスチェック指針より抜粋）

<解説>
　ストレスチェック結果の評価方法、基準は、実施者の提案・助言、衛生委員会における調査審議を経て、事業者が決定しますが、一方、個々人の結果の評価は実施者が行うことになります。

本人の気づきを促すための方法
○　本人のストレスへの気づきを促すため、ストレスチェックの結果を本人に通知する際に用いる評価方法としては、個人のストレスプロフィールをレーダーチャートで出力して示すなど、分かりやすい方法を用いるのがよいでしょう。

○　「職業性ストレス簡易調査票」を用いる場合には、「職業性ストレス簡易調査票を用いたストレスの現状把握のためのマニュアル」[4]に示されている標準化得点を用いた方法によることが適当です。

高ストレス者を選定するための方法
○　高ストレス者を選定する場合には、まず、心身の自覚症状があり対応の必要な労

---
[4] 平成14年～16年の厚生労働科学研究費補助金労働安全衛生総合研究事業「職場環境等の改善等によるメンタルヘルス対策に関する研究」において作成されたもの

働者が含まれている可能性の高い、「心身のストレス反応」の評価点数が高い者を選ぶことが必要ですが、「心身のストレス反応」の評価点数の合計が高い者だけを選ぶと、自覚症状としてはまだそれほど顕著な症状は現れていないけれども、仕事の量が非常に多い労働者や、周囲のサポートが全くないと感じている労働者など、メンタルヘルス不調のリスクがある者を見逃してしまう可能性があります。このため、上記のとおり、「心身のストレス反応」の評価点数の合計が一定以上の者であって、かつ、「仕事のストレス要因」及び「周囲のサポート」の評価点数の合計が著しく高い者についても、高ストレス者として選定するようにしましょう。

○ 「職業性ストレス簡易調査票」を使用する場合の考え方や具体的な基準は以下に示しますが、独自の項目を用いる場合においてもこれを参考としつつ、各企業において適切な基準を定めて下さい。

○ 高ストレス者の選定方法の具体例を以下に示すとともに、その補足説明として「数値基準に基づいて「高ストレス者」を選定する方法」を巻末資料に掲載しています。

<具体例・様式例>

職業性ストレス簡易調査票を用いる場合の個人結果の計算・出力方法

○ 職業性ストレス簡易調査票を用いる場合に個人結果を出力するには、標準化得点を用います。この方法では、調査票全57項目に対する4段階の回答から、各尺度（*仕事の負担、コントロール度、疲労感、抑うつ感等のまとまり）に該当する項目の点数を算出し、その点数を5段階に換算して評価をします。標準値は、約2.5万人（男性15,933人、女性8,447人）の種々の業種、職種の労働者のデータベースが基準となって作成されています。

○ 具体的には、個人の職業性ストレス簡易調査票の各項目の点数を下記素点換算表の計算欄に従って計算し、得点を算出します。この得点が表の右側のストレスの程度のいずれに該当するかを読み取ります。詳細な集計方法については「職業性ストレス簡易調査票を用いたストレスの現状把握のためのマニュアル」（URL：http://www.tmu-ph.ac/topics/pdf/manual2.pdf）も参考としてください。

素点換算表（職業性ストレス簡易調査票 57 項目を用いる場合）

尺度	計算 （No.は質問項目番号）	得点	男性					女性				
			低い／少ない	やや低い／少ない	普通	やや高い／多い	高い／多い	低い／少ない	やや低い／少ない	普通	やや高い／多い	高い／多い
			上段:質問項目合計得点 下段は分布(n=15,933)					上段:質問項目合計得点 下段は分布(n=8,447)				
【ストレスの原因と考えられる因子】												
心理的な仕事の負担（量）	15−(No.1+No.2+No.3)		3-5 7.2%	6-7 18.9%	8-9 40.8%	10-11 22.7%	12 10.4%	3-4 6.6%	5-6 20.4%	7-9 51.7%	10-11 15.6%	12 5.8%
心理的な仕事の負担（質）	15−(No.4+No.5+No.6)		3-5 4.5%	6-7 20.6%	8-9 43.4%	10-11 25.7%	12 5.7%	3-4 4.9%	5-6 17.5%	7-8 38.2%	9-10 29.1%	11-12 10.3%
自覚的な身体的負担度	5−No.7			1 33.8%	2 39.3%	3 18.7%	4 8.2%		1 37.0%	2 33.7%	3 19.7%	4 9.6%
職場の対人関係でのストレス	10−(No.12+No.13)+No.14		3 5.7%	4-5 24.8%	6-7 47.5%	8-9 17.6%	10-12 4.5%	3 7.3%	4-5 26.8%	6-7 41.0%	8-9 18.4%	10-12 6.4%
職場環境によるストレス	5−No.15			1 25.1%	2 38.0%	3 23.1%	4 13.8%	1 17.7%		2 31.7%	3 28.8%	4 21.7%
仕事のコントロール度	15−(No.8+No.9+No.10)		3-4 5.4%	5-6 16.6%	7-8 37.1%	9-10 32.4%	11-12 8.5%	3 5.5%	4-5 16.0%	6-8 48.8%	9-10 23.3%	11-12 6.3%
技能の活用度	No.11		1 4.5%	2 18.2%	3 49.4%	4 27.9%		1 9.1%	2 26.7%	3 45.6%	4 18.6%	
仕事の適性度	5−No.16		1 6.4%	2 23.3%	3 54.9%		4 15.4%	1 9.3%	2 25.9%	3 49.7%		4 15.1%
働きがい	5−No.17		1 7.3%	2 24.2%	3 51.4%		4 17.0%	1 13.1%	2 29.3%	3 44.5%		4 13.1%
【ストレスによっておこる心身の反応】												
活気	No.1+No.2+No.3		3 10.9%	4-5 14.3%	6-7 41.6%	8-9 24.5%	10-12 8.7%	3 13.4%	4-5 19.2%	6-7 37.3%	8-9 21.3%	10-12 8.8%
イライラ感	No.4+No.5+No.6		3 10.3%	4-5 20.9%	6-7 38.2%	8-9 22.7%	10-12 7.8%	3 7.6%	4-5 18.2%	6-8 45.1%	9-10 20.3%	11-12 8.8%
疲労感	No.7+No.8+No.9		3 9.7%	4 12.2%	5-7 47.4%	8-10 23.3%	11-12 7.4%	3 6.2%	4-5 23.2%	6-8 40.1%	9-11 23.1%	12 7.4%
不安感	No.10+No.11+No.12		3 8.3%	4 14.9%	5-7 51.9%	8-9 17.8%	10-12 7.1%	3 12.3%	4 15.6%	5-7 44.7%	8-10 21.6%	11-12 5.8%
抑うつ感	No.13〜No.18 の合計		6 15.1%	7-8 21.6%	9-12 40.6%	13-16 16.2%	17-24 6.5%	6 12.4%	7-8 18.9%	9-12 39.3%	13-17 22.3%	18-24 7.2%
身体愁訴	No.19〜No.29 の合計		11 5.3%	12-15 31.0%	16-21 40.5%	22-26 15.9%	27-44 7.4%	11-13 8.3%	14-17 23.6%	18-23 38.6%	24-29 21.7%	30-44 7.8%
【ストレス反応に影響を与える他の因子】												
上司からのサポート	15−(No.1+No.4+No.7)		3-4 6.9%	5-6 27.0%	7-8 32.8%	9-10 24.7%	11-12 8.7%	3 7.5%	4-5 22.0%	6-7 38.9%	8-10 26.7%	11-12 4.9%
同僚からのサポート	15−(No.2+No.5+No.8)		3-5 6.1%	6-7 32.4%	8-9 39.9%	10-11 16.3%	12 5.3%	3-5 8.1%	6-7 31.3%	8-9 35.3%	10-11 17.9%	12 7.4%
家族・友人からのサポート	15−(No.3+No.6+No.9)		3-6 6.9%	7-8 13.9%	9 20.3%	10-11 28.4%	12 30.6%	3-6 4.4%	7-8 10.6%	9 16.0%	10-11 28.6%	12 40.4%
仕事や生活の満足度	10−(No.1+No.2)		2-3 5.0%	4 12.3%	5-6 57.2%	7 17.4%	8 8.1%	2-3 6.4%	4<to>15.4%	5-6 57.8%	7 15.4%	8 5.0%

素点換算表（職業性ストレス簡易調査票の簡略版 23 項目を用いる場合）

尺度	計算 （No.は質問項目番号）	得点	男性					女性				
			低い／少ない	やや低い／少い	普通	やや高い／多い	高い／多い	低い／少ない	やや低い／少い	普通	やや高い／多い	高い／多い
			上段：質問項目合計得点 下段は分布(n=15,933)					上段：質問項目合計得点 下段は分布(n=8,447)				
【ストレスの原因と考えられる因子】												
心理的な仕事の負担（量）	15−(No.1+No.2+No.3)		3−5	6−7	8−9	10−11	12	3−4	5−6	7−9	10−11	12
			7.2%	18.9%	40.8%	22.7%	10.4%	6.6%	20.4%	51.7%	15.6%	5.8%
仕事のコントロール度	15−(No.8+No.9+No.10)		3−4	5−6	7−8	9−10	11−12	3	4−5	6−8	9−10	11−12
			5.4%	16.6%	37.1%	32.4%	8.5%	5.5%	16.0%	48.8%	23.3%	6.3%
【ストレスによっておこる心身の反応】												
疲労感	No.7+No.8+No.9		3	4	5−7	8−10	11−12	3	4−5	6−8	9−11	12
			9.7%	12.2%	47.4%	23.3%	7.4%	6.2%	23.2%	40.1%	23.1%	7.4%
不安感	No.10+No.11+No.12		3	4	5−7	8−9	10−12	3	4	5−7	8−10	11−12
			8.3%	14.9%	51.9%	17.8%	7.1%	12.3%	15.6%	44.7%	21.6%	5.8%
抑うつ感	No.13+No.14+No.16		3	4	5−6	7−9	10−12	3	4	5−6	7−10	11−12
			19.2%	15.7%	37.2%	22.2%	5.7%	15.7%	13.9%	34.9%	30.0%	5.5%
食欲不振	No.27		1		2	3	4	1		2	3	4
			71.6%		22.9%	4.3%	1.2%	66.2%		25.8%	5.9%	2.1%
不眠	No.29		1		2	3	4	1		2	3	4
			55.6%		31.3%	9.8%	3.3%	52.2%		30.6%	12.2%	5.0%
【ストレス反応に影響を与える他の因子】												
上司からのサポート	15−(No.1+No.4+No.7)		3−4	5−6	7−8	9−10	11−12	3	4−5	6−7	8−10	11−12
			6.9%	27.0%	32.8%	24.7%	8.7%	7.5%	22.0%	38.9%	26.7%	4.9%
同僚からのサポート	15−(No.2+No.5+No.8)		3−5	6−7	8−9	10−11	12	3−5	6−7	8−9	10−11	12
			6.1%	32.4%	39.9%	16.3%	5.3%	8.1%	31.3%	35.3%	17.9%	7.4%

○ 計算した結果はレーダーチャート形式（P52 参照）又は表形式（P42 参照）で表します。レーダーチャート形式ではレーダーが小さく中心を向いているほど、表形式では端の影のかかった枠に○があるほど、ストレス状況は良くないことを示しています。レーダーチャートと表形式で出力した結果に対する簡単な説明とアドバイスを付した文書も同時に作成します。

○ 結果の解釈にあたって：調査票の尺度のうち、「ストレスの要因と考えられる因子」や「ストレス反応に影響を与える他の因子」も大切ですが、「ストレスによっておこる心身の反応」に問題が多い場合には特に早めに対応することが重要となります。「ストレスによっておこる心身の反応」の6つの尺度の中では、「活気の低下」はストレスの程度が比較的低い段階でも認められ、次に「身体愁訴」や「イライラ感」や「疲労感」、ついで「不安感」が続き、「抑うつ感」がストレスの程度が最も高い段階でみられる症状であることが分かっています。したがって、労働者のストレス状況を観察する場合には「不安感」「抑うつ感」に着目し、「不安感」「抑うつ感」の高い労働者に特に注意していく必要があるでしょう。

○ 国では、職業性ストレス簡易調査票を用いて、労働者個人のストレス状況を把握しストレスプロフィールを出力できるツールを無料で提供していますので、ご活用ください。

・「厚生労働省版ストレスチェック実施プログラム」ダウンロードサイト
https://stresscheck.mhlw.go.jp/

あなたのストレスプロフィール

サンプル　太郎　殿　　　　　　　　　　　　　　　ID00005

社員No.

	低い/少ない	やや低い/少ない	普通	やや高い/多い	高い/多い	評価点(合計)
【ストレスの要因に関する項目】						**23点**
心理的な仕事の負担(量)				○		
心理的な仕事の負担(質)					○	
自覚的な身体的負担度				○		
職場での対人関係のストレス				○		
職場環境によるストレス				○		
仕事のコントロール度★		○				
あなたの技能の活用度★			○			
あなたが感じている仕事の適性度★			○			
働きがい★			○			
【心身のストレス反応に関する項目】						**12点**
活気★				○		
イライラ感					○	
疲労感				○		
不安感				○		
抑うつ感					○	
身体愁訴				○		
【周囲のサポートに関する項目】						**9点**
上司からのサポート★		○				
同僚からのサポート★		○				
家族や友人からのサポート★		○				
仕事や生活の満足度★			○			
【合計】						**44点**

高ストレス者を選定するための方法

＜基本となる考え方＞

○ 次の①及び②に該当する者を高ストレス者として選定します。

①「心身のストレス反応」に関する項目の評価点の合計が高い者
②「心身のストレス反応」に関する項目の評価点の合計が一定以上であり、かつ「仕事のストレス要因」及び「周囲のサポート」に関する項目の評価点の合計が著しく高い者

○ 上記①及び②に該当する者の割合については、以下の評価基準の例では概ね全体の１０％程度としていますが、それぞれの事業場の状況により、該当者の割合を変更することが可能です。

＜評価基準の例（その１）＞

　この方法は、調査票の各質問項目への回答の点数を、単純に合計して得られる評価点を基準に用います。このため、特別な手順によらず算出することが可能です。

職業性ストレス簡易調査票（57項目）を使用する場合の評価基準の設定例

㋐「心身のストレス反応」（29項目）の合計点数（ストレスが高い方を４点、低い方を１点とする）を算出し、合計点数が77点以上である者を高ストレスとする。

㋑「仕事のストレス要因」（17項目）及び「周囲のサポート」（9項目）の合計点数（ストレスが高い方を４点、低い方を１点とする）を算出し、合計点数が76点以上であって、かつ、「心身のストレス反応」の合計点数が63点以上である者を高ストレスとする。

【概念図】
㋐又は㋑のいずれかに
該当する者を高ストレス者
と評価する。
※調査票の項目中、満足度に関する
回答は評価に含みません。

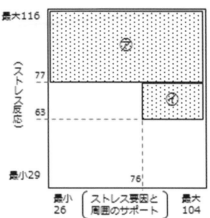

職業性ストレス簡易調査票簡易版（23項目）を使用する場合の評価基準の設定例

㋐「心身のストレス反応」（11項目）の合計点数（ストレスが高い方を４点、低い方を１点とする）を算出し、合計点数が31点以上である者と高ストレスとする。

㋑「仕事のストレス要因」（6項目）及び「周囲のサポート」（6項目）の合計点数

（ストレスが高い方を4点、低い方を1点とする）を算出し、合計点数が39点以上であって、かつ、「心身のストレス反応」の合計点数が 23 点以上である者を高ストレスとする。

【概念図】
㋐又は㋑のいずれかに該当する者を高ストレス者と評価する。

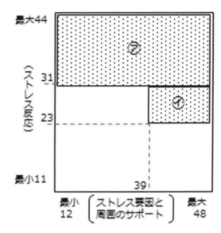

<評価基準の例（その２）>

この方法は、調査票の各質問項目への回答の点数を、素点換算表により尺度ごとの5段階評価（ストレスの高い方が1点、低い方が5点）に換算し、その評価点の合計点（または平均点）を基準に用います。分析ツール（プログラム）が必要ですが、個人プロフィールとの関連がわかりやすく、尺度ごとの評価が考慮された解析方法です。

職業性ストレス簡易調査票（57項目）を使用する場合の評価基準の設定例

㋐ 「心身のストレス反応」（29項目）の6尺度（活気、イライラ感、不安感、抑うつ感、疲労感、身体愁訴）について、素点換算表（P40）により5段階評価（ストレスの高い方が1点、低い方が5点）に換算し、6尺度の合計点が 12 点以下（平均点が 2.00 点以下）である者を高ストレスとする。

㋑ 「仕事のストレス要因」（17項目）の9尺度（仕事の量、仕事の質、身体的負担度等）及び「周囲のサポート」（9項目）の3尺度（上司からのサポート、同僚からのサポート等）の計12尺度について、素点換算表（P40）により5段階評価（ストレスの高い方が1点、低い方が5点）に換算し、12尺度の合計点が 26 点以下（平均点が 2.17 点以下）であって、かつ、「心身のストレス反応」の6尺度の合計点が 17 点以下（平均点が 2.83 点以下）である者を高ストレスとする。

【概念図】
㋐又は㋑のいずれかに
該当する者を高ストレス者
と評価する。
※調査票の項目中、満足度に関する
　回答は評価に含みません。

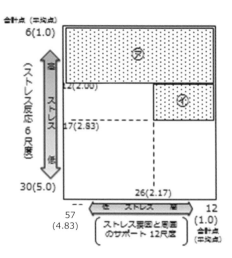

職業性ストレス簡易調査票簡易版（23項目）を使用する場合の評価基準の設定例

㋐「心身のストレス反応」（11項目）の5尺度（不安感、抑うつ感、疲労感、食欲不振、不眠）について、素点換算表（P41）により5段階評価（ストレスの高い方が1点、低い方が5点）に換算し、5尺度の合計点が11点以下（平均点が2.20点以下）である者を高ストレスとする。

㋑「仕事のストレス要因」（6項目）の2尺度（仕事の量、コントロール度）及び「周囲のサポート」（6項目）の2尺度（上司からのサポート、同僚からのサポート）の計4尺度について、素点換算表（P41）により5段階評価（ストレスの高い方が1点、低い方が5点）に換算し、4尺度の合計点が8点以下（平均点が2.00点以下）であって、かつ、「心身のストレス反応」の5尺度の合計点が16点以下（平均点が3.20点以下）である者を高ストレスとする。

【概念図】
㋐又は㋑のいずれかに
該当する者を高ストレス者
と評価する。

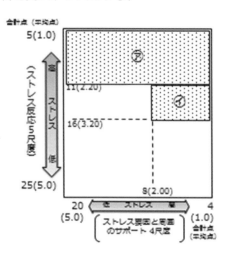

注１）上記の設定例（その１及びその２）は、㋐と㋑の比率を８：２とし、高スト

-45-

レス者の割合を全体の 10%程度とした場合の例とその評価基準の点数を示したものであり、この比率や割合は面接指導の対象者の選定方針や事業場全体の高ストレス者の比率を勘案し、変更することが可能です。

（巻末の資料に、職業性ストレス簡易調査票を用いた実績データから作成された分布表を添付していますので、比率や具体的な基準点の設定にご活用下さい。）

注２）国では、職業性ストレス簡易調査票を用いて、高ストレス者を選定する分析ツールを無料で提供していますので、ご活用ください。

・「厚生労働省版ストレスチェック実施プログラム」ダウンロードサイト
https://stresscheck.mhlw.go.jp/

調査票に面談を併用する場合

○　高ストレス者の選定にあたり、調査票に基づく数値評価に加えて補足的に労働者に面談を行う方法も考えられます。この場合の面談は、ストレスチェックの一環として行うことになりますが、実施者以外の者に行わせるときは、その者が職場のメンタルヘルスに関する一定の知見を有する者（実施者として明示された者以外の保健師等の有資格者のほか、産業カウンセラー、臨床心理士等の心理職）であって、面談を行う能力がある者かどうかを実施者が責任をもって確認する必要があります。また、この場合、面談は実施者の指名と指示の下に実施し、面接指導対象者の選定に関する判断は、面談を実施した者に委ねるのではなく、面談結果を踏まえて実施者が最終的に判断する必要があります。

○　また、医師以外の者が面談を行った場合に、面談の中で早急に対応が必要な労働者を把握した場合は、まずは産業医につなぎ、面接指導の実施、就業上の措置に関する意見の提示を受けられるようにすることが必要です。

（3） ストレスチェックの受検の勧奨

✓ **事業者は、労働者個々人がストレスチェックを受けたか否かを把握し、労働者に対し受検を勧奨することが可能です。**

○ 受検の勧奨

　自らのストレスの状況について気付きを促すとともに、必要に応じ面接指導等の対応につなげることで、労働者がメンタルヘルス不調となることを未然に防止するためには、全ての労働者がストレスチェックを受けることが望ましいことから、事業者は、実施者からストレスチェックを受けた労働者のリストを入手する等の方法により、労働者の受検の有無を把握し、ストレスチェックを受けていない労働者に対して、ストレスチェックの受検を勧奨することができるものとする。なお、この場合において、実施者は、ストレスチェックを受けた労働者のリスト等労働者の受検の有無の情報を事業者に提供するに当たって、労働者の同意を得る必要はないものとする。

（ストレスチェック指針より抜粋）

<解説>

○ 事業者による個々の労働者の受検の有無の把握と受検勧奨については、受検しない労働者に対する不利益取扱いが行われないことを確保した上で、実施することが可能です。ただし、ストレスチェックを受検すべきことを就業規則に規定し、受検しなかったことをもって懲戒処分の対象とすることは、受検の強要や受検しない労働者に対する不利益取扱いに当たる行為であり、行ってはいけません。

○ 業務命令のような形で強要するようなことのないよう、受検勧奨のやり方については衛生委員会等でよく話し合い、労働者に周知しておく必要があります。

○ 実施者又はその他の実施事務従事者が自ら受検の勧奨をすることも可能です。

<具体例・様式例>

【ストレスチェックの受検を実施者から催促する場合の文例；Web 実施版】

○○株式会社△△事業場の皆様

平素より会社の健康・衛生管理施策にご協力いただき、誠にありがとうございます。
保健師の△△です。

※本メールは、＊＊月一一日 10 時の時点でストレスチェック未実施の方に送付しております。

実施期間が＊＊月＊＊日（火）17:00 までとなっております。
ご多忙の中、まことに恐縮ではありますが、目的やデータの取扱いについては改めて下に記載致しますので、ぜひ期間内の受検をお願い致します。
実施方法の詳細は、前回ご案内メール；＊＊＊＊＊＊＊＊＊＊（リンク）をご参照ください。

【ストレスチェックの目的】
会社では従来より、心の健康管理の一環として、定期健康診断における問診を始めとし産業医・保健師への相談窓口設置やメンタルヘルス研修等を行っておりますが、今般、従来施策とは別のものとして、セルフケア（一人ひとりが行う自身の健康管理）のさらなる充実化および働きやすい職場環境の形成を目的に、労働安全衛生法に基づき、産業医・保健師を実施者としたストレスチェックを実施しています。

【受検対象者】
上記の目的から、できるだけ多くの社員（できれば対象者全員）に実施していただきますよう、お願い申し上げます。ただし、今回のストレスチェックを受けない場合でも、会社側からの不利益な取扱い等は一切ございません。

【ご回答いただいたデータの取扱い】
ご回答いただいた個人のストレスチェック結果については、ご回答直後からご自身で確認・閲覧・印刷できますので、自己管理にお役立て下さい。
ご回答いただいた個人のストレスチェック結果に基づき、個人の健康管理を目的として産業医・保健師のみが確認し、必要に応じて面接推奨のご連絡を個別に差し上げます。
個人の結果が外部(上司・人事部門等)に漏れることは、一切ありません。
また、職場全体のストレス傾向の把握を目的に、個人が特定できないようストレスチェック結果を加工し、分析および報告書作成に使用します。

（4） 面接指導対象者の確認

○　実施者の役割（抜粋、再掲）
　　実施者は、ストレスチェックの実施に当たって、当該事業場におけるストレスチェックの調査票の選定並びに当該調査票に基づくストレスの程度の評価方法及び高ストレス者の選定基準の決定について事業者に対して専門的な見地から意見を述べるとともに、ストレスチェックの結果に基づき、当該労働者が医師による面接指導を受ける必要があるか否かを確認しなければならないものとする。

（ストレスチェック指針より抜粋）

<解説>

　　（2）ウ（P38）で選定された高ストレス者を含むすべての受検者について医師による面接指導を受ける必要があるかどうか、実施者が確認します。

（5） ストレスチェック結果の通知と通知後の対応

✓ **実施者は、個人のストレスチェック結果を、労働者に直接通知します。**
✓ **実施者は面接指導対象者に対して、医師による面接指導を受けるように勧奨します。**
✓ **法に基づく面接指導以外にもストレスチェック結果に関する労働者からの相談対応を充実することが望ましいでしょう。**

ア 労働者本人に対するストレスチェック結果の通知方法

> （検査結果の通知）
> 第52条の12 事業者は、検査を受けた労働者に対し、当該検査を行つた医師等から、遅滞なく、当該検査の結果が通知されるようにしなければならない。
> （規則より抜粋）

> ○ 労働者本人に対するストレスチェック結果の通知方法
>
> 事業者は、規則第52条の12の規定に基づき、ストレスチェック結果が実施者から、遅滞なく労働者に直接通知されるようにしなければならない。この場合において、事業者は、ストレスチェック結果のほか、次に掲げる事項を通知させることが望ましい。
> ① 労働者によるセルフケアに関する助言・指導
> ② 面接指導の対象者にあっては、事業者への面接指導の申出窓口及び申出方法
> ③ 面接指導の申出窓口以外のストレスチェック結果について相談できる窓口に関する情報提供
>
> （ストレスチェック指針より抜粋）

＜解説＞

ストレスチェック結果の通知に当たっての留意点

○ ストレスチェックの結果は、ストレスチェック実施後、実施者又はその他の実施事務従事者から遅滞なく受検者本人に通知します。

○ ICTを利用して実施した場合であって、入力の終了と同時に個人のストレスプロフィールや高ストレス者の該当の有無などのストレスチェック結果が表示される場合には、受検した労働者がこの結果を自ら出力、保存できるようになっているか、又はいつでも閲覧できるようになっていれば、改めて実施者から労働者に結果を通知する必要はありません。ただし、実施者は必ず高ストレスと評価された労働者を含む全ての受検者の結果を確認し、高ストレスと評価された労働者について医師による面接指導を受けさせる必要があるかどうかを確認し、面接指導が必要と認めた労働者については、改めてその旨当該労働者に通知する必要があります。

○ 実施者から受検した労働者にストレスチェック結果を通知する際には、他の者に見られないよう、封書又は電子メール等で労働者に個別に直接通知しなければなりません。

○ 面接指導の要否が他の者に類推されないよう配慮してください。例えば、面接

指導の対象者にのみ職場で封書を配布するなどの方法では類推される可能性があります。電子メールで通知する、自宅に封書で郵送する、全員にストレスチェック結果を封書で通知する際に併せて面接指導の対象者である旨の通知文も同封して通知するなどの配慮が必要です。
- ○ 労働者の個別の同意がなければ、事業者に通知することは禁止されています。また、第三者に結果を漏らすことも法律で禁じられています。労働者の同意取得の方法などの留意事項は後述のP105を参照してください。

通知する内容
- ○ 実施者から労働者に対し、以下の事項を通知します。このうち、ア①～③については、必ず通知しなければならないものであり、イ及びウは通知することが望ましいものです。

　　ア　個人のストレスチェック結果
　　　　① 個人のストレスプロフィール（個人ごとのストレスの特徴や傾向を数値、図表等で示したもの。次の3つの項目ごとの点数を含むことが必要。）
　　　　　・職場における当該労働者の心理的な負担の原因に関する項目
　　　　　・当該労働者の心理的な負担による心身の自覚症状に関する項目
　　　　　・職場における他の労働者による当該労働者への支援に関する項目
　　　　② ストレスの程度（高ストレスに該当するかどうかを示した評価結果）
　　　　③ 面接指導の対象者か否かの判定結果

　　　注1）ストレスチェックの目的や結果の見方についても改めて説明するとよいでしょう。
　　　注2）検査結果は概ね検査前の1か月間の状況を示したものであり、本人の自覚に基づく評価であること、ストレス反応自体は多かれ少なかれすべての労働者が示すものであり、高ストレスであること自体が必ずしも心身の健康障害を意味しているわけではないことも説明するとよいでしょう。
　　　注3）面接指導の対象者については、面接指導を受ける意義などについて説明するとよいでしょう。

　　イ　セルフケアのためのアドバイス。

　　ウ　事業者への面接指導の申出方法（申出窓口）。
　　　　※アで面接指導の対象とされた者に限る。

　　　注1）以下のことについて説明するとよいでしょう。
　　　　・面接指導を申し出た場合には、ストレスチェック結果を事業者に提供することに同意したものとみなされること、面接指導の結果、必要がある場合は就業上の措置（時間外労働の制限、配置転換など）につながる可能性があること。
　　　　・面接指導を申し出たことに対して不利益な取扱いをすることは法律上禁止されていること。

- ・ 面接指導に要する費用は事業者が負担しなければならず、労働者が負担する必要はないこと。
- 注2）面接指導の申出がしやすくなるように、事業者に申出る際の窓口を産業医などの産業保健スタッフとすることや外部機関とすることも可能です。その場合、申出のあった旨を事業者に伝えることをあらかじめ労働者に伝えておきます。

○ 上記のほか、必要に応じて以下の事項についても通知するとよいでしょう。
- ・ 面接指導の申出窓口以外の相談可能な窓口に関する情報提供（社内の産業保健スタッフ、社外の契約機関の相談窓口、公的な相談窓口等の紹介）。
- ・ 結果通知時に、結果の事業者への提供についての同意の有無を確認することにしている場合は、そのための文書。

<具体例・様式例①>
○ ストレスチェック結果通知シートの例

あなたのストレスプロフィール

サンプル　太郎　殿　　　　　　　　　　　　　　　　　　　ID00005

社員No.

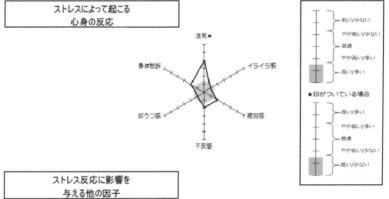

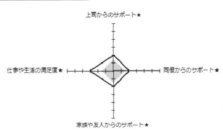

（注）このグラフは、中心に近いほどストレスが高いことを示しています。

＜評価結果（点数）について＞

項目	評価点（合計）
ストレスの要因に関する項目	○○点
心身のストレス反応に関する項目	○○点
周囲のサポートに関する項目	○○点
合計	○○点

＜あなたのストレスの程度について＞

あなたはストレスが高い状態です（高ストレス者に該当します）。

```
セルフケアのためのアドバイス
   ・・・・・・・・・・・・・・・・・・・・・・・・・・・・・
   ・・・・・・・・・・・・・・・・・・・・・・・・・・・・・
```

＜面接指導の要否について＞

医師の面接指導を受けていただくことをおすすめします。

以下の申出窓口にご連絡下さい。

○○○○（メール：＊＊＊＊＠＊＊＊＊　電話：＊＊＊＊-＊＊＊＊）

※面接指導を申出した場合は、ストレスチェック結果は会社側に提供されます。また、面接指導の結果、必要に応じて就業上の措置が講じられることになります。

※医師の面接指導ではなく、相談をご希望の方は、下記までご連絡下さい。

○○○○（メール：＊＊＊＊＠＊＊＊＊　電話：＊＊＊＊-＊＊＊＊）

ストレスチェック実施者　産業医○○○○

＜具体例・様式例②＞
○ 結果の説明文書例

あなたのストレスプロフィールについて

●● 殿　　社員番号××××

　ご回答いただいたストレス調査票の結果から、"あなたのストレスプロフィール"を作成しました。このプロフィールから、あなたのストレスの状態をおおよそ把握していただくことが出来ると思います。結果をごらんいただき、ご自分の心の健康管理にお役立てください。
　詳しいストレス度や、それに伴うこころの問題については、この結果のみで判断することはできません。ご心配な方は専門家にご相談下さい。
　あなたのストレス状況はやや高めな状態にあることがうかがわれます。
　ストレスの高い状態が続くと、心や身体がストレスの原因に対して反応し、その結果として、気分が落ち込む、イライラ感がつのる、疲れる、元気がないといった症状が現れます。このような症状は気分だけでなく、体の不調として現れてくる事もあります。ストレスは、急に仕事が忙しくなったり、ストレスの原因となる要素（仕事に関連したものや、ご家庭での問題）が重なると、急にあなたに重くのしかかってくる可能性もあります。
　あなたの場合、イライラ感、疲労感、不安感、抑うつ感が高く、活気が乏しい状態であることが、別紙2枚のグラフから分かります。
　あなたの仕事でのストレスの原因となりうる因子では、仕事の量的負担、対人関係上のストレスが高いようでした。
　仕事の量が多い、仕事が厳しいと考えている人は、もう一度自分の仕事量を見直し、上司、同僚と仕事内容について相談することをお勧めします。周囲の人に協力を仰ぐ事により、事態が解決するかもしれません。「仕事のコントロール度」は、自分で仕事の予定や手順を決めることができない時、低くなります。例えば、周囲のスピードや上司の予定に合わせて仕事をするとか、急な仕事の変更がよく起こるために予定が立てられない状況などです。仕事の進め方を工夫して負担量を軽減することができないか、自ら見直したり周囲の人と相談したりして考えてみて下さい。それが無理な場合は、仕事からストレスを多く受けていることを自覚して、勤務時間外や休日はなるべく仕事を持ち帰らず、リフレッシュに努めましょう。
　また、一人で悩みを抱え込まずに、周囲に悩みを相談することもよいでしょう。また、産業医や専門家に相談する事も一つの方法です。専門的な助言を受けることによって、自分では気がつかなかった解決法が見つかることもあるでしょう。

　　　　　　　　　　　　　　　　　　　　　　　ストレスチェック実施者　産業医○○○○

<具体例・様式例③>
○セルフケアのアドバイスの記載例（受検者全員に配布する場合の例）

1）セルフケアとは
　メンタルヘルス対策におけるセルフケアとは「労働者自身がストレスやこころの健康について理解し、自らのストレスを予防、軽減するあるいはこれに対処すること」で、以下が目標になります。
① 正しい知識を学ぶことにより、労働者自身がストレスや心身の不調に気づくことができるようになる。
② 労働者自身がストレスに気づくことにより、自発的にストレスに適切に対処できる。
③ そうして、労働者はストレスに対して自分で予防・軽減ができるようになる。

2）セルフケアの基本
　セルフケアの基本は規則正しい生活を保ち、適切な食事、睡眠、運動を日々心がけることです。それに加えて、ストレス解消法、ストレス対処法などが挙げられます。

　1．食事
　　野菜を多く食べる、塩分・脂質・糖質摂取を控えめにする等、食生活に注意しましょう。
　　自然食品は、加工食品・高脂肪が中心のメニューに比べてストレス軽減効果が高いことが知られています。
　　青魚に含まれる DHA・EPA に抗うつ効果が期待できるという研究結果もあります。

　2．睡眠
　　心身の疲労回復には睡眠が不可欠です。毎日十分な睡眠時間を確保しましょう。睡眠時間の不足や睡眠の質の悪化により、生活習慣病や、うつ病などのこころの病につながってきます。逆に、不眠症は、こころの病の症状として現れることもあります。眠たくないのに無理に眠ろうとすると、かえって緊張を高め、眠りへの移行を妨げます。眠くなってから寝床に就き、起床時刻を一定に保つようにしましょう。仕事や生活上の都合で、夜間に必要な睡眠時間を確保できない時は、午後の早い時刻に 30 分以内の短い昼寝をするのが効果的です。
　　適度な運動習慣、朝食摂取が睡眠覚醒リズムを保つのに有用です。また、就寝前にリラックスすることがスムースな入眠に有効です。例えば、入浴は、ぬるめと感じる湯温で適度な時間、ゆったりとするとよいでしょう。就寝直前の激しい運動や夜食摂取は、入眠を妨げますし、就寝前の飲酒や喫煙は睡眠の質を悪化させます。就寝前 3～4 時間以内のカフェイン摂取も入眠や睡眠の質に影響し、利尿作用で夜中に尿意で目が覚める原因にもなります。これらはいずれも就寝前は控えるようにしましょう。
　　就寝前の寝室の明るすぎる白色照明は、睡眠の質を低下させます。眠りを邪魔せず心地よいと感じられる程度に調整しましょう。寝床に入ってからの携帯電話操作も覚醒を助長させるので控えましょう。
　　睡眠に関連する問題で、日常生活や勤務に悪い影響が出てきて、自分では対処できない時には、早めに専門家に相談するようにしましょう。[5]

---

[5] 【参考】厚生労働省健康局「健康づくりのための睡眠指針 2014～睡眠 12 箇条～」

3．運動
　　適度な有酸素運動（息が上がらない程度）にはストレス軽減効果があります。普段から活動的な生活を送るようにしましょう。

4．ストレス解消法
　　ストレスへの対処法としては、行動の工夫、考え方の工夫、リラクセーションの3つがあります。

- 行動の工夫：大きなストレスを感じているようでしたら、そのストレスの原因となる問題を分解・整理し、優先順位をつけてみましょう。優先順位の高い問題から解決策をリストアップして、実行しやすい方法から試すことが効果的です。

- 考え方の工夫：イライラや不安を感じる場合、その原因として考え方のクセが関係していることもあります。仕事がうまくいかなかった原因を過度に自分に求め、失敗した状況が今後もずっと続くと考えていませんか？このような時は、別の視点から状況を眺め直してみることをお勧めします。

- リラクセーション：こころと体の状態は密接に関係しています。リラクセーションは、体の緊張を解きほぐすことで、こころの緊張を解きほぐす方法です。腹式呼吸、アロマテラピー、入浴、音楽などあなたに合ったリラックスの方法を、普段から見つけておくとよいでしょう。

　　ストレスへの対処では、上記のほか、家族、友人、上司や同僚など周りの人に相談しサポートを求めることも有効です。普段から気軽に相談できる相手や、信頼のおける人と良好な関係を築いておくよう心がけると良いでしょう。

3）うつ病のサイン～自分で気づく変化
　　もし、以下の項目に当てはまると気づき、仕事や日常生活に支障が出てくるようであれば、うつ病の可能性があります。早めに産業医・保健師、専門医に相談しましょう。
1. 悲しい、憂鬱な気分、沈んだ気分
2. 何事にも興味がわかず、楽しくない
3. 疲れやすく、元気がない（だるい）
4. 気力、意欲、集中力の低下を自覚（億劫、何もする気がしない）
5. 寝つきが悪くて、朝早く目が覚める
6. 食欲がなくなる
7. 人に会いたくなくなる
8. 夕方より朝方の方が気分、体調が悪い
9. 心配ごとが頭から離れず、考えが堂々めぐりする
10. 失敗や悲しみ、失望から立ち直れない
11. 自分を責め、自分は価値がないと感じる[6]

---

[6]【参考】厚生労働省：うつ対策推進方策マニュアル～都道府県・市町村職員のために～.

イ ストレスチェック結果の通知後の対応

(面接指導の実施方法等)
第52条の16　法第66条の10第3項の規定による申出(以下この条及び次条において「申出」という。)は、前条の要件に該当する労働者が検査の結果の通知を受けた後、遅滞なく行うものとする。
2　事業者は、前条の要件に該当する労働者から申出があつたときは、遅滞なく、面接指導を行わなければならない。
3　検査を行つた医師等は、前条の要件に該当する労働者に対して、申出を行うよう勧奨することができる。

(規則より抜粋)

○　面接指導の申出の勧奨
　　ストレスチェックの結果、高ストレス者として選定され、面接指導を受ける必要があると実施者が認めた労働者のうち、面接指導の申出を行わない労働者に対しては、規則第52条の16第3項の規定に基づき、実施者が、申出の勧奨を行うことが望ましい。

○　相談対応
　　事業者は、ストレスチェック結果の通知を受けた労働者に対して、相談の窓口を広げ、相談しやすい環境を作ることで、高ストレスの状態で放置されないようにする等適切な対応を行う観点から、日常的な活動の中で当該事業場の産業医等が相談対応を行うほか、産業医等と連携しつつ、保健師、看護師若しくは精神保健福祉士又は産業カウンセラー若しくは臨床心理士等の心理職が相談対応を行う体制を整備することが望ましい。

(ストレスチェック指針より抜粋)

<解説>

面接指導の申出の勧奨

○　ストレスチェックの結果、面接指導が必要とされた労働者に対しては、結果通知に合わせて面接指導の申出窓口等を知らせること(P49)となっていますが、なるべく面接指導を申し出るよう、面接指導の対象者を把握している医師等の実施者が、以下に掲げる方法により申出の勧奨を行いましょう。

①　実施者が個人のストレスチェック結果を本人に通知する際に、面接指導の対象者であることを伝え、面接指導を受けるよう勧奨する方法。

②　個人のストレスチェック結果の通知から一定期間後に、実施者が封書又は電子メールで本人にその後の状況について確認し、面接指導の申出を行っていない者に対して面接指導を受けるよう勧奨する方法。

③　面接指導の申出の有無の情報を、事業者から提供してもらい、すでに事業者に対して申出を行った労働者を除いて勧奨する方法。

○　面接指導の申出を行わない労働者に対して、実施者以外の者が勧奨を行うことに

-57-

ついては、ストレスチェックの実施事務従事者に限って可能です。
○ 本人の同意により面接指導が必要であるという評価結果を事業者が把握している労働者に対しては、必要に応じて、申出の強要や申出を行わない労働者への不利益取扱いにつながらないように留意しつつ、事業者が申出を勧奨することも可能です。
○ 面接指導を受けるかどうかは、あくまで勧奨を受けた本人の選択によりますが、制度の実効性を増すためには、事業場において面接指導が必要と判断された労働者ができるだけ面接指導を申し出るような環境づくりが重要です。
○ 事業場では、特に以下の点に留意する必要があります。
　① 情報の流れの明確化
　　労働者が安心感をもてるよう、図表などのわかりやすい方法により、個人情報保護に関連する事項、即ちストレスチェックの結果（個人のストレスプロフィールやストレスの程度の評価結果）、面接指導の必要性の有無、面接指導の内容などが、どのような経路でどの範囲に伝えられるのかを明らかにしましょう。
　② 手続きの簡素化と秘匿化
　　面接指導を勧奨された労働者が面接を申し出る際には、できるだけ簡単な手続きで申し込めるようにしましょう。申し込み手続きは周囲の者に知られることなく完了できるように配慮しましょう。窓口を明確化し混乱のないようにしましょう。
　　また、面接指導のため労働者が職場を離れることが想定されるため、面接指導の実施日時等の情報は労働者の上司と共有しておく必要があります。
　③ メンタルヘルス教育
　　メンタルヘルス指針にあるように、日頃よりメンタルヘルスケアについて正しい知識を付与することが、労働者からの面接指導の申出の割合を高め、周囲の者の理解を得るのに役立ちます。例えば、産業医等面接指導を実施する医師が、メンタルヘルス教育の一部を担当すれば、労働者により親しみやすくなるでしょう。
○ 実施者は、面接指導を申し出なかった人も相談できるよう、相談対応、専門機関の紹介などの支援を必要に応じて行いましょう。

<具体例・様式例>
○ 面接指導の勧奨文書例①

～ストレスチェック受検者の皆様へ～

　ストレスチェックの受検結果をお知らせ致します。あなたのストレスチェック結果はいかがだったでしょうか？

1）ストレスチェック結果に基づく医師による面接指導について
　　職場でストレスを感じる労働者の割合は年々増加傾向にあり、メンタルヘルス不調による労災認定も増加してきています。そのような現状を鑑み、平成 26 年の労働安全衛生法改正により、「心理的な負担の程度を把握するための検査」（ストレスチェック）の実施が事業者に義務付けられることとなりました。
　　制度の狙いは、労働者の皆様に年一回、自身のストレスに関する気づきの機会をもっていただくことですが、高ストレス状態にある労働者に対して医師の面接指導を受けていただき、必要な範囲で就業上の措置（時間外労働の制限、作業の転換など）を講ずることでメンタルヘルス不調に進展することを未然に防止するのも目的として掲げられています。
　　面接指導を受けるかどうかはあくまでも任意であり、会社側から指示や強要はできませんし、受けないことによる不利益な取扱いを行ってはならないとされておりますが、医師の面接により、自身で気づいていない心身不調について把握するきっかけになると思われます。今回のストレスチェックで高ストレスという結果だった受検者の方につきましては、この機会に是非、（事業者（上司）に申出て）医師による面接指導をお勧め致します。下記の窓口にお申し出ください。

［面接指導の窓口］
　〇〇会社××部　健康管理室　担当：〇〇　〇〇
　連絡先：電話番号 0X-XXXX-XXXX、内線????、メールアドレス：????@???-????.co.jp

2）社内外相談窓口について
　　また、ストレスチェック制度に基づく医師の面接指導以外にも、社内外に以下のような相談窓口が用意されています。今回のストレスチェックの結果に関わらず、どなたでも利用できますので、体調面で何か気になることがあればご相談ください。

［社内相談窓口］
　〇〇会社××部　健康管理室　保健師　〇〇　〇〇
　連絡先：電話番号 0X-XXXX-XXXX、内線 XXXX、メールアドレス：????@???-????.co.jp

［社外相談窓口］
　（株）＃＃＃＃（契約メンタルヘルスサービス機関）
　電話カウンセリング 0120-XX- XXXX　／　予約対面カウンセリング 0120- XXX- XXXX

［公的機関］
　メール相談：「働く人のこころの耳メール相談」http://kokoro.mhlw.go.jp/mail-soudan/
　電話相談：「こころほっとライン」0120-565-455（通話料無料）

○　面接指導の勧奨文書例②

産業医からのお知らせ

　こんにちは。○○会社△△事業場　産業医の＊＊＊＊です。
　今回のストレスチェックの結果、あなたのストレス度が高いとの結果でしたので、個別にご連絡しております。（個別結果については別途Webないし結果報告書でご確認ください）
　ストレスチェックを行った時点と、その直前１ヶ月程度の状態が反映されているという条件ですが、あなたのストレスバランスが崩れている可能性がありますので、心配しています。
　現在の心身の状態はいかがでしょうか。もし何らかの不調やストレスの存在を自覚されるようでしたら、下記日程のいずれかで、「ストレスチェックに基づく産業医面接」を強くお勧めします。
　その際に、今回のストレスチェックの個別結果の印刷物提示と説明も改めて行うこととします。

＜面接室開設日程＞
①　＊＊月＊日（木）②　＊＊月＊＊日（月）③　＊＊月＊＊日（木）④　＠＠月＠日（月）⑤　＠＠月＠＠日（木）

＜面接開始時間＞初回の面接時間は25分迄を予定しています。
㋐15：00　㋑15：30　㋒16：00　㋓16：30

＜面接申込方法と注意点＞　【注；受付期間は＊＊月＊＊日（金）～＠＠月＠＠日（火）】
　①下記電話番号もしくはE-mailへご連絡をお願いします。

　　ご用件（「ストレスチェック後の面接希望」とお伝え・ご記載ください）、社員番号、お名前、所属名、ご連絡先、面接希望日時（第一希望から第三希望）をお知らせください。

　　　　0＊＊＊－＊＊＊－＊＊＊＊　　　※産業保健担当部署の電話です
　　E-mail：＊＊＊＊＊＊＊．＊＊＊＊＠＊＊＊＊＊．com　※ほぼ3日以内にご返信いたします
　　電話受付時間：月～金曜日　10：00～12：00と13：00～17：00
　　※ただし電子メールの場合は返信した候補日にご本人が合意されてから申込完了となります。

②　なお、上記の産業医面接に、ご本人が希望されて申し込まれた場合は、労働安全衛生法の規定と事業場の衛生委員会での決議事項に従って、あなたが「面接指導対象者である」との情報を、産業医から人事労務担当者に提供させていただきますので、ご了承ください。
　　ただし、ご本人の同意がない限り面接内容は確実に守秘されますのでご安心ください。

※会社側へのストレスチェック結果の通知に同意はできないが面談を希望される場合は、上記の申し込み先に一般の健康相談として申し込んでください。
　この場合はストレスチェック結果に関わらず、通常と同様に、保健師等または産業医による面談となり、保健師等と産業医のみが情報を共有いたします。安心してご利用ください。
　⇒何か気になることや相談事項があれば、対応します。

【個人情報管理について】
　この面接指導は、就業上の措置、ひいては会社の安全配慮義務（従業員一人一人の安全と健康を守るための種々の配慮）の遂行の一助とするためのものです。面接指導の結果（通常勤務可、要就業制限、要休業）については人事・所属職場上司等に報告されます。また、産業医（面接担当医）が必要と判断した範囲で、会社に対して意見提示、助言指導等を行う場合があります。
　その他、産業医・保健師の面談で聴取した内容につきましては、受検者の安全や健康、生命に差し迫った危険・危機があると判断される場合を除き、守秘致します。
　社外相談窓口につきましては当該機関のプライバシーポリシーに則って取り扱われます。

<解説>

相談対応

○ 医師による面接指導を希望する旨事業者に申し出た場合、ストレスチェック結果が事業者に提供されることなどから、高ストレスであり面接指導が必要であると評価されても申出を行わない労働者もいると考えられます。このため、面接指導の申出という正式な手続き以外でも、日常的な活動の中での産業医による相談対応のほか、気軽に保健師、看護師、精神保健福祉士や産業カウンセラー、臨床心理士等の心理職等に相談できる窓口を用意し、高ストレス者が放置されないよう取り組むことが大切です。

○ 相談対応の中で保健師等が情報を把握した場合については、産業医と連携しつつ対応することになりますが、原則として労働者本人の意向に沿って情報の管理・提供がなされる必要があります（事業者に提供する場合には本人の同意が必要です）。

（6） ストレスチェック結果の記録と保存

- ✓ 個人のストレスチェックの結果の記録は、事業者が実施事務従事者に保存させるよう必要な措置を講じます。
- ✓ 労働者の同意により、実施者から事業者に提供された結果の記録は、事業者が 5 年間保存しなければなりません。

（検査結果等の記録の作成等）
第 52 条の 11 　事業者は、第 52 条の 13 第 2 項に規定する場合を除き、検査を行つた医師等による当該検査の結果の記録の作成の事務及び当該検査の実施の事務に従事した者による当該記録の保存の事務が適切に行われるよう、必要な措置を講じなければならない。

（労働者の同意の取得等）
第 52 条の 13 　法第六十六条の十第二項後段の規定による労働者の同意の取得は、書面又は電磁的記録（電子的方式、磁気的方式その他人の知覚によつては認識することができない方式で作られる記録であつて、電子計算機による情報処理の用に供されるものをいう。以下同じ。）によらなければならない。
2 　事業者は、前項の規定により検査を受けた労働者の同意を得て、当該検査を行つた医師等から当該労働者の検査の結果の提供を受けた場合には、当該検査の結果に基づき、当該検査の結果の記録を作成して、これを 5 年間保存しなければならない。

（規則より抜粋）

○　ストレスチェック結果の記録及び保存

　ストレスチェック結果の事業者への提供について、労働者から同意を得て、実施者からその結果の提供を受けた場合は、規則第 52 条の 13 第 2 項の規定に基づき、事業者は、当該ストレスチェック結果の記録を作成して、これを 5 年間保存しなければならない。

　労働者の同意が得られていない場合には、規則第 52 条の 11 の規定に基づき、事業者は、実施者によるストレスチェック結果の記録の作成及び当該実施者を含む実施事務従事者による当該記録の保存が適切に行われるよう、記録の保存場所の指定、保存期間の設定及びセキュリティの確保等必要な措置を講じなければならない。この場合において、ストレスチェック結果の記録の保存については、実施者がこれを行うことが望ましく、実施者が行うことが困難な場合には、事業者は、実施者以外の実施事務従事者の中から記録の保存事務の担当者を指名するものとする。

　実施者又は実施者以外の実施事務従事者が記録の保存を行うに当たっては、5 年間保存することが望ましい。

　なお、ストレスチェック結果の記録の保存方法には、書面による保存及び電磁的記録による保存があり、電磁的記録による保存を行う場合は、厚生労働省の所管する法令の規定に基づく民間事業者等が行う書面の保存等における情報通信の技術の利用に関する省令（平成 17 年厚生労働省令第 44 号）に基づき適切な保存を行う必要がある。また、ストレスチェック結果の記録は「医療情報システムの安全管理に関するガイドライン」の直接の対象ではないが、事業者は安全管理措置等について本ガイドラインを参照することが望ま

> しい。
>
> （ストレスチェック指針より抜粋）

<解説>

○ 労働者の同意がなく、事業者に提供されない個人のストレスチェック結果の記録の保存は、実施者又は事業者が指名した実施事務従事者が行うことになりますが、これは実施者等が個人で保管場所を確保して管理することを意味するものではありません。保存方法、保存場所などは、事業場の衛生委員会等で調査審議した上で事業者が決定し、それに基づいて事業者が管理する事業場内の保管場所（結果が紙の場合）、企業内ネットワークのサーバー内（結果がシステム上のデータの場合）、委託先である外部機関の保管場所等で保管することも可能です。ただし、この場合、当該実施事務従事者が責任をもってセキュリティの管理（システムへのログインパスワードの管理、キャビネット等の鍵の管理など）を行い、個人のストレスチェック結果が事業者を含めた第三者に見られないように厳密な管理を行うことが必要です。

○ 嘱託の産業医が実施者である場合や外部機関にストレスチェックの実施を委託する場合は、契約書の中に保存に関する事務についても含めておきましょう。

○ 保存が必要な個人のストレスチェック結果の記録の内容は
　①個人のストレスチェックのデータ
　　個人ごとの検査結果を数値、図表等で示したもの。調査票の各項目の点数の一覧又は、個人のストレスプロフィールそのものでも差支えない。
　②ストレスの程度（高ストレスに該当するかどうかを示した評価結果）
　③面接指導の対象者か否かの判定結果
であって、受検者が記入・入力した調査票原票は必ずしも保存しておく必要はありません。

○ 結果の記録の保存は、紙媒体と電磁的媒体のいずれの方法も可能です（電磁的媒体の場合は「厚生労働省の所管する法令の規定に基づく民間事業者等が行う書面の保存等における情報通信の技術の利用に関する省令について」（平成17年3月31日付基発第0331014号）を参照してください）。

○ ストレスチェック結果だけでなく、事業者への提供の同意に係る書面又は電磁的記録についても、事業者が5年間保存するようにしてください。

本人が同意し事業者に提供された結果 ⇒	事業者が5年間保存（義務）
本人が同意せず実施者が保有する結果 ⇒	実施者が5年間保存（望ましい） 事業者は保存が適切に行われるよう必要な措置（義務）

実施者又はその他の実施事務従事者による結果保存の例

外部機関に委託する場合

<保存方法>

外部機関
ストレスチェック結果のデータを**外部機関**のキャビネット、サーバ内等に保管

嘱託産業医が保存者となる場合

<保存方法①>

嘱託産業医の診療所等
ストレスチェック結果のデータを診療所等のキャビネット、サーバ内等に保管

<保存方法②>

事業場
ストレスチェック結果のデータを事業場内のキャビネット、サーバ内等に保管

↑ 鍵、パスワード等を管理

嘱託産業医

専属産業医等、事業場内の実施者又は指名された実施事務従事者が保存者となる場合

<保存方法>

事業場
ストレスチェック結果のデータを事業場内のキャビネット、サーバ内等に保管

↑ 鍵、パスワード等を管理

事業場内の実施者又は指名された実施事務従事者

参考1 ストレスチェック制度 実施マニュアル

7　面接指導の実施方法等

✓ 事業者は、面接指導の申出をした労働者が、面接指導対象者に該当するかを確認します。
✓ 面接指導を行う医師を決定し、面接指導の日時・場所を調整します。
✓ 医師による面接指導を行います。
✓ 面接指導結果の報告を受け、必要に応じ就業上の措置を講じます。

（1）　面接指導の対象労働者の要件

（面接指導の対象となる労働者の要件）
第52条の15　法第66条の10第3項の厚生労働省令で定める要件は、検査の結果、心理的な負担の程度が高い者であって、同項に規定する面接指導（以下この節において「面接指導」という。）を受ける必要があると当該検査を行つた医師等が認めたものであることとする。

(規則より抜粋)

○　面接指導の対象労働者の要件
　規則第52条の15の規定に基づき、事業者は、上記（注：本マニュアルの6（2）ウ）に掲げる方法により高ストレス者として選定された者であって、面接指導を受ける必要があると実施者が認めた者に対して、労働者からの申出に応じて医師による面接指導を実施しなければならない。

(ストレスチェック指針より抜粋)

（2） 対象労働者の要件の確認方法

○　対象労働者の要件の確認方法
　事業者は、労働者から面接指導の申出があったときは、当該労働者が面接指導の対象となる者かどうかを確認するため、当該労働者からストレスチェック結果を提出させる方法のほか、実施者に当該労働者の要件への該当の有無を確認する方法によることができるものとする。

（ストレスチェック指針より抜粋）

<解説>

- ○　面接指導の申出をした者が面接指導の対象者かどうかを事業者が確認する方法についても、衛生委員会等で調査審議を行い、あらかじめ社内規程として定め、労働者に周知しておきましょう。
- ○　基本的には、申し出をした労働者から、ストレスチェック結果を提出させることとするのがよいでしょう。
- ○　事業者への申出の手続きを行わず、通常の産業保健活動を通じて、実質的にストレスチェックを踏まえた医師による面接指導を行った場合、その結果について事業者に情報提供し、記録し、意見を述べるなどの必要があれば、この制度に基づく面接指導に切り替えることが可能ですが、その場合は切り替えの前にその旨労働者の了解を得る必要があります。

（3） 面接指導を実施する医師と実施時期

> （面接指導の実施方法等）
> 第52条の16　法第66条の10第3項の規定による申出(以下この条及び次条において「申出」という。)は、前条の要件に該当する労働者が検査の結果の通知を受けた後、遅滞なく行うものとする。
> 2　事業者は、前条の要件に該当する労働者から申出があったときは、遅滞なく、面接指導を行わなければならない。
>
> （規則より抜粋）

<解説>

面接指導の申出方法

○ 面接指導を受けることを希望する旨の申出は、書面や電子メール等で行い、事業者は、その記録を5年間残すようにしてください。

面接指導の考え方

○ ストレスチェックは、自記式調査票によって実施されるため、その時点での労働者の自覚の範囲での評価となるという限界があります。ストレスチェック後の面接指導は、こうした自覚のある労働者が事業者に申し出た場合に、ストレス反応に対しての対処行動（ストレスコーピング）の手助けとなり、ストレスによる健康影響を少なくする（あるいは未然に防止する）効果が期待されます。一方で、面接指導対象者に対して、直ちに専門医の受診を勧奨するものではないことに留意しなければいけません。

○ ストレスチェックにより面接指導の対象者とされた者に対する面接指導では、医師は、ストレスチェックの結果を精査し、ストレスの要因について聴取して、対応を検討することが求められます。

○ 面接指導においては、業務外の出来事がストレスの原因となっていることもあることを考慮しつつ、高ストレス状況では、一般的には、職場や職務への不適応などが問題となりうることから、面接実施者は、基本的には、ストレスの要因が職場内に存在することを想定して、まずは高ストレスの原因について詳細に把握して職場内で実施可能な対応を優先して促す観点で面接指導に当たることが望ましいでしょう。

○ 労働者が既に専門医を受診している場合でも、高ストレスの原因となるストレス要因が職場に内在しているものである場合には、医療のみで解決することが極めて難しいと言わざるを得ません。職場内で解決可能な問題があるかどうかについて職場の環境を熟知している産業医が対応することが解決の糸口になる可能性が高いと言えます。

○ 医師による面接指導の費用は、事業者が負担すべきものであり、保険診療で行うものではないことに留意しましょう。

面接指導を実施する医師
○ 面接指導を実施する医師としては、当該事業場の産業医又は事業場において産業保健活動に従事している医師が推奨されます。また、面接指導の実施を外部の医師に委託する場合にも、産業医資格を有する医師に委託することが望ましいでしょう。
○ 産業医の選任義務のない労働者数 50 人未満の事業場で面接指導を実施する場合は、産業医資格を有する医師のいる産業保健総合支援センターの地域窓口（地域産業保健センター）を利用することが可能です。
○ 面接指導は精神疾患の診断や治療を行うものではありませんので、必ずしも精神科医や心療内科医が実施する必要はありませんが、労働者の状況によっては、専門医療機関への受診勧奨の要否も判断する必要がある場合があるため、メンタルヘルスに関する知識や技術を持っておくことが望ましいでしょう。厚生労働省では、産業保健総合支援センターにおいて、医師に対するメンタルヘルスに関する研修を無料で実施していますので、そうした機会も積極的に活用しましょう。

実施時期
○ 面接指導は申出があってから概ね 1 月以内に実施する必要がありますので、面接指導を実施する医師とも調整のうえ、実施日時の設定を行います。
○ 面接指導は原則的には就業時間内に設定しましょう。日時の設定に関しては、曜日や時間帯を柔軟にして、対象者が面接指導を受けやすい環境を整える配慮が必要です。また、就業時間内に面接指導を受ける際には、必ずしもその理由を伝える必要はありませんが、労働者の上司等の理解を得ておくことも重要です。さらに、面談での聴取、評価とセルフケアをはじめとする指導が 1 回では実施できない場合もあり、複数回の面接指導となる場合の労務管理上の取扱いもあらかじめ取り決めておくことが必要です。

（4）　実施方法

（面接指導における確認事項）
第52条の17　医師は、面接指導を行うに当たつては、申出を行つた労働者に対し、第52条の9各号に掲げる事項のほか、次に掲げる事項について確認を行うものとする。
① 　当該労働者の勤務の状況
② 　当該労働者の心理的な負担の状況
③ 　前号に掲げるもののほか、当該労働者の心身の状況

(規則より抜粋)

○ 　実施方法
　面接指導を実施する医師は、規則第52条の17の規定に基づき、面接指導において次に掲げる事項について確認するものとする。
① 　当該労働者の勤務の状況（職場における当該労働者の心理的な負担の原因及び職場における他の労働者による当該労働者への支援の状況を含む。）
② 　当該労働者の心理的な負担の状況
③ 　②のほか、当該労働者の心身の状況
　なお、事業者は、当該労働者の勤務の状況及び職場環境等を勘案した適切な面接指導が行われるよう、あらかじめ、面接指導を実施する医師に対して当該労働者に関する労働時間、労働密度、深夜業の回数及び時間数、作業態様並びに作業負荷の状況等の勤務の状況並びに職場環境等に関する情報を提供するものとする。

(ストレスチェック指針より抜粋)

<解説>

確認すべき事項等

○ 　面接指導においては、ストレスチェックの3項目（※）に加えて、以下に掲げる事項について医師が確認しましょう。
① 　当該労働者の勤務の状況
・当該労働者の労働時間、業務の内容等について予め事業者から情報を入手します。
・ストレス要因となりうる職場の人間関係や前回検査以降の業務・役割の変化の有無等について把握します。
・他の労働者による当該労働者への支援の状況について確認します。
② 　心理的な負担の状況
・ストレスチェック結果をもとに、抑うつ症状等について把握します。必要に応じて、CES-Dなどのうつ病のスクリーニング検査や構造化面接法を行うことも考えられます。
③ 　その他心身の状況の確認
・過去の健診結果や現在の生活状況の確認を行います。
・必要に応じてうつ病等や一般的なストレス関連疾患を念頭においた確認を行います。

（※）ストレスチェックの３項目は次のとおりです。
・職場における当該労働者の心理的な負担の原因に関する項目
・当該労働者の心理的な負担による心身の自覚症状に関する項目
・職場における他の労働者による当該労働者への支援に関する項目

なお、この３項目の確認については、当該労働者のストレスチェック結果を確認することで足ります。

○ 面接指導においては、以下の事項について医師が労働者に対して医学上の指導を行います。
　① 保健指導
　　・ ストレス対処技術の指導
　　・ 気づきとセルフケア
　② 受診指導（※ 面接指導の結果、必要に応じて実施）
　　・ 専門機関の受診の勧奨と紹介

医師の報告書、意見書の作成方法

○ 厚生労働省では、医師が面接指導を行い、その報告書や意見書を作成する際の具体的な方法を示した「長時間労働者、高ストレス者の面接指導に関する報告書・意見書作成マニュアル」を公表しています。
　http://www.mhlw.go.jp/bunya/roudoukijun/anzeneisei12/manual.html

情報通信機器を用いた面接指導

○ 面接指導は対面で実施するのが原則ですが、情報通信機器（ICT）を用いて面接指導を実施する場合の留意点をまとめた厚生労働省通知（平成 27 年 9 月 15 日付け基発第 0915 第 5 号「情報通信機器を用いた労働安全衛生法第 66 条の 8 第 1 項第 66 条の 10 第 3 項の規定に基づく医師による面接指導の実施について」）を本マニュアルの巻末資料に示しています。

<具体例・様式例>

面接指導の具体的な進め方と留意点

面接指導の手段
○ 医師が原則として対面で実施することが必要です。ただし、ICTを活用することに合理的な理由がある場合など一定の条件を満たした場合、事業者の判断でICTを活用した面接指導を実施することも可能と考えられます。

面接指導の場所の選定
○ 面接指導を実施する場所については、秘密が厳守されるよう配慮する必要があります。周囲の目を気にせず、リラックスして受けることができる場所を選びましょう。事業場外で実施する場合も、業務に支障をきたさないよう、事業場から遠くない場所を選定しましょう。閉鎖性のあまりにも高い場所は、トラブルの誘因となる可能性があり推奨できません。

事前の情報収集
○ 面接指導の実施に先立って、事業者（人事・労務担当者）や本人から必要な情報を収集します。

①対象となる労働者の氏名、性別、年齢、所属する事業場名、部署、役職等
②ストレスチェックの結果（個人のストレスプロフィール等）
③ストレスチェックを実施する直前1か月間の、労働時間（時間外・休日労働時間を含む）、労働日数、業務内容（特に責任の重さなどを含む）等
④定期健康診断やその他の健康診断の結果
⑤ストレスチェックの実施時期が繁忙期又は比較的閑散期であったかどうかの情報
⑥職場巡視における職場環境の状況に関する情報

○ 上記で得られた情報とストレスチェック結果に乖離があるかどうかにも留意しましょう。

面接によるストレス状況等の確認
○ 面接指導を行う医師は、面接指導の結果、事業者に意見を述べる必要があります。ここに至るまでに、その旨は既に労働者に説明がなされていますが、面接指導開始時にもあらためて、面接指導制度の仕組みを説明し、対象者の理解を確認しておきましょう。

○ 面接指導を担当する医師は、ストレスチェックから得られた情報を参考にして、事業者から収集した情報等を整理したうえで、まず、ストレス状況等を確認します。確認する内容は下記の3点です。

① 当該労働者の勤務の状況（業務上のストレスについて）
② 心理的な負担の状況（抑うつ症状等について）
③ その他の心身の状況の確認（生活習慣・疾病について）

面接による評価
○ 面接では、事前に収集した情報（P69参照）とともにその場で聴取した状況から医

学的に判断して、本人に対して指導することとなります。
○ 疲労、不安、抑うつ等のストレスが、どの程度か、業務と関連するものかどうか、業務と関連するものであれば、業務の過重性や業務の心理的負担について評価します。特に、抑うつ症状については、うつ病等の可能性を評価します。また、対象者の健康状況については、健康診断の結果も踏まえて評価し、総合的に判断します。
○ 面接指導の結果を踏まえた評価や対応の検討に当たっては、以下の点に留意しましょう。

- 職場内環境がストレス要因となっている場合には、対象者のストレスの要因となる因子について傾聴し、その原因について特定することが必要です。もし、労働者自身が解決できない職場環境が問題となっているのであれば、職場で取り組むべき課題として対応することになります。産業医を含む産業保健スタッフが対応可能であれば改善できますが、職場に内在する課題であれば、職場の管理監督者の協力が必要となる場合があります。そのような場合には、本人の了解を得て、管理監督者を含めた別途面談などにおいて問題点を話し合い、その解決に向けて対応することになります。しかし、本人の同意が得られない場合には、職場巡視などを通じて職場環境の改善について助言、指導することにならざるを得ません。この場合、本人が特定されないような配慮や工夫が求められることはいうまでもありません。

- 新しい職場に異動した後に高ストレスと判定された場合には、新しい職務に慣れていないこと、職務の時間配分がうまくいかないことなどから時間外労働や休日労働が増加していること、通勤時間が長くなったこと、さらには、家庭内での問題が同時に発生していること、などが相俟って高ストレスとなっている場合が見受けられます。このような場合には、一定の期間、時間外労働や休日労働を制限することで高ストレス状況が改善することもあります。迅速な職務上の配慮が、メンタルヘルス不調の発症ならびに長期の休職を防止することにつながる可能性は高いといえます。就業上の措置について、面接指導を担当する医師が、高ストレス者の管理監督者の理解を得るように情報を提供することが求められます。

- 上司や同僚との人間関係やコミュニケーションの問題が発生している場合には、直属の上司との面談は本人の同意が得られない場合が多いことから、本人の同意を得た上で人事担当者などの協力を得て解決策を見出すことが求められることになります。保健指導やカウンセリング等が必要となる場合もあります。

- 職務不適応に起因する高ストレス判定であると推察される場合には、対象者から職務の変更を求める発言がなされますが、異動については人事上の課題であることから人事担当者との詳細な打ち合わせが必要となる一方、異動そのものがさらに現状のストレス状況を緩和しない場合もあることなどについて説明することも必要です。本人の強い異動願望があったとしても新たな職務に十分適応できるかどうかの判断は難しいといえます。できれば職務の内容について管理監督者を交えて配慮可能かどうかをまず検討し、その後職務不適応状況が継続するようであれば、異動について検討することになります。

面接による評価を踏まえた本人への指導・助言

以上の手順を踏んだ後に、労働者に対して具体的な指導・助言を行います。

【指導・助言の内容と実際】
- まず、心の健康に関する情報は機微な情報であることに留意し、傾聴する姿勢が重要です。ストレスの要因は、業務外の出来事も含め、多岐にわたります。事前の資料情報とともにその場で聴取した状況から医学的に評価した結果をもとに、対象者に対して、生活上、産業保健上の観点から具体的に指導・助言します。
- 可能な範囲で、労働者の相談に乗り、必要なアドバイスをし、早期解決を目指してサポートします。相談には、医師の産業保健上の知識や経験のみならず、ストレス反応、ストレッサー、ストレスコーピングに関する知識や経験も重要です。また、対象者はストレス症状を呈するほど高ストレス状態にあるため、例えば身体症状のみが前面に出て自覚がない場合、極端に深刻に受け止める場合、他罰的な反応を示す場合など、指導・助言に対する反応も一様ではありません。
- 面接指導による評価は、あくまでもセルフケアの指導・助言と専門医療機関への受診勧奨の要否を判定するにとどまり、うつ病等の診断を行うものではありません。面接指導の結果によっては、専門医療機関への受診を勧め、必要であれば、紹介状を作成します。既に受診中の場合には継続的受診を指導します。受診勧奨においても対象者が受診の必要性を十分理解できるよう対象者に合わせた説明が重要です。疲労や抑うつ、不安などが業務に関連しない個人的な要因によると認められる場合にも、ストレスの程度を判定して、必要な助言、保健指導や事業場外の支援機関の紹介等を行います。
- 専門医療機関への受診の勧め方として以下の例を挙げることができます。

    ①話をよく聞いた（傾聴した）後に受診を勧奨
      「心配ですね。一度、専門の病院へ紹介しましょうか。」
      「まずは眠れることが大事だから、睡眠の相談に行ってみてはいかがでしょう。」
      「疲れやすいのは身体の不調のサインかもしれません。専門医の診察を受けてみませんか。」
      「ストレスがたまると体調を崩しかねないので、大事にならないうちに受診してみませんか」
      「今の不調が病気のせいなら治療すれば治るのだから、専門医に診てもらいませんか」
    ②受診を拒否する場合
      「健診結果も併せてみると、身体症状がありますので、受診が必要ですよ。」
      「何ともないかもしれませんが、念のため早めに受診して確認しておいてはいかがでしょう。」
      「紹介状を書いて、状況を十分連絡しておきますので、心配しなくていいですよ」
    ③不調自体を否定する労働者に対して
      「あなたのことを心配しています。放っておくと病気になることがありますから」
      「体に現れる SOS には耳を傾けた方がいいですよ。自分を大事にしてください」

○ 専門医療機関への紹介に当たっては、紹介の目的と費用負担についても先方に伝えることが望まれます。

個人情報の保護と事業者への報告についての同意　※P105 も参照のこと

○　面接指導における個人情報の取扱いについては、「雇用管理に関する個人情報のうち健康情報を取り扱うに当たっての留意事項」（平成 16 年 10 月 29 日基発第 1029009 号、平成 27 年 11 月 30 日改正）に基づく必要があります。また、面接指導を行うに当たり、面接指導の結果（個人情報）をどのように利用するか、労働者に説明し、同意を得ることが望まれます。

　　とくに、対象者が、医師の質問に対してその範囲を超えて面接指導に不必要な個人情報まで話した場合に、聴取した内容のうち事業者に報告すべきこと、また、報告したほうがよいと判断した内容がある場合には、面接の最後に、対象者の同意を得ることが必要です。

○　また、面接指導を担当する医師として、面接指導の結果、就業面の配慮や職場環境の改善が必要であると判断した場合には、事業者に意見を述べることになることを、対象者に伝えておく必要があります。医師が面接指導で聴取した内容のうち、対象者の安全や健康を確保するために事業者に伝える必要がある情報については、事業者が適切な措置を講じることができるように詳細な内容を除いて労務管理上の情報として提供しますが、事業者への意見提出においては対象者の意向への十分な配慮が必要です。

医療機関等との連携と産業保健スタッフによるフォローアップ

○　面接指導において、メンタルヘルス不調者を把握した場合など、必要がある場合は、医師の判断により、産業保健スタッフによる継続的な対応を行うことが望まれます。メンタルヘルスに関する研修を受講するなど、資質の向上に努めましょう。

○　面接指導を経て専門医療機関の受診を開始した労働者については、診療環境が混乱しないよう、受診先に任せましょう。専門医療機関を受診するようになった場合、対象者の職場での状況等について主治医に情報を一方的に提供するのみならず、職場環境等について主治医と意見交換、情報交換を行って、連携して労働者を支援しましょう。また、支援に当たっては、必要に応じて人事労務管理者、管理監督者との情報交換・連携も必要です。ただし、これらの情報交換は本人の同意を得て行わなければなりません。

○　受診先から職場でのフォローを要請された場合には、情報交換を密にしながら、保健指導等を実施しましょう。

○　受診勧奨を行ったにもかかわらず医療機関受診に至らなかった労働者であって、継続的な保健指導が必要な場合には、一応フォローアップしたうえで、改善がみられなければ、繰り返し受診を勧奨しましょう。

■産業医による面談の実施事例

定期健康診断時に職業性ストレス簡易調査票を用いたストレスチェックを実施し定期健康診断結果とストレス度の評価について通知し、引き続いて産業医面談を実施した事例を以下に示します。

【事例①　40歳代前半　入社20年目の男性　エンジニア　家族は妻・子供2人】

〈ストレスチェック〉-判定：高ストレス

ストレスの原因として考えられる因子；働き甲斐、仕事適性度

〈産業医面談〉

7月に管理職（マネジャー）に昇格。ほぼ同時期に規模の大きなプロジェクトの担当となり、急に仕事の量が増え、責任が増大した。9月頃から朝のしんどさを強く感じるようになり、休日も仕事のことが頭を離れないようになった。思考力・集中力・意欲も低下し、朝出勤時の気分の落ち込みも出現した。また、夜間の中途覚醒が増加し、日中も眠気を自覚するようになり、月曜日に会社に行くのが特につらく感じるようになった。上司にはだいぶ前に体調不良のことについて話したが、何ら具体的には対応してもらえず、現状はそのことすら忘れているように思うとのことである。心配した家族の勧めで最近心療内科を受診し、睡眠導入剤の処方を受け始めた。明日再度受診する予定になっているという。

産業医としては、高ストレスであり、心身の症状もあることから、今後上司も交えた面談が必要と考え、本人の同意を得た上で就業上の配慮と、当日人事労務担当部長に就業に関する主治医からの意見書の必要性の検討について連絡した。現時点では業務用車両の運転もあり、この段階ではできるだけ控えるように本人に伝えた。人事労務担当部長も速やかに就業上の配慮の必要性を認識し、人事労務担当部長の依頼で健診当日に産業医から本人にこれを説明し、主治医の就業に関する意見書の提出を求めた。

〈その後の経過〉

主治医の診断は、『適応障害』で、主治医の就業に関する意見書が本人と上司を経由し、人事労務に提出され、速やかに産業医面談を実施することとした。面談の結果、産業医より、下記①〜③の内容とともに、残業については深夜勤務は避け、可能な限り少なくするよう人事労務担当部長に助言した。これを踏まえ人事労務として本人に対しては以下の①から④の配慮を、組織に対しては人員増加の対応をとる方針をうちだした。

① 大きなプロジェクト担当から外すこと
② マネジャー職を外すこと
③ 業務車両の運転については制限すること
④ 就業時間については、規則正しい睡眠を確保するために、深夜勤務は不可とし、週40時間を超える時間外休日労働時間を月20時間以内とすること（1日当たり2時間以内）

その後、内服薬も調整され、睡眠時間及び中途覚醒も消失し、気持ちも楽になったとの本人からの声も聞くことができ、現在就業は継続し、症状は回復に向かっている。

【事例②　20歳代前半　入社1年目の女性　営業職　未婚】

<ストレスチェック>判定：高ストレス

ストレスの原因と考えられる因子；働き甲斐、仕事の適性度、自覚的な身体負担度

<産業医面談>

　もともと、美容系の仕事につきたかったが、両親が反対し父親が入社を決めた。入社前から体調不良であったが、さらに入社後体調悪化し、朝は起床しても身体がだるく、通勤のために電車に乗ると目が回るなどの症状が続き、その結果ほぼ毎朝遅刻していた。
　本人にはこのままの状況では、体調も悪化する可能性が高く、まずは心療内科を受診し、心身の不調について専門医の判断を仰ぎ、また、父親に自分の本当の気持ちを話してはどうかと勧めることにした。
　産業医としては、心療内科の受診をすすめ、本人も納得のうえ、受診に至った。

<保健指導>

　産業医の指示にて保健師が保健指導を実施。
　心療内科を予約したが受診まで時間があったため、その間に保健師から本人への体調確認（睡眠・食事の状況含めた生活リズム）とその時の対処について指示した。
　受診の結果、現在の体調では勤務継続は不可能であるとの主治医の診断の下、主治医より、本人に休職を勧め、本人もこれに同意した。
　休職中は家族と主治医の下、治療が継続されたが、定期的に人事労務及び本人と連絡をとり、回復状況を確認するよう保健師に指示した。
　休職の経過中、体調の回復が少し見えた状況で主治医と相談の上、生活リズム記録をつけることも効果的であることを説明するよう保健師に指示した（生活リズム記録は主治医から勧められることもあるが今回はなかったため）。

<その後の経過>

　主治医の診断は、『適応障害』で精神療法及び内服加療が開始された。本人は美容系の仕事につく夢が捨てきれず、退職も考えたとのことであったが、主治医は、今は病気であり、人生を左右する重大な決定はしないほうが望ましいと本人に伝え、主治医は一旦休職を勧めた。その間に、体調を回復させるとともに、父親ともきちんと話し合い、本人は復職する意思決定を下した。
　その後は復職に際して、就業に関する意見書をもとに、上司の協力を得て職場の環境調整を図るとともに、定期的な受診の継続（少量頓服の内服加療）により、復職後も休むことなく就業している。
　その後受診継続はしているが、内服もなく、ほぼ通常勤務の状態まで回復している。

参考1　ストレスチェック制度　実施マニュアル

【事例③ 50歳代後半 男性 製造業 家族は妻・子供3人】

<ストレスチェック>判定：高ストレス
　ストレスの原因と考えられる因子；心理的な仕事の負担（質）

<産業医面談>
　2年前よりチームの業務量が徐々に増えつつあり、メンバー皆が忙しくなってきた。もとより非常に几帳面な性格で仕事の完成度も高く、期日も少し余裕を残して仕上げていた。しかし、5月より自分の専門分野外の大きなプロジェクトのとりまとめの責任者となり、日々の仕事の量もかなり増えてきた。12月に入り、睡眠が以前よりやや浅くなるも時間としては6時間と変わらずであった。12月のある朝突然、『なぜ会社に行かなければならないのか』と思い、通勤時大勢の人の中を歩くのがうっとうしく、『人にぶつかりたい』『このまま飛び込んだら楽になるかもしれない』とふと考えが頭をよぎるも、もう1人の冷静な自分がその感情を抑えるよう諭したと話した。その後10日ほどは全くこのような感情及び行動も感じなかったとのことだった。本人に精神科受診の必要性を説明するとともに、本人も受診を希望したため、その日にすぐ受診した。

<その後の経過>
　主治医の診断は、『適応障害』であった。主たる要因は、専門分野外である大きなプロジェクトのとりまとめの責任者であることが考えられた。本人は上司にも上記症状を自ら話していたため、就業に関する主治医の意見書の提出にも同意した。数日後、人事労務、上司、本人と就業に関する主治医からの意見書（①環境調整及び②内服開始の必要性③その他、時間外勤務等には配慮の意見はなし）をもとに産業医面談を実施した。内服により睡眠の質は改善し、精神的に楽になったとのことであった。昼間の眠気もなし。一方、環境調整としては、プロジェクトに専門家を人員補充し、一人で抱えることのないように、人的サポートと指示系統の整理（上司からより具体的な指示）を行い、本人は回復に向かっている。

（5） 面接指導の結果についての医師からの意見の聴取

（面接指導の結果についての医師からの意見聴取）
第52条の19　面接指導の結果に基づく法第66条の10第5項の規定による医師からの意見聴取は、面接指導が行われた後、遅滞なく行わなければならない。

（規則より抜粋）

○　面接指導の結果についての医師からの意見聴取
　　法第66条の10第5項の規定に基づき、事業者が医師から必要な措置についての意見を聴くに当たっては、面接指導実施後遅滞なく、就業上の措置の必要性の有無及び講ずべき措置の内容その他の必要な措置に関する意見を聴くものとする。具体的には、次に掲げる事項を含むものとする。
ア　下表に基づく就業区分及びその内容に関する医師の判断

就業区分		就業上の措置の内容
区分	内容	
通常勤務	通常の勤務でよいもの	
就業制限	勤務に制限を加える必要のあるもの	メンタルヘルス不調を未然に防止するため、労働時間の短縮、出張の制限、時間外労働の制限、労働負荷の制限、作業の転換、就業場所の変更、深夜業の回数の減少又は昼間勤務への転換等の措置を講じる。
要休業	勤務を休む必要のあるもの	療養等のため、休暇又は休職等により一定期間勤務させない措置を講じる。

イ　必要に応じ、職場環境の改善に関する意見

（ストレスチェック指針より抜粋）

<解説>

意見を聴く医師
○　面接指導を実施した医師（当該事業場の産業医が望ましい）から意見を聴取することが適当です。なお、当該医師が、事業場外の精神科医や心療内科医である場合など事業場で選任されている産業医以外の者であるときは、必ずしも労働者の勤務状況や職場環境など、当該事業場の状況を把握していないことも考えられるので、事業場で選任されている産業医からも、面接指導を実施した医師の意見を踏まえた意見を聴くことが適当です。

意見を聴く時期
○　面接指導を実施した後、遅滞なく意見を聴く必要があり、遅くとも1月以内には聴くようにしましょう。ただし、労働者のストレスの程度等の健康状態から緊急に就業上の措置を講ずべき必要がある場合には、可能な限り速やかに意見聴取が行われる必要があります。

意見の内容

○ 医師は、意見を述べるに当たっては、就業上の措置だけにとどまらず、必要に応じて、作業環境管理、作業管理、健康管理の徹底、セルフケアやラインケアに関する労働衛生教育の充実、過重労働対策やメンタルヘルスケア体制の確立等、労働安全衛生管理体制の見直しなどについても含めることが望ましいでしょう。

○ 職場環境の改善に関する意見は、人事労務管理に関わるものが多いため、人事労務担当者や管理監督者とも連携して対応することが重要です。また、上司のパワーハラスメントなど、職場の人間関係に問題があることも考えられますので、情報管理も含め人事労務担当者と連携した慎重な対応が必要になります。

（6） 就業上の措置の決定と実施

（心理的な負担の程度を把握するための検査等）
第 66 条の 10
6 　事業者は、前項の規定による医師の意見を勘案し、その必要があると認めるときは、当該労働者の実情を考慮して、就業場所の変更、作業の転換、労働時間の短縮、深夜業の回数の減少等の措置を講ずるほか、当該医師の意見の衛生委員会若しくは安全衛生委員会又は労働時間等設定改善委員会への報告その他の適切な措置を講じなければならない。

(法より抜粋)

○ 就業上の措置の決定及び実施

法第 66 条の 10 第 6 項の規定に基づき、事業者が労働者に対して面接指導の結果に基づく就業上の措置を決定する場合には、あらかじめ当該労働者の意見を聴き、十分な話し合いを通じてその労働者の了解が得られるよう努めるとともに、労働者に対する不利益な取扱いにつながらないように留意しなければならないものとする。なお、労働者の意見を聴くに当たっては、必要に応じて、当該事業場の産業医等の同席の下に行うことが適当である。

事業者は、就業上の措置を実施し、又は当該措置の変更若しくは解除をしようとするに当たっては、当該事業場の産業医等と他の産業保健スタッフとの連携はもちろんのこと、当該事業場の健康管理部門及び人事労務管理部門の連携にも十分留意する必要がある。また、就業上の措置の実施に当たっては、特に労働者の勤務する職場の管理監督者の理解を得ることが不可欠であることから、事業者は、プライバシーに配慮しつつ、当該管理監督者に対し、就業上の措置の目的及び内容等について理解が得られるよう必要な説明を行うことが適当である。

また、就業上の措置を講じた後、ストレス状態の改善が見られた場合には、当該事業場の産業医等の意見を聴いた上で、通常の勤務に戻す等適切な措置を講ずる必要がある。

(ストレスチェック指針より抜粋)

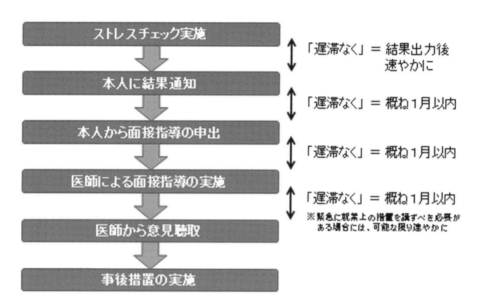

（7） 結果の記録と保存

（面接指導結果の記録の作成）
第52条の18　事業者は、面接指導の結果に基づき、当該面接指導の結果の記録を作成して、これを五年間保存しなければならない。
2　前項の記録は、前条各号に掲げる事項のほか、次に掲げる事項を記載したものでなければならない。
　①　実施年月日
　②　当該労働者の氏名
　③　面接指導を行つた医師の氏名
　④　法第66条の10第5項の規定による医師の意見

（規則より抜粋）

○　結果の記録及び保存

　規則第52条の18第2項の規定に基づき、事業者は、面接指導の結果に基づき、次に掲げる事項を記載した記録を作成し、これを5年間保存しなければならない。なお、面接指導結果の記録の保存について、電磁的記録による保存を行う場合は、7（5）（注：本マニュアルの6（6））の電磁的記録による保存を行う場合の取扱いと同様とする。
　①　面接指導の実施年月日
　②　当該労働者の氏名
　③　面接指導を行った医師の氏名
　④　当該労働者の勤務の状況
　⑤　当該労働者の心理的な負担の状況
　⑥　その他の当該労働者の心身の状況
　⑦　当該労働者の健康を保持するために必要な措置についての医師の意見

（ストレスチェック指針より抜粋）

<解説>

- ○　面接指導結果の記録の作成に当たっては、面接指導を実施した医師は、当該労働者の健康を確保するための就業上の措置を実施するため必要最小限の情報に限定して事業者に情報を提供する必要があり、診断名、検査値、具体的な愁訴の内容等の生データや詳細な医学的な情報は事業者に提供してはいけません。

- ○　面接指導結果の記録は、規則第52条の17各号及び第52条の18第2項各号の事項（上記①～⑦の事項）が記載されたものであれば、面接指導を実施した医師からの報告をそのまま保存することで足ります。

- ○　面接指導の結果に基づく記録の作成についての様式は任意です。次頁に面接指導結果報告書及び就業上の措置に関する意見書の様式例を示します。（「長時間労働者、高ストレス者の面接指導に関する報告書・意見書作成マニュアル」より）

<具体例・様式例>

本報告書および意見書は、改正労働安全衛生規則の規定（事業者はストレスチェック結果に基づき申し出があり面接指導を行った場合、その結果の記録を作成し、これを5年間保存すること。）に基づく面接指導の結果の記録に該当するものです。プライバシーに留意して、医療情報を加工して記載し事業者に提出しましょう。

面接指導結果報告書 及び 事後措置に係る意見書（例）

面接指導結果報告書

対象者	氏名		所属	
			男・女	年齢　　歳

勤務の状況（労働時間、労働時間以外の要因）	
心理的な負担の状況	（ストレスチェック結果） A. ストレスの要因　　　点 B. 心身の自覚症状　　　点 C. 周囲の支援　　　点　　　（医学的所見に関する特記事項）
その他の心身の状況	0. 所見なし　　1. 所見あり（　　　　　　　　　　　）
面接医師判定　本人への指導区分　※複数選択可	0. 措置不要 1. 要保健指導 2. 要経過観察 3. 要再面接（時期：　　　　　） 4. 現病治療継続　又は　医療機関紹介　　　（その他特記事項）

就業上の措置に係る意見書

就業区分	0. 通常勤務　　1. 就業制限・配慮　　2. 要休業	
就業上の措置	労働時間の短縮（考えられるものに○）	0. 特に指示なし／4. 変形労働時間制または裁量労働制の対象からの除外 1. 時間外労働の制限　　　時間／月まで／5. 就業の禁止（休暇・休養の指示） 2. 時間外労働の禁止／6. その他 3. 就業時間を制限　　時　分～　時　分
	労働時間以外の項目（考えられるものに○を付け、措置の内容を具体的に記述）	主要項目　a. 就業場所の変更　b. 作業の転換　c. 深夜業の回数の減少　d. 昼間勤務への転換　e. その他 1) 2) 3)
	措置期間	日・週・月　　又は　　　年　月　日～　年　月　日
職場環境の改善に関する意見		
医療機関への受診配慮等		
その他（連絡事項等）		

医師の所属先		年　月　日（実施年月日）	印
	医師氏名		

参考1　ストレスチェック制度　実施マニュアル

8　ストレスチェック結果に基づく集団ごとの集計・分析と職場環境の改善

- ✓ 実施者は個人のストレスチェック結果を集団ごとに集計・分析し、職場ごとのストレスの状況を把握します。
- ✓ 集団ごとの集計・分析の結果は実施者から事業者に通知され、事業者は職場環境の改善のための取り組みを行います。

（検査結果の集団ごとの分析等）
第52条の14　事業者は、検査を行つた場合は、当該検査を行つた医師等に、当該検査の結果を当該事業場の当該部署に所属する労働者の集団その他の一定規模の集団ごとに集計させ、その結果について分析させるよう努めなければならない。
2　事業者は、前項の分析の結果を勘案し、その必要があると認めるときは、当該集団の労働者の実情を考慮して、当該集団の労働者の心理的な負担を軽減するための適切な措置を講ずるよう努めなければならない。

（規則より抜粋）

○　集団ごとの集計・分析の実施
　　事業者は、規則第52条の14の規定に基づき、実施者に、ストレスチェック結果を一定規模の集団ごとに集計・分析させ、その結果を勘案し、必要に応じて、当該集団の労働者の実情を考慮して、当該集団の労働者の心理的な負担を軽減するための適切な措置を講じるよう努めなければならない。このほか、集団ごとの集計・分析の結果は、当該集団の管理者等に不利益が生じないようその取扱いに留意しつつ、管理監督者向け研修の実施又は衛生委員会等における職場環境の改善方法の検討等に活用することが望ましい。
　　また、集団ごとの集計・分析を行った場合には、その結果に基づき、記録を作成し、これを5年間保存することが望ましい。

○　集団ごとの集計・分析結果に基づく職場環境の改善
　　事業者は、ストレスチェック結果の集団ごとの集計・分析結果に基づき適切な措置を講ずるに当たって、実施者又は実施者と連携したその他の医師、保健師、看護師若しくは精神保健福祉士又は産業カウンセラー若しくは臨床心理士等の心理職から、措置に関する意見を聴き、又は助言を受けることが望ましい。
　　また、事業者が措置の内容を検討するに当たっては、ストレスチェック結果を集団ごとに集計・分析した結果だけではなく、管理監督者による日常の職場管理で得られた情報、労働者からの意見聴取で得られた情報及び産業保健スタッフによる職場巡視で得られた情報等も勘案して職場環境を評価するとともに、勤務形態又は職場組織の見直し等の様々な観点から職場環境を改善するための必要な措置を講じることが望ましい。このため、事業者は、次に掲げる事項に留意することが望ましい。
　①　産業保健スタッフから管理監督者に対し職場環境を改善するための助言を行わせ、産業保健スタッフと管理監督者が協力しながら改善を図らせること。
　②　管理監督者に、労働者の勤務状況を日常的に把握させ、個々の労働者に過度な長時間労働、疲労、ストレス又は責任等が生じないようにする等、労働者の能力、適性及び職務内容に合わせた配慮を行わせること。

（ストレスチェック指針より抜粋）

<解説>

集団ごとの集計・分析の実施

○ 一次予防を主な目的とする制度の趣旨を踏まえ、労働者本人のセルフケアを進めるとともに、職場環境の改善に取り組むことが重要です。ストレスチェックの結果を職場や部署単位で集計・分析することにより、高ストレスの労働者が多い部署が明らかになります。この結果、当該部署の業務内容や労働時間など他の情報と合わせて評価し、事業場や部署として仕事の量的・質的負担が高かったり、周囲からの社会的支援が低かったり、職場の健康リスクが高い場合には、職場環境等の改善が必要と考えられます。集団ごとの集計・分析及びその結果に基づく対応は、規則に基づく事業者の努力義務とされていますので、職場のストレスを低減させるため、できるだけ実施するようにしましょう。

集団ごとの集計・分析の方法

○ 集団ごとの集計・分析の具体的な方法は、使用する調査票（ストレスチェック項目）により異なりますが、国が標準的な項目として示す「職業性ストレス簡易調査票」（57項目）又は簡略版（23項目）を使用する場合は、「職業性ストレス簡易調査票」に関して公開されている「仕事のストレス判定図」によることが適当です。

○ 独自の項目を用いる場合には、「仕事のストレス判定図」を参考としつつ、これまでの研究や実践事例を参考としながら各企業において適切な集計・分析方法を定めるようにしてください。

○ 集団ごとの集計・分析結果は、個人ごとの結果を特定できないため、労働者の同意を取らなくても、実施者から事業者に提供して差し支えありません。ただし、集計・分析の単位が10人を下回る場合には個人が特定されるおそれがあることから、原則として、集計・分析の対象となる労働者全員の同意がない限り、集計・分析結果を事業者に提供してはいけません。

○ 「一定規模の集団」とは、職場環境を共有し、かつ業務内容について一定のまとまりをもった部、課などの集団であり、具体的に集計・分析を行う集団の単位は、事業者が当該事業場の業務の実態に応じて判断します。

※ 集団ごとの集計・分析を行う際の下限人数の10人は、在籍労働者数ではなく、実際の受検者数（有効なデータ数）でカウントするものとし、例えば、対象とする集団に所属する労働者の数が10人以上であっても、その集団のうち実際にストレスチェックを受検した労働者の数が10人を下回っていた場合は、集団的な分析結果を事業者に提供してはいけません。こうした場合は、より上位の大きな集団単位で集計・分析を行うなど工夫しましょう。

※ **集団ごとの集計・分析に関する下限人数の例外**

集団ごとの集計・分析の方法として、例えば、職業性ストレス簡易調査票の57項目の全ての合計点について集団の平均値だけを求めたり、「仕事のストレス判定図」（P87）を用いて分析したりするなど、個人特定につながり得ない方法で実施する場合に限っては、10人未満の単位での集計・分析を行い、労働者の同意なしに集計・分析結果を事業者に提供することは可能です。

ただし、この手法による場合であっても、2名といった極端に少人数の集団を集計・分析の対象とすることは、個人特定につながるため不適切です。

集団ごとの集計・分析結果の保存

○ 集団ごとの集計・分析結果は、経年変化をみて職場のストレスの状況を把握・分析することも重要であることから、事業者が5年間保存することが望ましいでしょう。

集団ごとの集計・分析結果に基づく職場環境の改善

○ 集団ごとの集計・分析の手法として、国が標準的な項目として示す「職業性ストレス簡易調査票」に関して公開されている「仕事のストレス判定図」を用いた場合、部・課・グループなどの分析対象集団が、これまでの研究成果から得られている標準集団に比べて、どの程度健康リスクがあるのかを判定することができます。こうしたことを踏まえ、事業者は産業医と連携しつつ、集団ごとの集計・分析結果を、各職場における業務の改善、管理監督者向け研修の実施、衛生委員会における具体的な活用方法の検討などに活用しましょう。

○ 措置を講ずるに当たっては、医師、保健師等の実施者やその他の有資格者、産業カウンセラーや臨床心理士等の心理職から意見を聴くとよいでしょう。

○ 一方で、集団ごとの集計・分析の結果は、集計・分析の対象となった集団の責任者にとってはその当該事業場内における評価等につながり得る情報であり、無制限にこれを共有した場合、当該責任者等に不利益が生じるおそれもあることから、事業場内で制限なく共有することは不適当です。集団ごとの集計・分析の方法、分析結果の利用方法（集団ごとの集計・分析結果の共有範囲を含む。）等については、衛生委員会で審議した上で、あらかじめ各事業場での取扱いを社内規程として策定することが必要です。

<具体例・様式例>

1）仕事のストレス判定図を用いた集団的な分析の実施方法

　集団的な分析については、「職業性ストレス簡易調査票」またはこのマニュアルに掲載されている簡略化した調査票を使用する場合は、「仕事のストレス判定図」を用いて行います。

　仕事のストレス判定図は、事業場全体、部や課、作業グループなどの集団を対象として心理社会的な仕事のストレス要因の程度と、これらが労働者の健康に与える影響の大きさを評価する方法です。仕事のストレス判定図は、2つの図からなっています。ひとつは、仕事の量的負担と仕事のコントロール（仕事の裁量権）を要因としてプロットされる「量—コントロール判定図」、もうひとつは、上司の支援と同僚の支援から作成される「職場の支援判定図」です。

　仕事のストレス判定図の使用にあたっては、ストレスチェックの回答者それぞれについて、職業性ストレス簡易調査票の「仕事の量的負担」「コントロール」「上司支援」「同僚支援」の4つの尺度（各3項目、合計12項目）の得点を計算します。この場合に、各項目には、そうだ=4点、まあそうだ=3点、ややちがう=2点、ちがう=1点、あるいは非常に=4点、かなり=3点、多少=2点、全くない=1点を与えることに注意します。判定図を作成しようとする集団について、これら4つの得点の平均値を計算し、仕事のストレス判定図の上にプロットします。平均値の計算および仕事の判定図の作成を自動的に行うプログラムを用いることもできます。

　プロットされた集団の位置を、仕事のストレス判定図上で標準集団（全国平均）と比較することで、その集団における仕事のストレス要因の特徴を全国平均とくらべて知ることができます。また仕事のストレス判定図上の斜めの線は、仕事のストレス要因から予想されるや疾病休業などの健康問題のリスクを標準集団の平均を100として表しているものです。例えば、ある集団の位置が健康リスク120の線上にある場合には、その集団において健康問題が起きる可能性が全国平均とくらべて20%増加していると判断できます。これまでの調査事例では、健康リスクが120を越えている場合には何らかの、仕事のストレスに関する問題が職場で生じている場合が多いので、評価の際の参考となります。

　仕事のストレス判定図では、男女別に判定図が用意されています。しかしストレスチェックでは、性別の情報を調査しない場合もあります。性別にわけて集計することで1分析単位あたりの回答者数が少数となり分析が困難となる場合もあります。このような場合には男女を区別せず、男性の判定図を使用します。ただし、女性のデータを男性の判定図にあてはめた場合、量的負担と仕事のコントロールによる健康リスク値がどちらかといえば過大に評価される可能性があるので注意します。

　仕事のストレス判定図の使用にあたっては、いくつか注意が必要です。産業保健スタッフと相談しながら評価を行うことが望まれます。仕事のストレス判定図では、仕事のストレスの4つの側面しか評価していません。判定図にとりあげられていないストレス要因があることも考慮すべきです。仕事のストレス判定図から計算される健康リスクは仕事のストレスに関するリスク程度の1つの指標であり、これを参考にしながら、他の情報も考慮して総合的にリスク評価を行うことが適切です。例えば、健康診断データの集計結果、職場巡視、労働者や職場上司からの聞き取りなども同時に活用することが望ましいです。[7]

　職業性ストレス簡易調査票には、仕事のストレス判定図に使用される以外の尺度が含まれています。これらの尺度についてもその平均値を集団として求め、全国平均値と比較することで、仕事のストレス判定図よりもさらに詳細に仕事のストレス要因や心身のストレス反応の集団としての特徴を評価することができます。

---

[7]（参考）職業性ストレス簡易調査票と仕事のストレス判定図についての詳細
　東京医科大学公衆衛生学分野ホームページ（http://www.tmu-ph.ac/topics/stress_table.php）
　東京大学事業場のメンタルヘルスサポートページ（http://mental.m.u-tokyo.ac.jp/jstress/）

参考1　ストレスチェック制度　実施マニュアル

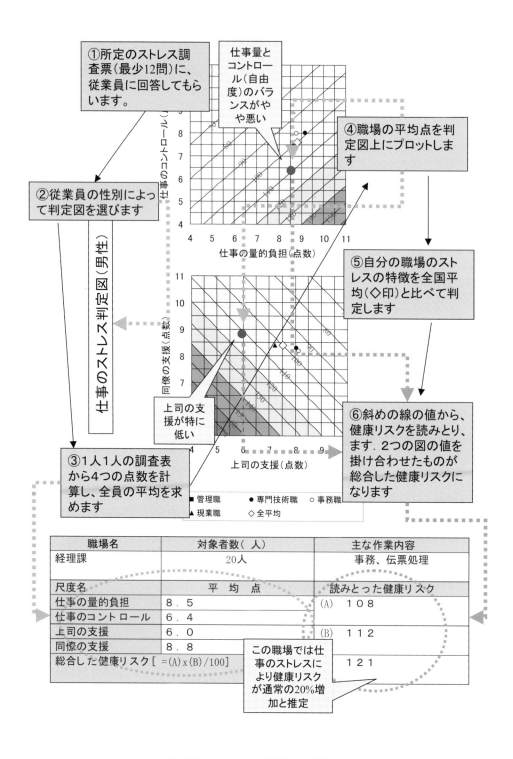

図　仕事のストレス判定図の使用方法

2）仕事のストレス判定図等を活用した職場改善の取組み

（ア）職場環境等の改善とは

　職場環境等の改善とは、職場の物理的レイアウト、労働時間、作業方法、組織、人間関係などの職場環境を改善することで、労働者のストレスを軽減しメンタルヘルス不調を予防しようとする方法です。改善の対象となる職場環境にはさまざまなものが含まれます。仕事のストレスに関する代表的な理論である「仕事の要求度－コントロールモデル」では、仕事の要求度（仕事量や責任など）と仕事のコントロール（裁量権）のバランス、特に仕事の要求度に見合うように仕事のコントロールを与えることが重要であるとされています。米国職業安全保健研究所(NIOSH)は、職場環境等の改善を通じたストレス対策のポイントとして、①過大あるいは過小な仕事量を避け、仕事量に合わせた作業ペースの調整ができること、②労働者の社会生活に合わせて勤務形態の配慮がなされていること、③仕事の役割や責任が明確であること、④仕事の将来や昇進・昇級の機会が明確であること、⑤職場でよい人間関係が保たれていること、⑥仕事の意義が明確にされ、やる気を刺激し、労働者の技術を活用するようにデザインされること、⑦職場での意志決定への参加の機会があることをあげています。国際労働機関（ILO）は1992年の報告書で19の事業所のストレス対策事例から、職場レイアウトの改善、人間工学的改善、チームワークや小グループ活動の活性化、作業のローテーション化が効果的であったとしています。

（イ）ストレスチェックに基づく職場環境等の改善

　職場環境等の改善は、「労働者の心の健康の保持増進のための指針」（平成18年3月31日）でもメンタルヘルスケアの具体的進め方の1つとされています。ストレスチェック制度による職場環境改善もまた、事業場の総合的な心の健康づくり計画の一部として実施されるべきです。ストレスチェックに基づく職場職場環境等の改善においては、集団分析の結果を活用した職場環境等の評価、対策の立案、実施、効果評価などについて、事業場ごとに進め方を定めておきます。職場環境等の改善の進め方には、例えば以下のような方法があります。
①主として事業者や（安全）衛生委員会が行う職場環境改善
　事業者が自ら、あるいは（安全）衛生委員会においてストレスチェックの集団分析の結果をもとに労働者のメンタルヘルスに影響を与える職場環境等を評価し、対策を立案し実施します。組織体制や制度を見直したり、関連部署に具体的な対策を指示したりします。集団分析の結果をもとに管理監督者に教育研修を企画することも含まれます。産業保健スタッフ等は事業者や（安全）衛生委員会が行う職場環境等の評価に助言したり、計画の立案を支援します。
②主として管理監督者が行う職場環境改善
　管理監督者に対して担当部署のストレスチェックの集団分析の結果を示し、それぞれの職場で職場環境等を評価し、自主的に対策を立案し実施するように求めます。進捗管理や効果の評価は（安全）衛生委員会等が行います。産業保健スタッフ等は管理監督者に対する面談などを通じて、集団分析結果の読み方や職場環境等の評価の仕方、対策の立案を支援します。
③従業員参加型の職場環境改善
　当該部署のストレスチェックの集団分析の結果をもとに、管理監督者が従業員と話し合いながら、職場環境等の評価と改善のための計画を検討する方法です。後述する従業員参加型の職場環境改善ワークショップなどを行い、従業員の意見を反映した改善計画を作成し実施します。職場環境改善のうちでは、もっとも効果がある方法であるとされています。産業保健スタッフ等は、職場環境改善ワークショップの企画、実施を支援し、計画の実施をフォローアップします。ワークショップでは、従業員の間で活発な意見交換がなされ、有効な改善計画の提案がなされるようにファシリテーターの役目をつとめる場合もあります。

（ウ）効果的な職場環境等の改善のための５つのステップ

ストレスチェックに基づいて効果的な職場環境等の改善を進める手順を以下に述べます。

ステップ１．職場環境等の改善ための体制づくり
　事業場ごとの状況を踏まえて、体制や進め方を選択します。事業者が方針を表明し、（安全）衛生委員会等で審議して、職場環境等の改善の目的、方針、体制、進め方を定めます。目的・方針については、問題指摘型ではなく、問題解決型の取り組みであることを明確にすることが重要です。体制・進め方については、事業者、産業保健スタッフ等、管理監督者および労働者代表が参加する委員会または作業部会を設置し、これを中心に事業場の職場環境等の評価と改善の立案をしてゆく方法が推奨されています。部署ごとの職場環境等の改善は、例えば産業保健スタッフ等の助言や指導により管理監督者が中心となって行う方法、あるいは従業員参加型の職場環境改善による方法によって進めることができます。いずれの場合でも管理監督者に対して方針や進め方を十分に説明し、管理監督者の主体的な関与を引き出すことが重要です。

ステップ２．職場環境等の評価
　ストレスチェックの調査票として職業性ストレス簡易調査票あるいはこのマニュアルに示した簡略化した調査票を用いた場合には、仕事のストレス判定図を使用して部署やグループ別の仕事のストレス要因を集団分析することができます。この他の調査票による場合には、事業場それぞれで根拠に基づいて職場環境等の評価の方法を決定します。しかし仕事のストレス判定図に基づく職場環境等の評価は、労働者の主観的評価の平均に基づいたものであり、必ずしも実際の職場環境等を反映したものにならない場合もあります。これはその他のストレスチェック調査票の回答の集団分析を用いた場合でも同様です。ストレスチェックの集団分析の結果を参考にしながらも、実際の職場の状況について、日常的な職場運営や職場巡視から得られた情報や、管理監督者や労働者からの聞き取りなども総合して職場環境等におけるストレス要因の把握を行うようにします。

ステップ３．職場環境等の改善計画の立案
　ストレスチェックの集団分析を参考にした職場環境等の評価結果に基づいて、事業者や（安全）衛生委員会、あるいは各部署の管理監督者が仕事のストレスを改善するための職場環境等の改善を計画します。産業保健スタッフ等はこれを支援します。事業場外の専門家の支援を受ける方法もあります。

　いずれの場合でも、以下のことが推奨されています。①事前に事業場内外の良好事例を収集し、計画をたてる際の参考にすること。このために事業場内外の良好事例を集めて資料にまとめておくと効果的です。②改善策の検討や実施に労働者が参加できるように工夫すること。事業者や（安全）衛生委員会、あるいは管理監督者が職場環境改善を計画する場合でも、労働者の意見を聴く機会を設けるようにします。労働者参加型のワークショップによる職場環境改善は、労働者が計画立案に直接参加する機会を設けているため効果的です。③心身の負担に関連する職場環境や労働条件に幅広く目配りして改善策を検討すること。作業量や人間関係だけでなく、作業計画への参加と情報の共有、勤務時間と作業編成、円滑な作業手順、作業場環境、職場内の相互支援、安心できる職場のしくみなど広い範囲の職場環境に着目して改善を計画することが効果的です。

　実行性のある改善計画をたてるために、組織の体制や準備状況を考慮することも必要です。改善する内容だけでなく、改善のタイミングやスケジュールについても検討することが大事です。また、すでにある職場の会合を活用することも効果的です。このように職場の状況、時期、資源を考慮して計画を立案します。

　改善計画の検討を支援するツールを活用することも有効です。「職場環境改善のためのヒント集」（「メンタルヘルスアクションチェックリスト」）は、自分の職場に合った職場環境等の改善方法を見つけるためのツールです。ヒント集は従業員参加型の職場環境改善で特に活用できるように作成されています。またヒント集は、産業保健スタッフ等が管理監督者と相談して職場環境改善の計画を検討する場でも活用されています。「メンタルヘルス改善意識調査票」（MIRROR）は、労働者の意見調査により職場環境改

善の計画策定を支援するツールです。これらのツールについては後述します。

ステップ４．対策の実施

　計画が立案されたら、これを実施します。継続的に改善が進むように、(安全)衛生委員会や職場の定期的な会合などを活用して、計画が予定どおりに実行されているか、実施上の問題はおきていないかなどの進捗状況を、定期的に確認します。各部署から(安全)衛生委員会に中間報告の提出を求めたり、３ヶ月、６ヶ月など期間を設定して実施状況や効果を報告してもらうことも効果的です。

ステップ５．効果評価と計画の見直し

　一定期間後に対策の効果を評価し、計画の見直しを検討することを、計画の段階（ステップ１または３）で決めておきます。この際の評価の方法には２種類があります。プロセスの評価（あるいはパフォーマンスの評価）では、計画が決めたとおりに実施されたかどうかを、活動記録や関係者からの聞き取り等によって評価します。もう１つはアウトカム評価で、目的とする結果の指標が改善したかどうかを評価の対象とします。アウトカム評価の指標としては、対策の前後でストレスチェックの集団分析を比較することの他、健康診断、休業などの統計情報の比較、労働者からの感想の収集と分析などがあります。計画どおりに実施できなかったり、目的とした効果を達成できなかった場合には、よりよい対策になるように計画を見直します。うまくいった対策については、好事例として事業場内に周知して活用してもらいます。このように職場環境改善の取り組みを、職場環境の評価と計画立案（Plan）、実施（Do）、評価（Check）および見直し（Act）のサイクルに組み込み、継続的に実施できるようにします。労働安全衛生マネジメントシステム(OSHMS)により継続的な安全衛生管理がなされている事業場では、職場環境改善をその仕組みに乗せるようにします。

３）職場環境改善のためのツール

（ア）　職場環境改善のためのヒント集

　「職場環境改善のためのヒント集」（「メンタルヘルスアクションチェックリスト」）は職場環境改善の好事例を６領域、30項目のヒントにまとめたものです[8]。このヒント集を参考に、現場で、既存の資源を活用しながら低コストで改善できる優先対策を検討できます。

　ヒント集の作成にあたって、国内で行なわれたストレス対策や働きやすい職場づくりに役立った改善事例が200以上収集されました。これらの事例をみると、たとえば「ノー残業を設ける」「毎朝の定例会議を設けた」「係長クラスへ裁量権を一部移譲し、業務の効率化を図った」「応接スペースの灰皿を撤去した」「台車を導入して重量物の移動を楽にした」など、労働時間や勤務形態、作業方法や職場組織、職場の物理化学的環境の改善、休息・休憩設備の充実、健康相談窓口の設置、労働者の努力を評価できる職場のしくみづくりなど、幅広い対策が実施され効果をあげていました。このことから、ヒント集では、幅広い職場環境等に着目して、労働者のメンタルヘルスの向上のための対策の項目例を示すようにしています。ヒント集は、自分の事業場や部署と関連の大きい項目だけを抜き出したり、順番を変えたりして、使いやすいものにしてかまいません。

　従業員参加型の職場環境改善ワークショップでは、このヒント集を使いながら労働者が職場環境等の改善について話し合い、自分たちの職場での課題や対策を具体的に考えることができます。また、優先順位の高い対策ポイントについて意見交換することができます。ヒント集は、産業保健スタッフ等が管理監督者と職場環境等の改善について話し合う際にも活用できます。

---

[8] （参考）ヒント集に関する情報
　　こころの耳（http://kokoro.mhlw.go.jp/manual/）
　　東京大学－事業場のメンタルヘルスサポートページ（http://mental.m.u-tokyo.ac.jp/）

（イ）メンタルヘルス改善意識調査票(MIRROR)

「メンタルヘルス改善意識調査票」（MIRROR）は、労働者の意見調査により職場環境改善の目標と計画を策定することを支援するための質問票です。MIRRORには、職場の望ましい状態が45項目列記されています。労働者に、それぞれの項目を改善目標とする必要性を、「1.実現されており改善は不要」、「2.できれば改善が必要」、「3.ぜひ改善が必要」、あるいは「4.この職場とは関係がない」の4つの選択肢から選んでもらいます。その結果から計算される要望率（「2.できれば改善が必要」、「3.ぜひ改善が必要」の回答の合計割合）および実現率（「1.実現しており改善は不要」）の回答の割合）により、項目の優先ランキング一覧を作成し、これを参考に労働者の職場環境改善のニーズを確認します。要望率と実現率の上位10項目をもとにして、各職場で討議しながら職場環境等の改善の計画を検討します。

MIRRORは職場環境等の改善のプロセス評価にも使用できます。対策の前後で、MIRRORによる調査を実施し、改善活動実施前から実施後への変化を確認することができます。例えば、MIRRORの再調査で、各項目の改善要望率（"改善の必要あり"と回答した者の割合）が減少したり、実現率（"実現しており改善不要"と回答した者の割合）が増加しているなら、改善が効果があったと考えられます。[9]

なお、ヒント集やMIRRORは、ストレスチェックの調査票として使用するものではなく、ストレスチェックの集団分析をもとに職場環境改善を行う際のツールであることに注意してください。

（ウ）従業員参加型の職場環境改善ワークショップの進め方

（1）ワークショップの企画
従業員参加型の職場環境改善ワークショップは、効果的な職場環境改善の計画を立案する手法の1つです。ワークショップの企画にあたっては、まず、どのような目的でこのワークショップを実施するのかを参加者に明らかにします。当該部署から多くの参加者が参加することで職場改善効果が高まるため、労働者が多く参加できるように呼びかけや開催時間の工夫をします。

（2）ワークショップの準備
ワークショップを進行する担当者（ファシリテーター）を決め、打ち合わせをします。参加人数の多い場合には複数のファシリテーターを確保します。会場を確保し、グループワークを想定した机・椅子などの他、以下のものを準備します。
☐ グループワークのタイムテーブル
☐ すでに行われたストレス調査結果
☐ 職場環境改善のためのヒント集（メンタルヘルスアクションチェックリスト）
☐ 液晶プロジェクター、またはＯＨＰ、その他マイクなど視聴覚器材
☐ 改善提案の発表用ＯＨＰシートとＯＨＰペン
☐ 今後の改善計画・担当者記入用シート
☐ 飲みもの、菓子など

（3）ワークショップのプログラム
ワークショップでは、小グループでの討議を積極的に取り入れます。通常2時間から2時間半、最低でも90分の時間が必要です。全体の講義時間に応じて、以下のように時間配分をあらかじめ決めておきます。
　① 担当者（ファシリテーター）による講義（20～40分）：ワークショップの最初に、短い講義を行います。講義は内容により数人で分担してもかまいません。
　② グループ討議（30～60分）：5～8名程度の小グループに分かれて、テーブルについてもらい、小グループごとで討議の進行役、記録係、発表係を決めてもらいます。続いてヒント集を使いながら討論を行ってもらいます。まず、すでに行われている職場の良い点やすでに改善された

---

[9] （参考）MIRRORに関する情報
　　産業医科大学－職場のメンタルヘルス対策ガイド（http://omhp-g.info/envi/envi03.html）

点について意見交換し、「良い点」を最大3つまで発表用のシートに記載してもらいます。つづいてこれから改善すべき点について討議してもらい、改善提案を最大3つまで発表用シートに記載してもらいます。発表用シートに記載する際には、具体的な実施方法についても書き添えてもらうようにします。ファシリテーターは議論が活発になり、時間内に終わるように助言をします。

③ グループ発表と総合討議（約 30 分）：グループごとに結果の発表を行います。ＯＨＰシート等を使って、グループごとに議論の概要と、職場のよい点および改善提案を発表してもらいます。ファシリテーターは、提案内容に助言したり、整理したりします。

④ まとめとフォローアップの方法の確認（約 30 分）：グループの発表が終わったらファシリテーターは職場責任者（管理監督者）の発言を求め、提案の中から優先的に実施するべき改善案について意見をもらい、実施すべき改善計画を決めます。また改善計画ごとに担当者と実施時期を決めます。これをまとめて文書化し、職場全体で共有し、計画を実施します。必要があれば改善計画を効率的に進めるために職場内や人事・労務との相談の機会を持ちます。

従業員参加型の職場環境改善におけるファシリテーターの役割について記載した「メンタルヘルスアクショントレーナーの手引き」が、事業場のメンタルヘルスサポートページ（http://www.jstress.net または http://mental.m.u-tokyo.ac.jp/jstress/ACL/）からダウンロードできます。

【集団的分析の方法と結果の活用方法①】

労働安全衛生マネジメントシステムの中で実施される管理監督者による職場環境改善

ストレスチェックから職場環境改善へ

電気器具製造業のA事業場では場内に3工場が設置され、従業員合計2700人が勤務しています。2003年より労働安全衛生マネジメントシステム（OSHMS）の運用を開始する中で、職業性ストレスの側面から職場環境を評価し改善する活動（以下職場環境改善活動）を実施しています。事業場のトップから「従業員の疲労やストレスを軽減するため職場の環境改善を積極的に推進し、従業員の自主的な健康意識を高める活動を推進する」との基本方針が出されています。

ストレスチェック調査票として、職業性ストレス簡易調査票の他にワークエンゲイジメント、努力報酬不均衡モデル、メンタルヘルス風土尺度（ＷＩＮ）調査票などを併用しています。ストレス調査実施は産業医が行い、個人情報の取扱い方法を定めた上で年1回実施しています。ストレス調査の参加率は毎年99％を超えています。

職場環境改善活動とその効果

職場環境改善は、年間計画を作成し活動を実施しています（表1）。ストレス調査の分析単位は、製造部門ではユニット単位、工程単位、課単位と3段階、その他の部門では、部単位、課単位、また要望があれば課内のグループ単位で実施します。調査結果の管理監督者向け説明会では、産業医が結果を解説した後、現状と今後の対策について管理監督者と意見交換します。管理監督者は職場単位で対策を立案し、職場環境改善活動の計画書を部門のトップあてに提出します。事業場トップ、産業医、安全衛生担当者は対策の実施状況を確認し、安全衛生委員会で報告します。システム監査では、監査員がストレス調査結果が従業員に周知されているか、結果を元に職場で話し合いを行い、その記録が残されているかを確認します。

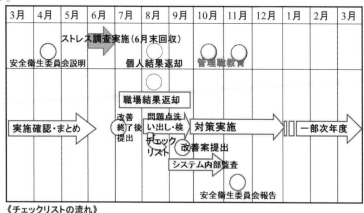

表1　本事例の事業場における職場環境改善の年間計画

取り組みの結果、職場環境改善の提案件数は、2003年の50件から毎年増加し、2014年には463件となりました。仕事のストレス判定図による総合健康リスクは2003年の110から2009年には98まで減少しました。A事業所は、活動がまだ定着していない他の事業場に比べて総合健康リスクは低く、これが持続しています。

本事例のポイント

OSHMSに組み込んだことで職場環境改善の体制や仕組みがうまく機能しています。産業医巡視等で職場から職場環境改善の要望などを聞き取り、評価項目などの定期的な見直しを行うことで、職場環境改善活動自体をスパイラルアップしています。

【集団的分析の方法と結果の活用方法②】

オフィスでの管理監督者および従業員参加型検討会による職場環境改善

ストレスチェックから職場環境改善へ

　B社（従業員約45000人）では、「労働者の心の健康の保持増進のための指針」に基づき「全社心の健康づくり方針」を事業本部長名で表明し、活動施策のひとつとしてストレスチェックの実施と職場環境改善活動の実施が位置づけられています。また、活動の推進は、産業保健スタッフ等、人事労務部門、安全衛生部門が連携して行います。事業所としての取り組みの結果は、本社安全衛生委員会に報告されています。ここでは、オフィス主体の1000人規模の事業所で行われた職場環境改善活動について紹介します。

　ストレスチェックの調査票として、職業性ストレス簡易調査票のほか、組織活力調査票から組織活力と組織資源に関する尺度を用いて、毎年調査を実施しています。職場環境等の把握のため、この結果を産業保健スタッフ等が集計・分析し、課単位の結果は課の管理監督者へ、部単位の結果はその部の部門長へ報告します。人数の多い課へは、年代別、職位別などに分けて集計し、集団の特徴をつかみやすいよう工夫しています。また、事業場単位の結果は、人事労務部門、安全衛生部門と共有しています。結果を所属長へ渡す際には、尺度の見方と職場環境改善の進め方、ツールの使い方に関する教育研修を行っています。

職場環境改善活動とその効果

　対策の立案と実施は、主に課単位で管理監督者を中心として行われます。活動の評価のため、事業所の推進担当者が、年度末に各職場の対策内容と実施状況、今後の見通しを確認しています。管理監督者により行われる対策の例としては、会議の目的や参加者の見直し、自主的な勉強会の実施などがあります。

　希望する管理監督者へは、産業保健スタッフ等から助言・指導および従業員参加型の職場環境改善検討会を実施するための支援を行っています。助言・指導では、産業保健スタッフ等が管理監督者から職場の状況を聞き取り、ストレス調査の結果の読み方や対策のポイントを提案し、具体的な手順を整理する手伝いを行っています。従業員参加型の職場環境改善検討会では、基本的にほぼすべての所属従業員が参加して意見交換を行うこととしています。産業保健スタッフ等は、管理監督者との事前打ち合わせ（30分）、検討会での参加者への趣旨の説明（30分）、グループ討議におけるファシリーテーション（60分）、討議結果の全員での共有（30分）の支援を担当し、また計画立案後も、管理監督者から所属従業員へ対策内容の周知と推進を支援しています。

　検討会を実施した職場（全体の約2割）のほとんどで、翌年に組織活力が向上し心身のストレス反応が低下しました。また上司の支援などの得点が改善していました。管理監督者への助言・指導のみの職場（約3割）では、職場によって結果がばらつく傾向にありました。

本事例のポイント

　産業保健スタッフ等が集計・分析したストレスチェックの結果をもとに、事業場の推進担当者がその進捗を管理しながら、管理監督者を中心として職場環境改善を組織的に進めている事例です。管理監督者への助言・指導を行う際、産業保健スタッフ等の知識と経験のみでは対応が難しいケースが多く、人事労務担当者との連携が必要になる場合もあります。今後は参加型の検討会をより多くの職場へ展開することを目標とし、推進者の育成やツールの活用に取り組んでいます。

【集団的分析の方法と結果の活用方法③】

職場環境改善のためのヒント集を活用した「職場ドック」

参加型職場環境改善「職場ドック」とは

　職場のメンタルヘルスの第一次予防として開始された、高知県職員を対象にした参加型職場環境改善は「職場ドック」と呼ばれるようになり、高知県の職場環境改善の手法として定着しています。この手法はその後、京都府、北海道、人事院等、公務職場などでも活用が広がっています。

　職場ドックは、自分たちで職場を点検し、職場環境を改善していこうという趣旨の取り組みです。全身の健康状態のチェックを行う人間ドックになぞらえてネーミングされています。職場ドックでは、総務部職員厚生課の年度計画に基づき、一定数（手あげ方式）もしくは全数を対象とするなどの方法で複数の対象職場を選定し、職場ごとに従業員による職場検討会ないし任意のグループワークの機会をもちます。この検討会またはグループワークは1回60〜90分程度で、従業員の意見交換により各年度の職場環境改善計画を作成し、時期を決めて計画を実施します（図1）。実施した結果は総務部職員厚生課に報告され、成果報告会もしくは報告書、職場内ニュース、ＨＰなどで周知され、次の職場環境改善の参考になります。

「職場ドック」における職場環境改善活動とその効果

　職場ドックで行う検討会あるいはグループワークでは、職場環境改善のためのヒント集（アクションチェックリスト）（※本文参照、高知県庁では改善チェックシート、職場問診票などとも呼ばれる）が活用されます。職場ドックではこの他にも討論、提案、報告を容易にするさまざまなツールを提供しています。取り組みの評価は、職業性ストレス簡易調査票や、新職業性ストレス簡易調査票から選択した項目を追加して対策の実施前後で職場のストレス状況の変化を調査します。ハイリスク状態が続く職場に対しては、産業保健スタッフが個別に職場訪問し、従業員のヒアリングを行なうなどの支援を行うこともあります。

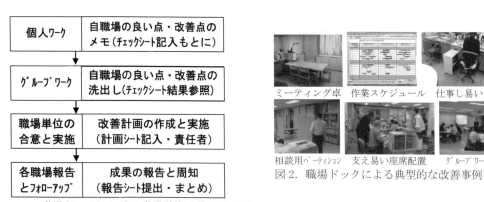

図2．職場ドックによる典型的な改善事例

図1．職場ドックにおける職場単位活動共通手順

本事例のポイント

　職場ドックでは、ヒント集という提案式ツールを活用した短時間のグループワークが鍵となり、ポジティブ志向の職場環境改善の取り組みにつながっています。また複数の職場で並行して実施することが、お互いの情報交換もでき、職場環境改善の促進剤として機能しています。

参考
杉原由紀．高知県庁発「職場ドック」事業の取り組みと持続する活動の成果．労働の科学 2014年 69巻 10号
京都府　職場ドックの取り組み　　http://www.pref.kyoto.jp/kikakuso/documents/2507.pdf
北海道　石狩振興局の職場ドック取り組み改善事例
　http://www.ishikari.pref.hokkaido.lg.jp/ss/nkc/ish060_keijiban_kaigi/h261104_hokubusoudannsitu_1.html

【集団的分析の方法と結果の活用方法④】

小売業における職場環境改善活動

ストレスチェックから職場環境改善へ

C社は、従業員数12,190人(うち正社員5,604人)の小売業(デパート業)であり、首都圏に事業場が分散しているという特徴があります。産業医が、ストレスチェック調査の集団分析の結果を経営層に対して報告したことで職場環境改善の重要性が認識され、会社として取り組むべき施策と位置付けられました。これに従い、安全衛生委員会を通じて職場環境改善の重要性を周知し、各職場における活動を推進することとなりました。

職場環境改善活動とその効果

ストレスチェックは、新職業性ストレス簡易調査票と組織活力調査票を含む質問紙を用いて、ウェブ調査によって実施されています。産業保健スタッフが集団分析を行い、その結果をストレスチェック結果報告会と呼ばれる研修会で産業医から各管理監督者に説明しました。管理監督者には、職場環境結果の見方を説明し、各職場の持つ課題や強みを把握してもらうよう努めました。なお個人が特定できる心配のある少人数の組織については結果を集計していません。また研修会の際に、管理監督者に職場環境改善の方法を研修しました。その後、管理監督者には職場で参加型グループワークを行うか、あるいは管理監督者自身で検討を行って、職場環境改善のポイントをしぼりこみ、優先順位が高い項目に対してヒント集(本文参照)等を用いて具体的な対策を立案してもらいました。対策の内容は所定のフォーマットで産業保健スタッフおよび人事労務部門に提出することになっています。

実施開始から4ヵ月後には、これらの手順が計画通りに進んでいるか、実施上の問題は発生していないか等について管理監督者は中間報告書を提出します。活動の評価は、1年間の最終報告、および次年度のストレスチェック調査により行います。中間報告や最終報告から良好活動事例を把握し、他の職場にも周知し水平展開します。こうした手順で継続的に職場環境改善活動を推進します。

本事例のポイント

ストレスチェックとその結果に基づく職場環境改善を通して、社員のメンタルヘルスおよび職場環境改善(一次予防)への関心が高まりました。最初に経営層や管理職層が職場環境改善に対する重要性について理解を深め、会社全体の取り組みとして位置付け、最終的には各職場単位で自主活動へといった流れを作れたことが効果的でした。しかし、職場ごとの職場環境改善活動の水準はまちまちであり、産業保健スタッフによるフォローを行って質を高めてゆくことが今後の課題です。

【ストレスチェックを契機とした職場環境改善の方法】

小規模零細企業における職場環境改善の取り組み

ストレスチェックから職場環境改善へ

　小規模零細企業でも可能な職場環境改善の取り組みを紹介します。電気設備工事業、従業員8人のD社では、労働衛生機関の産業保健スタッフの勧めでストレスチェックを実施しました。ストレスチェックには職業性ストレス簡易調査票（57項目）を用いました。従業員8名と人数が少ないため、ストレスチェックの集団分析結果は事業場には報告しませんでした。しかし生産性や従業員の健康確保にも役立てようと経営者に働きかけた結果、ストレスチェックを実施した労働衛生機関のスタッフが、ストレスチェックの結果を念頭に置いて、従業員参加型のグループワークを通じた職場環境改善を実施することとなりました。お互いに顔の見える少人数の企業であり、できるだけ多くの従業員の意見を聞いて職場環境改善を行うことが適切であると経営者も考えたためです。

職場環境改善活動とその効果

　従業員5人がグループワークに参加しました。労働衛生機関の産業保健スタッフがファシリテーターとなり、従業員が意見交換しながら職場環境の課題と対策を検討しました。意見交換の際には「職場環境改善のためのヒント集」（※本文参照）を用いて、職場のよい点および改善が必要な点を確認する際の助けとしました。グループワークから提案された対策について、後日残りの社員の承認を得た。その上で対策を実施しました。グループワークでは職場環境改善の提案として、道具置き場の整理があげられました。計画に従って、従業員全員で倉庫内の工具の整理整頓を行い、工具掛けの設置を行いました。従業員からは「工具掛けが想像以上によい完成度であった」「全員参加により、達成感があった。大変満足している。」との意見が出されました。従業員参加で意見交換でき職場でのコミュニケーションが進んだこと、従業員も気づかないうちに仕事のしにくさの原因となっていた工具置き場の問題を発見し改善したことが、従業員のストレスの軽減につながったと考えられます。労働衛生機関のスタッフは、次回のストレスチェック調査を集団分析し、今回の活動の効果を評価する予定です。

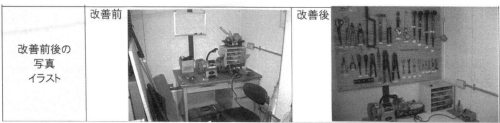

図1　電気設備工事業の小規模零細企業における従業員参加型の職場環境改善で実施された対策

本事例のポイント

　本事例で職場環境改善活動がうまく進んだ理由として、①社外の労働衛生機関の産業保健スタッフが関与し支援を行ったこと、②取り組みの意義について経営者の理解を得ることが出来たこと、③従業員参加型の取り組みが従業員の当事者意識を高めたことがあげられます。

9　実施状況報告

✓ **事業者は、面接指導の実施後に、ストレスチェックと面接指導の実施状況を労働基準監督署に報告します。**

（検査及び面接指導結果の報告）
第52条の21　常時50人以上の労働者を使用する事業者は、1年以内ごとに1回、定期に、心理的な負担の程度を把握するための検査結果等報告書（様式第6号の2）を所轄労働基準監督署長に提出しなければならない。

（規則より抜粋）

＜解説＞

○　報告様式は規則に規定されている OCIR 帳票[10]の様式を使用しなければなりません。報告様式は平成28年3月から厚生労働省 HP に掲載されていますので、ご活用ください。

http://www.mhlw.go.jp/bunya/roudoukijun/anzeneisei36/24.html

○　ストレスチェックを複数月に亘って行った場合には、「検査実施年月」欄には最終月を記載します。

○　報告書の提出時期は、各事業場における事業年度の終了後など、事業場ごとに設定して差し支えありません。

○　部署ごとに順次行うなど、年間を通じてストレスチェックを行っている会社では、検査は暦年1年間での受検者数を記入し、それに伴う面接指導を受けた者の数を報告してください。

○　ストレスチェックの実施義務や実施状況の報告義務がある「常時50人以上の労働者を使用する事業者」に該当する否かを判断する際には、パートタイム労働者や、派遣先における派遣労働者も含めて事業場の労働者の数を数えます。

　一方、様式第6号の2の「在籍労働者数」欄には、ストレスチェックの実施時点（実施年月の末日現在）でのストレスチェックの実施義務の対象となっている者の数（常時使用する労働者）を記載する必要がある（1週間の所定労働時間数が、通常の労働者の3/4未満であるパートタイム労働者や、派遣先における派遣労働者は含めない。）ので、注意してください。

---

[10] 光学式文字イメージ読取装置に対応した帳票

様式第6号の2(第52条の21関係)(表面)

心理的な負担の程度を把握するための検査結果等報告書

労働保険番号	80501		都道府県 所掌 管轄 基幹番号 枝番号 被一括事業場番号
対象年	7:平成 → □□ 年分 (1〜9年は右↑)	検査実施年月	7:平成 → □□□□ (元号 年 月) (1〜9年は右↑1〜9月は右↑)
事業の種類		事業場の名称	
事業場の所在地	郵便番号( )		電話 ( )

		在籍労働者数	□□□□□ 人 (右に詰めて記入する↑)
検査を実施した者	□ 1:事業場選任の産業医 2:事業場所属の医師(1以外の医師に限る。)、保健師、看護師又は精神保健福祉士 3:外部委託先の医師、保健師、看護師又は精神保健福祉士	検査を受けた労働者数	□□□□□ 人 (右に詰めて記入する↑)
面接指導を実施した医師	□ 1:事業場選任の産業医 2:事業場所属の医師(1以外の医師に限る。) 3:外部委託先の医師	面接指導を受けた労働者数	□□□□□ 人 (右に詰めて記入する↑)
集団ごとの分析の実施の有無	□ 1:検査結果の集団ごとの分析を行った 2:検査結果の集団ごとの分析を行っていない		

折り曲げる場合は、◀の所を谷に折り曲げること

産業医	氏 名	印
	所属医療機関の名称及び所在地	

年　月　日

　　　　　　事業者職氏名
　　　　労働基準監督署長殿　　　　　　　　　印

(受付印)

-99-

10　労働者に対する不利益な取扱いの防止

（心理的な負担の程度を把握するための検査等）
第66条の10
3　事業者は、前項の規定による通知を受けた労働者であつて、心理的な負担の程度が労働者の健康の保持を考慮して厚生労働省令で定める要件に該当するものが医師による面接指導を受けることを希望する旨を申し出たときは、当該申出をした労働者に対し、厚生労働省令で定めるところにより、医師による面接指導を行わなければならない。この場合において、事業者は、労働者が当該申出をしたことを理由として、当該労働者に対し、不利益な取扱いをしてはならない。

（法より抜粋）

○　労働者に対する不利益な取扱いの防止
　事業者が、ストレスチェック及び面接指導において把握した労働者の健康情報等に基づき、当該労働者の健康の確保に必要な範囲を超えて、当該労働者に対して不利益な取扱いを行うことはあってはならない。このため、事業者は、次に定めるところにより、労働者の不利益な取扱いを防止しなければならないものとする。
（1）法の規定により禁止されている不利益な取扱い
　　法第66条の10第3項の規定に基づき、事業者は、労働者が面接指導の申出をしたことを理由とした不利益な取扱いをしてはならず、また、労働者が面接指導を受けていない時点においてストレスチェック結果のみで就業上の措置の要否及び内容を判断することはできないことから、事業者は、当然に、ストレスチェック結果のみを理由とした不利益な取扱いについても、これを行ってはならない。
（2）禁止されるべき不利益な取扱い
　　次に掲げる事業者による不利益な取扱いについては、一般的に合理的なものとはいえないため、事業者はこれらを行ってはならないものとする。なお、不利益な取扱いの理由がそれぞれに掲げる理由以外のものであったとしても、実質的にこれらに該当するとみなされる場合には、当該不利益な取扱いについても、行ってはならないものとする。
　ア　労働者が受検しないこと等を理由とした不利益な取扱い
　　①　ストレスチェックを受けない労働者に対して、これを理由とした不利益な取扱いを行うこと。例えば、就業規則においてストレスチェックの受検を義務付け、受検しない労働者に対して懲戒処分を行うことは、労働者に受検を義務付けていない法の趣旨に照らして行ってはならないこと。
　　②　ストレスチェック結果を事業者に提供することに同意しない労働者に対して、これを理由とした不利益な取扱いを行うこと。

③ 面接指導の要件を満たしているにもかかわらず、面接指導の申出を行わない労働者に対して、これを理由とした不利益な取扱いを行うこと。
イ 面接指導結果を理由とした不利益な取扱い
① 措置の実施に当たり、医師による面接指導を行うこと又は面接指導結果に基づく必要な措置について医師の意見を聴取すること等の法令上求められる手順に従わず、不利益な取扱いを行うこと。
② 面接指導結果に基づく措置の実施に当たり、医師の意見とはその内容・程度が著しく異なる等医師の意見を勘案し必要と認められる範囲内となっていないもの又は労働者の実情が考慮されていないもの等の法令上求められる要件を満たさない内容の不利益な取扱いを行うこと。
③ 面接指導の結果を理由として、次に掲げる措置を行うこと。
（a） 解雇すること。
（b） 期間を定めて雇用される者について契約の更新をしないこと。
（c） 退職勧奨を行うこと。
（d） 不当な動機・目的をもってなされたと判断されるような配置転換又は職位（役職）の変更を命じること。
（e） その他の労働契約法等の労働関係法令に違反する措置を講じること。

(ストレスチェック指針より抜粋)

＜解説＞

○ 個人のストレスチェック結果に基づく面接指導の結果を踏まえて事業者が講じる措置の中には、労働者にとって不利益となりうるものの、それ以上に労働者の健康確保の必要性が高いなど、措置の内容によっては合理的な取扱いである場合も考えられます。
　この場合、事業者が、面接指導の結果を踏まえて何らかの就業上の措置を講じるに当たっては、その面接指導の結果に基づき、必要な措置について医師の意見を聴取するという法定の手続きを適正に取った上で、措置を講じる必要があり、こうしたプロセスを経ずに就業上の措置を講じてはなりません。このため、以下の行為は不適当です。
・ 本人の同意により事業者に提供された個人のストレスチェック結果をもとに、医師の面接指導を経ずに、事業者が配置転換等の就業上の措置を講じること。
・ 個人のストレスチェック結果をもとに、保健師、看護師若しくは精神保健福祉士又は産業カウンセラー若しくは臨床心理士等の心理職による相談対応等を行った場合に、その結果をもとに、医師の面接指導を経ずに、事業者が配置転換等の就業上の措置を講じること。

11 ストレスチェック制度に関する労働者の健康情報の保護

（1） 労働者の健康情報の保護の重要性

（心理的な負担の程度を把握するための検査等）
第 66 条の 10
2　事業者は、前項の規定により行う検査を受けた労働者に対し、厚生労働省令で定めるところにより、当該検査を行つた医師等から当該検査の結果が通知されるようにしなければならない。この場合において、当該医師等は、あらかじめ当該検査を受けた労働者の同意を得ないで、当該労働者の検査の結果を事業者に提供してはならない。

（法より抜粋）

　ストレスチェック制度において、実施者が労働者のストレスの状況を正確に把握し、メンタルヘルス不調の防止及び職場環境の改善につなげるためには、事業場において、ストレスチェック制度に関する労働者の健康情報の保護が適切に行われることが極めて重要であり、事業者がストレスチェック制度に関する労働者の秘密を不正に入手するようなことがあってはならない。このため、法第 66 条の 10 第 2 項ただし書の規定において、労働者の同意なくストレスチェック結果が事業者には提供されない仕組みとされている。このほか、事業者は、次に定めるところにより、労働者の健康情報の保護を適切に行わなければならないものとする。

（ストレスチェック指針より抜粋）

＜解説＞
　○　ストレスチェック制度を効果的に運用できるかどうかは、事業者と労働者の信頼関係が基本にあることはいうまでもありませんが、ストレスチェック結果等の労働者の健康情報が適切に保護されるかどうかも極めて重要な要素になります。
　○　ストレスチェック制度に関わる産業保健スタッフを中心とする関係者は、自ら適切な健康情報の保護に努めるとともに、事業者による不適切な取扱いがなされることのないよう、十分に留意することが必要です。
　○　また、労働者の健康管理に関する個人情報の取扱いについては、「雇用管理に関する個人情報のうち健康情報を取り扱うに当たっての留意事項」（平成 16 年 10 月 29 日基発第 1029009 号）が示されていますが、ストレスチェック制度の施行に伴い、この通達が改正されました。本マニュアルの巻末資料に通達のストレスチェック関連部分を掲載するとともに、通達全文を厚生労働省ホームページを掲載していますので参考にしてください。
　　　　http://www.mhlw.go.jp/stf/seisakunitsuite/bunya/0000027272.html
　　なお、改正により、通達の対象となる健康情報にストレスチェックの結果、医師による面接指導の結果、医師からの意見聴取結果等が追加されるとともに、これらに関する取扱い上の留意事項が追加されています。

（2） 実施事務従事者の範囲と留意事項

（健康診断等に関する秘密の保持）
第104条　第65条の2第1項及び第66条第1項から第4項までの規定による健康診断、第66条の8第1項の規定による面接指導、第66条の10第1項の規定による検査又は同条第3項の規定による面接指導の実施の事務に従事した者は、その実施に関して知り得た労働者の秘密を漏らしてはならない。

(法より抜粋)

（検査の実施者等）
第52条の10
2　検査を受ける労働者について解雇、昇進又は異動に関して直接の権限を持つ監督的地位にある者は、検査の実施の事務に従事してはならない。

(規則より抜粋)

○　実施事務従事者の範囲と留意事項

規則第52条の10第2項の規定に基づき、ストレスチェックを受ける労働者について解雇、昇進又は異動に関して直接の権限を持つ監督的地位にある者は、ストレスチェックの実施の事務に従事してはならない。

なお、事業者が、労働者の解雇、昇進又は異動の人事を担当する職員（当該労働者の解雇、昇進又は異動に直接の権限を持つ監督的地位にある者を除く。）をストレスチェックの実施の事務に従事させる場合には、次に掲げる事項を当該職員に周知させなければならないものとする。

① ストレスチェックの実施事務従事者には法第104条の規定に基づき秘密の保持義務が課されること。
② ストレスチェックの実施の事務は実施者の指示により行うものであり、実施の事務に関与していない所属部署の上司等の指示を受けてストレスチェックの実施の事務に従事することによって知り得た労働者の秘密を漏らしたりしてはならないこと。
③ ストレスチェックの実施の事務に従事したことによって知り得た労働者の秘密を、自らの所属部署の業務等のうちストレスチェックの実施の事務とは関係しない業務に利用してはならないこと。

(ストレスチェック指針より抜粋)

<解説>
　　○　中小規模事業場など、産業保健スタッフの体制が十分でない事業場においては、人事労務管理部門の職員がストレスチェックの実施の事務（調査票の配布・回収、データの入力、面接指導対象者への勧奨など）に携わることも

-103-

考えられますが、こうした場合にも、法第 104 条の規定に基づき秘密の保持義務が課されることから、その職員に情報管理の重要性を認識させ、情報が上司や事業者を含めた第三者に漏れることのないよう、細心の注意を払う必要があります。

（3） ストレスチェック結果の労働者への通知に当たっての留意事項

（検査結果の通知）
第 52 条の 12　事業者は、検査を受けた労働者に対し、当該検査を行つた医師等から、遅滞なく、当該検査の結果が通知されるようにしなければならない。

（規則より抜粋）

○　ストレスチェック結果の労働者への周知に当たっての留意事項
　規則第 52 条の 12 の規定に基づき、事業者は、実施者にストレスチェック結果を労働者に通知させるに当たっては、封書又は電子メール等で当該労働者に直接通知させる等、結果を当該労働者以外が把握できない方法で通知させなければならないものとする。

（ストレスチェック指針より抜粋）

（4） ストレスチェック結果の事業者への提供に当たっての留意事項

○ストレスチェック結果の事業者への提供に当たっての留意事項

ア　労働者の同意の取得方法

　　ストレスチェック結果が当該労働者に知らされていない時点でストレスチェック結果の事業者への提供についての労働者の同意を取得することは不適当であるため、事業者は、ストレスチェックの実施前又は実施時に労働者の同意を取得してはならないこととし、同意を取得する場合は次に掲げるいずれかの方法によらなければならないものとする。ただし、事業者は、労働者に対して同意を強要する行為又は強要しているとみなされるような行為を行ってはならないことに留意すること。

① ストレスチェックを受けた労働者に対して当該ストレスチェックの結果を通知した後に、事業者、実施者又はその他の実施事務従事者が、ストレスチェックを受けた労働者に対して、個別に同意の有無を確認する方法。

② ストレスチェックを受けた労働者に対して当該ストレスチェックの結果を通知した後に、実施者又はその他の実施事務従事者が、高ストレス者として選定され、面接指導を受ける必要があると実施者が認めた労働者に対して、当該労働者が面接指導の対象であることを他の労働者に把握されないような方法で、個別に同意の有無を確認する方法。

　　なお、ストレスチェックを受けた労働者が、事業者に対して面接指導の申出を行った場合には、その申出をもってストレスチェック結果の事業者への提供に同意がなされたものとみなして差し支えないものとする。

イ　事業者に提供する情報の範囲

　　事業者へのストレスチェック結果の提供について労働者の同意が得られた場合には、実施者は、事業者に対して当該労働者に通知する情報と同じ範囲内の情報についてストレスチェック結果を提供することができるものとする。

　　なお、衛生委員会等で調査審議した上で、当該事業場における事業者へのストレスチェック結果の提供方法として、ストレスチェック結果そのものではなく、当該労働者が高ストレス者として選定され、面接指導を受ける必要があると実施者が認めた旨の情報のみを事業者に提供する方法も考えられる。ただし、この方法による場合も、実施者が事業者に当該情報を提供するに当たっては、上記アの①又は②のいずれかの方法により、労働者の同意を取得しなければならないことに留意する。

ウ　外部機関との情報共有

　　事業者が外部機関にストレスチェックの実施の全部を委託する場合（当該事業

場の産業医等が共同実施者とならない場合に限る。）には、当該外部機関の実施者及びその他の実施事務従事者以外の者は、当該労働者の同意なく、ストレスチェック結果を把握してはならない。なお、当該外部機関の実施者が、ストレスチェック結果を委託元の事業者の事業場の産業医等に限定して提供することも考えられるが、この場合にも、緊急に対応を要する場合等特別の事情がない限り、当該労働者の同意を取得しなければならないものとする。

エ　事業場におけるストレスチェック結果の共有範囲の制限
　　事業者は、本人の同意により事業者に提供されたストレスチェック結果を、当該労働者の健康確保のための就業上の措置に必要な範囲を超えて、当該労働者の上司又は同僚等に共有してはならないものとする。

（ストレスチェック指針より抜粋）

<解説>

○　衛生委員会の調査審議の結果、事業者による個々人のストレスチェックの結果の把握は行わない（集団ごとの分析結果の活用は行う）こととした場合は、労働者からの同意取得の手続きは不要となります。

○　この場合でも、労働者から医師による面接指導の申出がなされた場合については、事業者へのストレスチェック結果の提供の同意がなされたものとみなすことができます。

事業者への提供に当たっての労働者の同意取得方法

○　事業者への結果の通知に関する同意の取得は、ストレスチェック結果を把握している実施者が、労働者への結果通知時又は通知後に別途、個々人ごとに同意の有無を確認することが望ましいでしょう。

○　事業者への結果の通知に関する同意の取得は、労働者が個々に同意したことの証拠を残し、後で客観的に確認できる必要があるため、書面又は電磁的記録によって行う必要があります。

○　また、同意の取得に係る書面又は電磁的記録は、事業者が5年間保存するようにしてください。

○　包括同意（例えば衛生委員会等で労働側代表の同意を得ることで、労働者全員の同意を得たとみなす方法）やオプトアウト方式による同意取得（全員に対して、期日までに不同意の意思表示をしない限り、同意したものとみなす旨通知し、意思表示のない者は同意したものとみなす方法）は認められません。

○　同意の取得は、実際に事業者に提供される情報の中身（自分のストレスプロフィール及び評価結果）を労働者本人が知った上で行う必要がありますので、その情報が労働者に提供されていないストレスチェック実施前又は実施

時の同意取得や、あらかじめ同意した労働者だけを対象にストレスチェックを実施することは不適当です。

○　同意しないと意思表示した労働者に対して、事業者が同意を働きかけることは強要や不利益取扱いにつながるおそれがあることから、してはいけません。

○　面接指導の申出をもって、同意とみなす取扱いをする場合には、結果の通知の際に当該取扱いについて労働者に知らせておくとトラブルにならないでしょう。

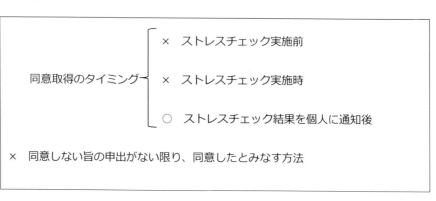

外部機関との情報共有

○　ストレスチェックの実施を外部機関に委託する場合においてやむを得ず事業場の産業医が共同実施という形をとらない場合にも、あらかじめ外部機関とのやりとりに係る窓口の役割を産業医等の産業保健スタッフに担わせ、本人の同意を得て、外部機関から事業者に個人のストレスチェック結果を提供する際には、当該産業保健スタッフを通じて事業者に提供することが望まれます。なお、この場合において、外部機関から、事業者ではなく当該産業保健スタッフだけに個人のストレスチェックの結果を提供する際にも、特別の事情がない限り、本人の同意を必須とします。

ストレスチェック結果の共有範囲

○　本人の同意により事業者に提供されたストレスチェック結果の共有範囲や利用方法については、あらかじめ衛生委員会等で調査審議を行い、事業場のルールを決めて、周知しておきましょう。

<具体例・様式例>

※ 面接指導の勧奨と同時に、面接指導の申出をもってストレスチェックの結果（高ストレス判定）を事業者に通知することについて同意とする旨を通知する例。

産業医からのお知らせ

こんにちは。○○会社△△事業場　産業医の＊＊＊＊です。
　今回のストレスチェックの結果、あなたのストレス度が高いとの結果でしたので、個別にご連絡しております。（個別結果については別途Webないし結果報告書でご確認ください）
　ストレスチェックを行った時点と、その直前1ヶ月程度の状態が反映されているという条件ですが、あなたのストレスバランスが崩れている可能性がありますので、心配しています。
　現在の心身の状態はいかがでしょうか。もし何らかの不調やストレスの存在を自覚されるようでしたら、下記日程のいずれかで、「ストレスチェックに基づく産業医面接」を強くお勧めします。
　その際に、今回のストレスチェックの個別結果の印刷物提示と説明も改めて行うこととします。

<面接室開設日程>
① ＊＊月＊日（木）② ＊＊月＊＊日（月）③ ＊＊月＊＊日（木）④ ＠＠月＠日（月）⑤ ＠＠月＠＠日（木）
<面接開始時間>初回の面接時間は25分迄を予定しています。
㋐15：00　㋑15：30　㋒16：00　㋓16：30
<面接申込方法と注意点>　【注；受付期間は＊＊月＊＊日（金）～＠＠月＠＠日（火）】
　①下記電話番号もしくはE-mailへご連絡をお願いします。
　　ご用件（「ストレスチェック後の面接希望」とお伝え・ご記載ください）、社員番号、お名前、所属名、ご連絡先、面接希望日時（第一希望から第三希望）をお知らせください。

　　　　　0＊＊＊-＊＊＊-＊＊＊＊　　　　※産業保健担当部署の電話です
　　E-mail：＊＊＊＊＊＊．＊＊＊＊＠＊＊＊＊＊．com　　※ほぼ3日以内にご返信いたします
　　電話受付時間：月～金曜日　10：00～12：00と13：00～17：00
　　※ただし電子メールの場合は返信した候補日にご本人が合意されてから申込完了となります。

　② なお、上記の産業医面接に、ご本人が希望されて申し込まれた場合は、労働安全衛生法の規定と事業場の衛生委員会での決議事項に従って、あなたが「面接指導対象者である」との情報を、産業医から人事労務担当者に提供させていただきますので、ご了承ください。
　　ただし、ご本人の同意がない限り面接内容は確実に守秘されますのでご安心ください。
　※会社側へのストレスチェック結果の通知に同意はできないが面談を希望される場合は、上記の申し込み先に一般の健康相談として申し込んでください。
　　この場合はストレスチェック結果に関わらず、通常と同様に、保健師等または産業医による面談となり、保健師等と産業医のみが情報を共有いたします。安心してご利用ください。
　　⇒何か気になることや相談事項があれば、対応します。　　　　　　　　　以上

（5） 集団ごとの集計・分析の結果の事業者への提供に当たっての留意事項

○ 集団ごとの集計・分析の最小単位
　集団ごとの集計・分析を実施した実施者は、集団ごとの集計・分析の結果を事業者に提供するに当たっては、当該結果はストレスチェック結果を把握できるものではないことから、当該集団の労働者個人の同意を取得する必要はない。ただし、集計・分析の単位が少人数である場合には、当該集団の個々の労働者が特定され、当該労働者個人のストレスチェック結果を把握することが可能となるおそれがあることから、集計・分析の単位が 10 人を下回る場合には、集団ごとの集計・分析を実施した実施者は、集計・分析の対象となる全ての労働者の同意を取得しない限り、事業者に集計・分析の結果を提供してはならないものとする。ただし、個々の労働者が特定されるおそれのない方法で集計・分析を実施した場合はこの限りでないが、集計・分析の手法及び対象とする集団の規模について、あらかじめ衛生委員会等で調査審議を行わせる必要があることに留意すること。

○ 集団ごとの集計・分析の結果の共有範囲の制限
　集団ごとの集計・分析の結果は、集計・分析の対象となった集団の管理者等にとっては、その当該事業場内における評価等につながり得る情報であり、無制限にこれを共有した場合、当該管理者等に不利益が生じるおそれもあることから、事業者は、当該結果を事業場内で制限なく共有してはならないものとする。

（ストレスチェック指針より抜粋）

<解説>
○ 集団ごとの集計・分析を行う際の下限人数の 10 人は、在籍労働者数ではなく、実際の受検者数（データ数）でカウントするものとし、例えば、対象とする集団に所属する労働者の数が 10 人以上であっても、その集団のうち実際にストレスチェックを受検した労働者の数が 10 人を下回っていた場合は、集団的な分析結果を事業者に提供してはいけません。こうした場合は、より上位の大きな集団単位で集計・分析を行うなど工夫しましょう。（再掲）

※ **集団ごとの集計・分析に関する下限人数の例外（再掲）**
　集団ごとの集計・分析の方法として、例えば、職業性ストレス簡易調査票の 57 項目の全ての合計点について集団の平均値だけを求めたり、「仕事のストレス判定図」（P87）を用いて分析したりするなど、個人特定につながり得ない方法で実施する場合に限っては、10 人未満の単位での集計・分析を行い、労働者の同意なしに集計・分析結果を事業者に提供することは可能です。
　ただし、この手法による場合であっても、2 名といった極端に少人数の集団を集計・分析の対象とすることは、個人特定につながるため不適切です。

○ 集団ごとの集計・分析結果の共有範囲や利用方法については、あらかじめ衛生委員会等で調査審議を行い、事業場のルールを決めて、周知しておきましょう。

－109－

（6） 面接指導結果の事業者への提供に当たっての留意事項

（面接指導結果の記録の作成）
第 52 条の 18
2 　前項の記録は、前条各号に掲げる事項のほか、次に掲げる事項を記載したものでなければならない。
① 　実施年月日
② 　当該労働者の氏名
③ 　面接指導を行つた医師の氏名
④ 　法第 66 条の 10 第 5 項の規定による医師の意見

（規則より抜粋）

〇　面接指導結果の事業者への提供に当たっての留意事項

　面接指導を実施した医師は、規則第 52 条の 18 第 2 項に規定する面接指導結果に関する情報を事業者に提供するに当たっては、必要に応じて情報を適切に加工することにより、当該労働者の健康を確保するための就業上の措置を実施するため必要な情報に限定して提供しなければならないこととし、診断名、検査値若しくは具体的な愁訴の内容等の生データ又は詳細な医学的情報は事業者に提供してはならないものとする。

　なお、事業場の産業医等ではなく、外部の医師が面接指導を実施した場合、当該医師は、当該労働者の健康を確保するために必要な範囲で、当該労働者の同意を取得した上で、当該事業場の産業医等に対して生データ又は詳細な医学的情報を提供することができるものとする。

（ストレスチェック指針より抜粋）

＜解説＞

- 〇　面接指導の実施を外部の医師に委託する場合は、外部の医師とのやりとりの窓口の役割を産業医に担わせ、外部機関から事業者に面接指導の結果を提供する際には、当該産業医を通じて事業者に提供することが望まれます。
- 〇　面接指導結果の取扱い（利用目的、共有の方法・範囲、労働者に対する不利益取扱いの防止等）については、あらかじめ衛生委員会等で調査審議を行い、事業場のルールを決めて、周知しておきましょう。

12　その他の留意事項

（1）産業医等の役割

○　産業医等の役割
　ア　ストレスチェック制度における産業医等の位置付け
　　　産業医は、法第13条並びに規則第13条、第14条及び第15条の規定に基づき、事業場における労働者の健康管理等の職務を行う者であり、そのための専門的知識を有する者である。また、規則第15条の規定に基づき、事業者は、産業医に対し、労働者の健康障害を防止するための必要な措置を講じる権限を与えなければならないこととされている。このように、産業医は、事業場における労働者の健康管理等の取組の中心的役割を果たすことが法令上想定されている。
　　　このため、産業医がストレスチェック及び面接指導を実施する等、産業医が中心的役割を担うことが適当であり、ストレスチェック制度の実施責任を負う事業者は、産業医の役割についてイのとおり取り扱うことが望ましい。
　　　なお、事業場によっては、複数の医師が当該事業場における労働者の健康管理等の業務に従事しており、その中で、産業医以外の精神科医又は心療内科医等が労働者のメンタルヘルスケアに関する業務を担当している場合等も考えられるが、こうした場合においては、ストレスチェック制度に関して、当該精神科医又は心療内科医等が中心的役割を担うことも考えられる。
　イ　産業医等の具体的な役割
　　①　ストレスチェックの実施
　　　　ストレスチェックは当該事業場の産業医等が実施することが望ましい。なお、ストレスチェックの実施の全部を外部に委託する場合にも、当該事業場の産業医等が共同実施者となり、中心的役割を果たすことが望ましい。
　　②　面接指導の実施
　　　　面接指導は当該事業場の産業医等が実施することが望ましい。
　　③　事業者による医師の意見聴取
　　　　事業者は、法第66条の10第5項の規定に基づき、医師から必要な措置についての意見を聴くに当たって、面接指導を実施した医師が、事業場外の精神科医又は心療内科医等である場合等当該事業場の産業医等以外の者であるときは、当該事業者の事業場の産業医等からも面接指導を実施した医師の意見を踏まえた意見を聴くことが望ましい。

　　　　　　　　　　　　　　　　　　　　　　（ストレスチェック指針より抜粋）

（2） 派遣労働者に関する留意事項

○ 派遣元事業者と派遣先事業者の役割
　派遣労働者に対するストレスチェック及び面接指導については、法第 66 条の10 第 1 項から第 6 項までの規定に基づき、派遣元事業者がこれらを実施することとされている。派遣労働者に対するストレスチェック及び面接指導の実施に当たって、派遣先事業者は、派遣元事業者が実施するストレスチェック及び面接指導を受けることができるよう、派遣労働者に対し、必要な配慮をすることが適当である。
　また、努力義務となっている集団ごとの集計・分析については、職場単位で実施することが重要であることから、派遣先事業者においては、派遣先事業場における派遣労働者も含めた一定規模の集団ごとにストレスチェック結果を集計・分析するとともに、その結果に基づく措置を実施することが望ましい。

○ 面接指導に必要な情報の収集
　派遣元事業者は、面接指導が適切に行えるよう、労働者派遣事業の適正な運営の確保及び派遣労働者の保護等に関する法律（昭和 60 年法律第 88 号）第 42 条第 3 項の規定に基づき派遣先事業者から通知された当該派遣労働者の労働時間に加え、必要に応じ、派遣先事業者に対し、その他の勤務の状況又は職場環境に関する情報について提供するよう依頼するものとし、派遣先事業者は、派遣元事業者から依頼があった場合には、必要な情報を提供するものとする。
　この場合において、派遣元事業者は、派遣先事業者への依頼について、あらかじめ、当該派遣労働者の同意を得なければならない。

○ 派遣労働者に対する就業上の措置に関する留意点
　派遣元事業者が、派遣労働者に対する面接指導の結果に基づき、医師の意見を勘案して、就業上の措置を講じるに当たって、派遣先事業者の協力が必要な場合には、派遣元事業者は、派遣先事業者に対して、当該措置の実施に協力するよう要請することとし、派遣先事業者は、派遣元事業者から要請があった場合には、これに応じ、必要な協力を行うこととする。この場合において、派遣元事業者は、派遣先事業者への要請について、あらかじめ、当該派遣労働者の同意を得なければならない。

○ 不利益な取扱いの禁止
　次に掲げる派遣先事業者による派遣労働者に対する不利益な取扱いについては、一般的に合理的なものとはいえないため、派遣先事業者はこれらを行ってはならない。なお、不利益な取扱いの理由がそれぞれに掲げる理由以外のものであ

ったとしても、実質的にこれらに該当するとみなされる場合には、当該不利益な取扱いについても、行ってはならない。

① 面接指導の結果に基づく派遣労働者の就業上の措置について、派遣元事業者からその実施に協力するよう要請があったことを理由として、派遣先事業者が、当該派遣労働者の変更を求めること。
② 派遣元事業者が本人の同意を得て、派遣先事業者に派遣労働者のストレスチェック結果を提供した場合において、これを理由として、派遣先事業者が、当該派遣労働者の変更を求めること。
③ 派遣元事業者が本人の同意を得て、派遣先事業者に派遣労働者の面接指導の結果を提供した場合において、これを理由として、派遣先事業者が、派遣元事業者が聴取した医師の意見を勘案せず又は当該派遣労働者の実情を考慮せず、当該派遣労働者の変更を求めること。
④ 派遣先事業者が集団ごとの集計・分析を行うことを目的として派遣労働者に対してもストレスチェックを実施した場合において、ストレスチェックを受けないことを理由として、当該派遣労働者の変更を求めること。

（ストレスチェック指針より抜粋）

＜解説＞

派遣元事業者と派遣先事業者の役割の原則

○ 派遣労働者に対するストレスチェック、医師による面接指導、就業上の措置等については、派遣元事業者に実施義務があります。一方、派遣労働者を含めた集団ごとの集計・分析は、派遣先事業者が実施すべきとされています。

○派遣元事業者は、派遣労働者のストレスチェック等に関する義務の履行のため、必要に応じ派遣先事業者に協力要請を行いますが、あらかじめ本人に同意を得る必要があります。

○ なお、定期健診の取扱いと同様に、派遣元から派遣先への依頼（契約による委託）により、派遣元事業者の負担で派遣先事業者が実施するストレスチェックを派遣労働者に受けさせることを制限するものではありませんが、この場合、労働者にとって受検の機会が一度で済むというメリットがある一方、誰が事業者への結果提供の同意を取るのか、結果を派遣先の実施者から派遣元にどうやって提供するのか、誰がどこで結果を保存するのかなど、派遣元と派遣先との間で複雑な情報のやりとりや取り決めが必要となるため、特に情報管理の観点から留意が必要です。

派遣元事業者の義務に関する、派遣先事業者の留意点

○派遣元事業者が義務を果たすためには、派遣元事業者からの協力要請を踏まえ、派遣先事業者も次の事項について協力していく必要があります。

①ストレスチェック
　　　　・ストレスチェック受検のための時間の確保等についての配慮
　　　②医師による面接指導
　　　　・派遣元事業者に対する、労働時間など勤務状況に関する情報の提供
　　　　・面接指導を受けるための時間の確保等についての配慮
　　　③労働時間の短縮等の就業上の措置
　　　　・就業上の措置について協力要請があった場合の協力
○　なお、派遣労働者の就業上の措置の実施に当たっては、派遣元と派遣先との連携が求められますが、派遣先との連携に当たっては、契約更新の拒否など不利益取扱いにつながることのないよう、派遣元としても十分に配慮する必要があります。
　　①　労働者派遣契約では、あらかじめ業務内容、就業場所等が特定されており、派遣元が一方的にそれらを変更するような措置を講じることは困難であること。
　　②　就業場所の変更、作業の転換等の就業上の措置を実施するためには、労働者派遣契約の変更が必要となるが、派遣先の同意が得られない場合には、就業上の措置の実施が困難となるため、派遣先の変更も含めた措置が必要となる場合もあること。

派遣先事業者が行う集団的分析の留意点

○　派遣先事業者が、ストレスチェック結果について派遣労働者も含めた集団ごとの集計・分析を行うためには、派遣先事業者においても、派遣労働者に対するストレスチェックを実施する必要があります。このため、派遣労働者は、法に基づく義務として派遣元が実施するストレスチェックと、集団ごとの集計・分析のために派遣先が実施するストレスチェックの両方を受けることになります。派遣労働者は、通常の労働者よりも受検の回数が増えることになりますが、職場環境の改善のためには派遣先のストレスチェックを受けていただくことも重要なので、労働者に対して趣旨を十分に説明し、理解を得るようにしましょう。

○　派遣労働者を対象とした派遣先事業場でのストレスチェックの実施においては、派遣元事業者と協議し目的や手順について合意すること、安全衛生委員会などで個人情報の取扱い方針を定めることが必要です

○　派遣先で実施する派遣労働者に対するストレスチェックは、個人対応ではなく、集団ごとの集計・分析のために行うものであるため、
　①　無記名で行う
　②　「仕事のストレス判定図」を用いる場合は集団分析に必要な「仕事のストレス要因」及び「周囲のサポート」についてのみ検査を行う
などの方法で実施することも考えられます。

派遣先事業者による不利益な取扱いの禁止

○ ストレスチェック指針により、派遣先事業者による派遣労働者への合理性のない不利益取扱は禁止されています。

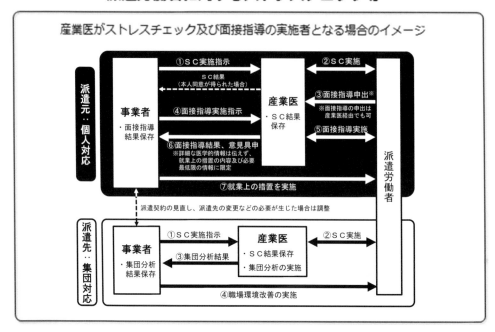

派遣労働者に対するストレスチェック等

（3）外部機関にストレスチェック等を委託する場合の体制の確認に関する留意事項

○ 外部機関にストレスチェック等を委託する場合の体制の確認に関する留意事項

　ストレスチェック又は面接指導は、事業場の状況を日頃から把握している当該事業場の産業医等が実施することが望ましいが、事業者は、必要に応じてストレスチェック又は面接指導の全部又は一部を外部機関に委託することも可能である。この場合には、当該委託先において、ストレスチェック又は面接指導を適切に実施できる体制及び情報管理が適切に行われる体制が整備されているか等について、事前に確認することが望ましい。

（ストレスチェック指針より抜粋）

＜解説＞

○ 事業者は、ストレスチェックや面接指導を外部機関に委託する場合には、予め、当該機関が適切にストレスチェックや面接指導を実施できる体制にあるかどうか、情報管理が適切になされるかどうかなどにつき、以下のチェックリストを参考にして、事前に十分な確認を行いましょう。

外部機関にストレスチェック及び面接指導の実施を委託する場合のチェックリスト例
（委託する内容に応じて関連する部分を利用すること）

ストレスチェック制度についての理解
- ☑ ストレスチェックの目的が主に一次予防にあること、実施者やその他の実施事務従事者に対して、労働安全衛生法第104条に基づく守秘義務が課されること、本人の同意なくストレスチェック結果を事業者に提供することが禁止されていること等を委託先が理解しているか。
- ☑ 実施者やその他の実施事務従事者となる者に対して、研修を受けさせる等により、これらの制度の仕組みや個人情報保護の重要性について周知し、理解させているか。
- ☑ 外部機関と当該事業場の産業医等が密接に連携することが望ましいことを理解してしているか。

実施体制
- ☑ 受託業務全体を管理するための体制が整備されているか（全体の管理責任者が明確になっているか）。
- ☑ 受託業務を適切に実施できる人数の下記の者が確保され、かつ明示されているか。また、下記の者がストレスチェック制度に関する十分な知識を有しているか。
    - ○ ストレスチェックの実施者として必要な資格を有する者
    - ○ ストレスチェック結果に基づいて面接指導を行う産業医資格を有する医師
    - ○ 実施者や医師の指示に基づいてストレスチェックや面接指導の実施の補助業務を行う実施事務従事者
- ☑ 実施事務従事者の担当する業務の範囲は必要な範囲に限定され、また明確になっているか。
- ☑ ストレスチェックや面接指導に関して、労働者からの問い合わせに適切に対応できる体制が整備されているか。
- ☑ 実施者やその他の実施事務従事者が、必要に応じて委託元の産業保健スタッフと綿密に連絡調整を行う体制が取られているか。

ストレスチェックの調査票・評価方法及び実施方法
- ☑ ストレスチェックに用いる調査票の選定、評価方法及び高ストレス者の選定基準の決定についての提案等を明示された実施者が行うこととなっているか。

（調査票）
- ☑ 提案されるストレスチェックに用いる調査票は法令の要件（ストレス要因、心身

のストレス反応及び周囲のサポートの3領域を含むものか等）を満たすか。
- ☑ 国が示す標準的な 57 項目の調査票又は 23 項目の簡易版以外の調査票を用いる場合は、科学的な根拠が示されているか。

（評価方法）
- ☑ 提案されるストレスチェック結果の評価方法及び高ストレス者の選定方法・基準は法令の要件を満たすか。
- ☑ 提案されるストレスチェック結果の評価方法及び高ストレス者の選定方法・基準は分かりやすく労働者に開示されるか。

（実施方法）
- ☑ 調査票の記入・入力、記入・入力の終わった調査票の回収等が、実施者やその他の実施事務従事者及び労働者本人以外の第三者に見られないような状態で行える方法が取られるか。ICT を用いて行う場合は、実施者及び労働者本人以外の第三者に見られないようなパスワード管理、不正アクセス等を防止するセキュリティ管理が適切に行われるか。
- ☑ 実施者が受検者全員のストレスチェック結果を確認し、面接指導の要否を判断する体制が取られるか。
- ☑ 高ストレス者の選定に当たり、調査票に加えて補足的に面談を行う場合、当該面談を行う者は、医師、保健師等の適切な国家資格保有者であるか、又は臨床心理士、産業カウンセラー等の心理専門職となるか。また、当該面談は実施者の指示の下に実施する体制が取られるか。
- ☑ 労働者の受検の状況を適切に把握し、事業者からの求めに応じて、受検状況に関する情報を提供できる体制が取られるか。
- ☑ 集団ごとの集計・分析を行い、わかりやすく結果を示すことができるか。その際、集団ごとの集計・分析の単位は、回答者 10 人以上となるか。

ストレスチェック実施後の対応
- ☑ ストレスチェック結果の通知は、実施者やその他の実施事務従事者及び労働者本人以外の第三者に知られることのない形で、直接本人にされる方法がとられるか。
- ☑ 本人に通知する内容は、①ストレスの特徴や傾向を数値、図表等で示したもの、②高ストレスの該当の有無、③面接指導の要否など、法令に定められた内容を網羅するものとなるか。
- ☑ 面接指導が必要な労働者に対して、実施者やその他の実施事務従事者及び労働者本人以外の第三者に分からないような適切な方法で面接指導の申出を促す体制がとられるか。
- ☑ ストレスチェックの結果、緊急に対応が必要な労働者がいる場合に、委託元の産

業保健スタッフを通じた事業者との連絡調整を含め、適切に対応できる体制が取られるか。
☑ ストレスチェックの結果を事業者に通知することについての同意の取得方法について、法令に則った方法になるか（事前や実施時に同意を取得するような不適切な方法が取られないか）。
☑ 実施者又はその他の実施事務従事者が結果の記録を5年間保存するための具体的な方法が明示され、そのために必要な施設、設備が整備され、実施者及び労働者本人以外の第三者が結果を閲覧できないような十分なセキュリティが確保されるか。

面接指導の実施方法
☑ 面接指導を実施場所はプライバシー保護や労働者の利便性の観点から適切か。
☑ 面接指導を実施するに当たり、事業者から対象となる労働者の労働時間、労働密度、深夜業の回数及び時間数、作業態様、作業負荷の状況等の勤務の状況や職場環境等に関する情報を事業者から入手し、適切に取扱う体制となっているか。

面接指導実施後の対応
☑ 面接指導の結果を事業者に通知するに当たり、就業上の措置を実施するため必要最小限の情報に限定し、診断名、検査値、具体的な愁訴の内容等の生データが提供されることがないような方法が取られるか。
☑ 面接指導の結果、緊急に対応が必要な労働者がいる場合に、委託元の産業保健スタッフを通じた事業者との連絡調整を含め、適切に対応できる体制が取られるか。

（4）労働者数 50 人未満の事業場における留意事項

附則
（心理的な負担の程度を把握するための検査等に関する特例）
第 4 条　第 13 条第 1 項の事業場以外の事業場についての第 66 条の 10 の規定の適用については、当分の間、同条第 1 項中「行わなければ」とあるのは、「行うよう努めなければ」とする。

(法より抜粋)

○　労働者数 50 人未満の事業場における留意事項

　常時使用する労働者数が 50 人未満の小規模事業場においては、当分の間、ストレスチェックの実施は努力義務とされている。これらの小規模事業場では、産業医及び衛生管理者の選任並びに衛生委員会等の設置が義務付けられていないため、ストレスチェック及び面接指導を実施する場合は、産業保健スタッフが事業場内で確保できないことも考えられることから、産業保健総合支援センターの地域窓口（地域産業保健センター）等を活用して取り組むことができる。

(ストレスチェック指針より抜粋)

＜解説＞

○　国においては、独立行政法人労働者健康安全機構及び医師会と協力し、都道府県ごとに産業保健総合支援センターを設置するとともに、地域ごとに地域窓口（地域産業保健センター）を設置し、小規模事業場に対して産業保健のサービスを無料で提供しています。
　　特に、ストレスチェック制度に関しては、労働者数が 50 人未満の小規模事業場が制度を導入する場合に、産業保健総合支援センターが個別に事業場を訪問して支援するほか、小規模事業場がストレスチェック結果を踏まえた面接指導を行う場合に、地域産業保健センターにその実施を依頼することができます。
　　さらに、労働者健康安全機構では、小規模事業場がストレスチェックや面接指導を行う場合に、その費用の一部を助成する助成金制度も実施しております。
　　これらの支援制度をご利用ください。

おわりに

- これまで見てきたように、今回の法改正により創設されたストレスチェック制度は、個人情報の管理と産業保健活動の間の均衡を図りながら、従来にも増して様々なことに配慮しつつ進めていくことが求められています。

- ストレスチェック制度の導入を、法令順守にとどめるだけでなく、メンタルヘルス指針に示されている総合的なメンタルヘルス対策の中に位置づけ、実効ある活動を通じて、1人ひとりの労働者が生き生きと働ける職場の実現を目指しましょう。

- メンタルヘルス指針に示されている教育研修・情報提供を様々な機会を通じて提供し、労働者及び事業者に日頃からメンタルヘルスケアについて正しい認識を持たせることは、メンタルヘルス対策として有効であるのみならず、ストレスチェックを受けた労働者からの面接指導の申出の割合を高めて、早期の対応につなぐことにも役立ちます。例えば、産業医等の面接指導を実施する医師が、メンタルヘルス教育の一部を担当すれば、面接指導が労働者にとって敷居の低いものとなり、面接指導の効果が高まることが期待されます。

- 職場のメンタルヘルスケアはどのように進めればよいでしょうか。ラインによるケアのためにはまず、日ごろの気配りが重要です。何気ない挨拶や世間話の中で、普段と違ったところに気付くものです。次に声掛けです。悩んでいる人に相談のきっかけを作るようにしましょう。そして、傾聴です。その後、ストレスや不安の問題点が整理されたら、職場の上司と産業保健スタッフが連携を密にしながら対応していきます。ストレスチェックはこのようなラインによるケアを進めるきっかけともなり、また、メンタルヘルス教育はラインによるケア体制の構築につながるものです。

- メンタルヘルス教育に限らず、職場環境改善や職場復帰支援など、他のメンタルヘルス活動、さらに産業保健活動全般を日ごろから活発に進めることによって、労働者がより自然にストレスチェックや面接指導を受けることができる職場づくりをめざしましょう。

巻末資料

編注）目次の頁番号は各頁中央下のページ数が該当します

1　ストレスチェック制度に関する法令及び通達 ………………………… 123
　① 労働安全衛生法（抄） ………………………………………………… 123
　② 労働安全衛生法施行令（抄） ………………………………………… 124
　③ 労働安全衛生規則（抄） ……………………………………………… 125
　④ ストレスチェック指針（心理的な負担の程度を把握するための検査及び面接指導の実施並びに面接指導結果に基づき事業者が講ずべき措置に関する指針） ………………………………………………………… 131
　⑤ 研修告示（労働安全衛生規則第五十二条の十第一項第三号の規定に基づき厚生労働大臣が定める研修） ……………………………………… 151
　⑥ 労働安全衛生規則に関する施行通達 ………………………………… 152
　⑦ 研修告示に関する施行通達 …………………………………………… 162
　⑧ 情報通信機器を用いた面接指導に関する通達 ……………………… 164
　⑨ 健康情報の取扱い留意事項に関する通達（抄） …………………… 166

2　職業性ストレス簡易調査票及び分布表 ………………………………… 171
　① 職業性ストレス簡易調査票（57項目） ……………………………… 171
　② 職業性ストレス簡易調査票（23項目） ……………………………… 173
　③ 職業性ストレス簡易調査票を用いた実績データから作成された分布表 ………… 174
　④ 数値基準に基づいて「高ストレス者」を選定する方法 …………… 178

参考：ストレスチェック制度に関する各種情報提供

　① 厚生労働省ホームページ
　　「ストレスチェック等の職場におけるメンタルヘルス対策・過重労働対策等」
　　　http://www.mhlw.go.jp/bunya/roudoukijun/anzeneisei12/
　② 働く人のメンタルヘルス・ポータルサイト「こころの耳」（厚生労働省委託事業）
　　　http://kokoro.mhlw.go.jp/

資料1　ストレスチェック制度に関する法令及び通達

①労働安全衛生法（昭和四十七年六月八日法律第五十七号）（抄）

（産業医等）
第十三条　事業者は、政令で定める規模の事業場ごとに、厚生労働省令で定めるところにより、医師のうちから産業医を選任し、その者に労働者の健康管理その他の厚生労働省令で定める事項（以下「労働者の健康管理等」という。）を行わせなければならない。
2～4　（略）

（衛生委員会）
第十八条　事業者は、政令で定める規模の事業場ごとに、次の事項を調査審議させ、事業者に対し意見を述べさせるため、衛生委員会を設けなければならない。
　一　労働者の健康障害を防止するための基本となるべき対策に関すること。
　二　労働者の健康の保持増進を図るための基本となるべき対策に関すること。
　三　労働災害の原因及び再発防止対策で、衛生に係るものに関すること。
　四　前三号に掲げるもののほか、労働者の健康障害の防止及び健康の保持増進に関する重要事項
2～4　（略）

（心理的な負担の程度を把握するための検査等）
第六十六条の十　事業者は、労働者に対し、厚生労働省令で定めるところにより、医師、保健師その他の厚生労働省令で定める者（以下この条において「医師等」という。）による心理的な負担の程度を把握するための検査を行わなければならない。
2　事業者は、前項の規定により行う検査を受けた労働者に対し、厚生労働省令で定めるところにより、当該検査を行つた医師等から当該検査の結果が通知されるようにしなければならない。この場合において、当該医師等は、あらかじめ当該検査を受けた労働者の同意を得ないで、当該労働者の検査の結果を事業者に提供してはならない。
3　事業者は、前項の規定による通知を受けた労働者であつて、心理的な負担の程度が労働者の健康の保持を考慮して厚生労働省令で定める要件に該当するものが医師による面接指導を受けることを希望する旨を申し出たときは、当該申出をした労働者に対し、厚生労働省令で定めるところにより、医師による面接指導を行わなければならない。この場合において、事業者は、労働者が当該申出をしたことを理由として、当該労働者に対し、不利益な取扱いをしてはならない。
4　事業者は、厚生労働省令で定めるところにより、前項の規定による面接指導の結果を

記録しておかなければならない。
5 事業者は、第三項の規定による面接指導の結果に基づき、当該労働者の健康を保持するために必要な措置について、厚生労働省令で定めるところにより、医師の意見を聴かなければならない。
6 事業者は、前項の規定による医師の意見を勘案し、その必要があると認めるときは、当該労働者の実情を考慮して、就業場所の変更、作業の転換、労働時間の短縮、深夜業の回数の減少等の措置を講ずるほか、当該医師の意見の衛生委員会若しくは安全衛生委員会又は労働時間等設定改善委員会への報告その他の適切な措置を講じなければならない。
7 厚生労働大臣は、前項の規定により事業者が講ずべき措置の適切かつ有効な実施を図るため必要な指針を公表するものとする。
8 厚生労働大臣は、前項の指針を公表した場合において必要があると認めるときは、事業者又はその団体に対し、当該指針に関し必要な指導等を行うことができる。
9 国は、心理的な負担の程度が労働者の健康の保持に及ぼす影響に関する医師等に対する研修を実施するよう努めるとともに、第二項の規定により通知された検査の結果を利用する労働者に対する健康相談の実施その他の当該労働者の健康の保持増進を図ることを促進するための措置を講ずるよう努めるものとする。

（健康診断等に関する秘密の保持）
第百四条 第六十五条の二第一項及び第六十六条第一項から第四項までの規定による健康診断、第六十六条の八第一項の規定による面接指導、第六十六条の十第一項の規定による検査又は同条第三項の規定による面接指導の実施の事務に従事した者は、その実施に関して知り得た労働者の秘密を漏らしてはならない。

附則
（心理的な負担の程度を把握するための検査等に関する特例）
第四条 第十三条第一項の事業場以外の事業場についての第六十六条の十の規定の適用については、当分の間、同条第一項中「行わなければ」とあるのは、「行うよう努めなければ」とする。

②労働安全衛生法施行令（昭和四十七年政令第三一八号）（抄）

（産業医を選任すべき事業場）
第五条 法第十三条第一項の政令で定める規模の事業場は、常時五十人以上の労働者を使用する事業場とする。

③労働安全衛生規則（昭和四十七年労働省令第三十二号）（抄）

（産業医及び産業歯科医の職務等）
第十四条　法第十三条第一項の厚生労働省令で定める事項は、次の事項で医学に関する専門的知識を必要とするものとする。
　一〜二　（略）
　三　法第六十六条の十第一項に規定する心理的な負担の程度を把握するための検査の実施並びに同条第三項に規定する面接指導の実施及びその結果に基づく労働者の健康を保持するための措置に関すること。
　四〜九　（略）

（衛生委員会の付議事項）
第二十二条　法第十八条第一項第四号の労働者の健康障害の防止及び健康の保持増進に関する重要事項には、次の事項が含まれるものとする。
　一〜九　（略）
　十　労働者の精神的健康の保持増進を図るための対策の樹立に関すること。
　十一　（略）

（心理的な負担の程度を把握するための検査の実施方法）
第五十二条の九　事業者は、常時使用する労働者に対し、一年以内ごとに一回、定期に、次に掲げる事項について法第六十六条の十第一項に規定する心理的な負担の程度を把握するための検査（以下この節において「検査」という。）を行わなければならない。
　一　職場における当該労働者の心理的な負担の原因に関する項目
　二　当該労働者の心理的な負担による心身の自覚症状に関する項目
　三　職場における他の労働者による当該労働者への支援に関する項目

（検査の実施者等）
第五十二条の十　法第六十六条の十第一項の厚生労働省令で定める者は、次に掲げる者（以下この節において「医師等」という。）とする。
　一　医師
　二　保健師
　三　検査を行うために必要な知識についての研修であつて厚生労働大臣が定めるものを修了した看護師又は精神保健福祉士
　2　検査を受ける労働者について解雇、昇進又は異動に関して直接の権限を持つ監督的地位にある者は、検査の実施の事務に従事してはならない。

（検査結果等の記録の作成等）

第五十二条の十一　事業者は、第五十二条の十三第二項に規定する場合を除き、検査を行つた医師等による当該検査の結果の記録の作成の事務及び当該検査の実施の事務に従事した者による当該記録の保存の事務が適切に行われるよう、必要な措置を講じなければならない。

（検査結果の通知）
第五十二条の十二　事業者は、検査を受けた労働者に対し、当該検査を行つた医師等から、遅滞なく、当該検査の結果が通知されるようにしなければならない。

（労働者の同意の取得等）
第五十二条の十三　法第六十六条の十第二項後段の規定による労働者の同意の取得は、書面又は電磁的記録（電子的方式、磁気的方式その他人の知覚によつては認識することができない方式で作られる記録であつて、電子計算機による情報処理の用に供されるものをいう。以下同じ。）によらなければならない。
2　事業者は、前項の規定により検査を受けた労働者の同意を得て、当該検査を行つた医師等から当該労働者の検査の結果の提供を受けた場合には、当該検査の結果に基づき、当該検査の結果の記録を作成して、これを五年間保存しなければならない。

（検査結果の集団ごとの分析等）
第五十二条の十四　事業者は、検査を行つた場合は、当該検査を行つた医師等に、当該検査の結果を当該事業場の当該部署に所属する労働者の集団その他の一定規模の集団ごとに集計させ、その結果について分析させるよう努めなければならない。
2　事業者は、前項の分析の結果を勘案し、その必要があると認めるときは、当該集団の労働者の実情を考慮して、当該集団の労働者の心理的な負担を軽減するための適切な措置を講ずるよう努めなければならない。

（面接指導の対象となる労働者の要件）
第五十二条の十五　法第六十六条の十第三項の厚生労働省令で定める要件は、検査の結果、心理的な負担の程度が高い者であつて、同項に規定する面接指導（以下この節において「面接指導」という。）を受ける必要があると当該検査を行つた医師等が認めたものであることとする。

（面接指導の実施方法等）
第五十二条の十六　法第六十六条の十第三項の規定による申出（以下この条及び次条において「申出」という。）は、前条の要件に該当する労働者が検査の結果の通知を受けた後、遅滞なく行うものとする。
2　事業者は、前条の要件に該当する労働者から申出があつたときは、遅滞なく、面接指導を行わなければならない。

3　検査を行つた医師等は、前条の要件に該当する労働者に対して、申出を行うよう勧奨することができる。

（面接指導における確認事項）
第五十二条の十七　医師は、面接指導を行うに当たつては、申出を行つた労働者に対し、第五十二条の九各号に掲げる事項のほか、次に掲げる事項について確認を行うものとする。
　一　当該労働者の勤務の状況
　二　当該労働者の心理的な負担の状況
　三　前号に掲げるもののほか、当該労働者の心身の状況

（面接指導結果の記録の作成）
第五十二条の十八　事業者は、面接指導の結果に基づき、当該面接指導の結果の記録を作成して、これを五年間保存しなければならない。
2　前項の記録は、前条各号に掲げる事項のほか、次に掲げる事項を記載したものでなければならない。
　一　実施年月日
　二　当該労働者の氏名
　三　面接指導を行つた医師の氏名
　四　法第六十六条の十第五項の規定による医師の意見

（面接指導の結果についての医師からの意見聴取）
第五十二条の十九　面接指導の結果に基づく法第六十六条の十第五項の規定による医師からの意見聴取は、面接指導が行われた後、遅滞なく行わなければならない。

（指針の公表）
第五十二条の二十　第二十四条の規定は、法第六十六条の十第七項の規定による指針の公表について準用する。

（検査及び面接指導結果の報告）
第五十二条の二十一　常時五十人以上の労働者を使用する事業者は、一年以内ごとに一回、定期に、心理的な負担の程度を把握するための検査結果等報告書（様式第六号の二）を所轄労働基準監督署長に提出しなければならない。

附則
（労働安全衛生法第六十六条の十第一項の厚生労働省令で定める者に関する経過措置）
2　前項ただし書に規定する規定の施行の日の前日において、労働安全衛生法第十三条第一項に規定する労働者の健康管理等の業務に該当する業務に従事した経験年数が三年以

上である看護師又は精神保健福祉士は、第一条の規定による改正後の労働安全衛生規則（次項において「新安衛則」という。）第五十二条の十第一項の規定にかかわらず、同法第六十六条の十第一項の厚生労働省令で定める者とする。

様式第6号の2（第52条の21関係）（表面）

心理的な負担の程度を把握するための検査結果等報告書

|8|0|5|0|1|

労働保険番号：都道府県／所掌／管轄／基幹番号／枝番号／被一括事業場番号

対象年	7:平成 → □□年分（1〜9年は右↑）	検査実施年月	7:平成 → □□□□□（1〜9年は右↑ 1〜9月は右↑）
事業の種類		事業場の名称	
事業場の所在地	郵便番号（　　　）　　　　　　　　　　　　　　電話　（　　）		

		在籍労働者数	□□□□□人（右に詰めて記入する↑）
検査を実施した者	□　1:事業場選任の産業医　2:事業場所属の医師（1以外の医師に限る。）、保健師、看護師又は精神保健福祉士　3:外部委託先の医師、保健師、看護師又は精神保健福祉士	検査を受けた労働者数	□□□□□人（右に詰めて記入する↑）
面接指導を実施した医師	□　1:事業場選任の産業医　2:事業場所属の医師（1以外の医師に限る。）　3:外部委託先の医師	面接指導を受けた労働者数	□□□□□人（右に詰めて記入する↑）
集団ごとの分析の実施の有無	□　1:検査結果の集団ごとの分析を行った　2:検査結果の集団ごとの分析を行っていない		

折り曲げる場合は、(◀)の所を谷に折り曲げること

産業医	氏　名　　　　　　　　　　　　　　　　　　　　　　　　　　　　　　　　㊞
	所属医療機関の名称及び所在地

　　年　月　日

　　　　　　事業者職氏名

　　　労働基準監督署長殿　　　　　　　　　　　　　　　　㊞

（受付印）

様式第6号の2(第52条の21関係)(裏面)

備考

1 □□□で表示された枠(以下「記入枠」という。)に記入する文字は、光学的文字・イメージ読取装置(OCIR)で直接読み取りを行うので、この用紙は汚したり、穴をあけたり、必要以上に折り曲げたりしないこと。

2 記入すべき事項のない欄及び記入枠は、空欄のままとすること。

3 記入枠の部分は、必ず黒のボールペンを使用し、枠からはみ出さないように大きめのアラビア数字で明瞭に記入すること。

4 「対象年」の欄は、報告対象とした心理的な負担の程度を把握するための検査(以下「検査」という。)の実施年を記入すること。

5 1年を通し順次検査を実施した場合、その期間内の検査の実施状況をまとめて報告すること。この場合、「検査実施年月」の欄には、報告日に最も近い検査実施年月を記入すること。

6 「事業の種類」の欄は、日本標準産業分類の中分類によって記入すること。

7 「在籍労働者数」の欄は、検査実施年月の末日現在の常時使用する労働者数を記入すること。

8 「検査を実施した者」の欄は、労働安全衛生法第66条の10第1項の規定により検査を実施した医師等について該当する番号を記入すること。検査を実施した者が2名以上あるときは、代表者について記入すること。選択肢2の「事業場所属の医師(1以外の医師に限る。)」には、同じ企業内の他の事業場所属の医師が含まれること。選択肢3の「外部委託先」には、健康診断機関や外部専門機関が含まれること。

9 「検査を受けた労働者数」の欄は、報告対象期間内に検査を受けた労働者の実人数を記入することとし、複数回検査を受けた労働者がいる場合は、1名として数えて、記入すること。

10 「面接指導を実施した医師」の欄は、労働安全衛生法第66条の10第3項の規定により面接指導を実施した医師について、該当する番号を記入すること。

11 「面接指導を受けた労働者数」の欄は、労働安全衛生規則第52条の15の規定により医師等が面接指導を受けることが必要と認めたもののうち、申出をして実際に医師による面接指導を受けた者の数を記入すること。

12 「集団ごとの分析の実施の有無」の欄は、労働安全衛生規則第52条の14の規定に基づき検査結果の集団ごとの分析の実施の有無について、該当する番号を記入すること。

13 「産業医の氏名」の欄及び「事業者職氏名」の欄は、氏名を記載し、押印することに代えて、署名することができること。

④ストレスチェック指針

心理的な負担の程度を把握するための検査及び面接指導の実施並びに面接指導結果に基づき事業者が講ずべき措置に関する指針
（平成27年4月15日心理的な負担の程度を把握するための検査等指針公示第1号、平成27年11月30日一部改正）

労働安全衛生法（昭和47年法律第57号）第66条の10第7項の規定に基づき、心理的な負担の程度を把握するための検査及び面接指導の実施並びに面接指導結果に基づき事業者が講ずべき措置に関する指針を次のとおり公表する。

1　趣旨
　　近年、仕事や職業生活に関して強い不安、悩み又はストレスを感じている労働者が5割を超える状況にある中、事業場において、より積極的に心の健康の保持増進を図るため、「労働者の心の健康の保持増進のための指針」（平成18年3月31日付け健康保持増進のための指針公示第3号。以下「メンタルヘルス指針」という。）を公表し、事業場における労働者の心の健康の保持増進のための措置（以下「メンタルヘルスケア」という。）の実施を促進してきたところである。
　　しかし、仕事による強いストレスが原因で精神障害を発病し、労災認定される労働者が、平成18年度以降も増加傾向にあり、労働者のメンタルヘルス不調を未然に防止することが益々重要な課題となっている。
　　こうした背景を踏まえ、平成26年6月25日に公布された「労働安全衛生法の一部を改正する法律」（平成26年法律第82号）においては、心理的な負担の程度を把握するための検査（以下「ストレスチェック」という。）及びその結果に基づく面接指導の実施を事業者に義務付けること等を内容としたストレスチェック制度が新たに創設された。
　　また、この新たな制度の実施に当たっては、個人情報の保護に関する法律（平成15年法律第57号）の趣旨を踏まえ、特に労働者の健康に関する個人情報（以下「健康情報」という。）の適正な取扱いの確保を図る必要がある。
　　本指針は、労働安全衛生法（昭和47年法律第57号。以下「法」という。）第66条の10第7項の規定に基づき、ストレスチェック及び面接指導の結果に基づき事業者が講ずべき措置が適切かつ有効に実施されるため、ストレスチェック及び面接指導の具体的な実施方法又は面接指導の結果についての医師からの意見の聴取、就業上の措置の決定、健康情報の適正な取扱い並びに労働者に対する不利益な取扱いの禁止等について定めたものである。

2　ストレスチェック制度の基本的な考え方
　　事業場における事業者による労働者のメンタルヘルスケアは、取組の段階ごとに、労

働者自身のストレスへの気付き及び対処の支援並びに職場環境の改善を通じて、メンタルヘルス不調となることを未然に防止する「一次予防」、メンタルヘルス不調を早期に発見し、適切な対応を行う「二次予防」及びメンタルヘルス不調となった労働者の職場復帰を支援する「三次予防」に分けられる。

　新たに創設されたストレスチェック制度は、これらの取組のうち、特にメンタルヘルス不調の未然防止の段階である一次予防を強化するため、定期的に労働者のストレスの状況について検査を行い、本人にその結果を通知して自らのストレスの状況について気付きを促し、個々の労働者のストレスを低減させるとともに、検査結果を集団ごとに集計・分析し、職場におけるストレス要因を評価し、職場環境の改善につなげることで、ストレスの要因そのものを低減するよう努めることを事業者に求めるものである。さらにその中で、ストレスの高い者を早期に発見し、医師による面接指導につなげることで、労働者のメンタルヘルス不調を未然に防止することを目的としている。

　事業者は、メンタルヘルス指針に基づき各事業場の実態に即して実施される二次予防及び三次予防も含めた労働者のメンタルヘルスケアの総合的な取組の中に本制度を位置付け、メンタルヘルスケアに関する取組方針の決定、計画の作成、計画に基づく取組の実施、取組結果の評価及び評価結果に基づく改善の一連の取組を継続的かつ計画的に進めることが望ましい。

　また、事業者は、ストレスチェック制度が、メンタルヘルス不調の未然防止だけでなく、従業員のストレス状況の改善及び働きやすい職場の実現を通じて生産性の向上にもつながるものであることに留意し、事業経営の一環として、積極的に本制度の活用を進めていくことが望ましい。

3　ストレスチェック制度の実施に当たっての留意事項
　ストレスチェック制度を円滑に実施するためには、事業者、労働者及び産業保健スタッフ等の関係者が、次に掲げる事項を含め、制度の趣旨を正しく理解した上で、本指針に定める内容を踏まえ、衛生委員会又は安全衛生委員会（以下「衛生委員会等」という。）の場を活用し、互いに協力・連携しつつ、ストレスチェック制度をより効果的なものにするよう努力していくことが重要である。
① 　ストレスチェックに関して、労働者に対して受検を義務付ける規定が置かれていないのは、メンタルヘルス不調で治療中のため受検の負担が大きい等の特別の理由がある労働者にまで受検を強要する必要はないためであり、本制度を効果的なものとするためにも、全ての労働者がストレスチェックを受検することが望ましい。
② 　面接指導は、ストレスチェックの結果、高ストレス者として選定され、面接指導を受ける必要があると実施者が認めた労働者に対して、医師が面接を行い、ストレスその他の心身及び勤務の状況等を確認することにより、当該労働者のメンタルヘルス不調のリスクを評価し、本人に指導を行うとともに、必要に応じて、事業者による適切な措置につなげるためのものである。このため、面接指導を受ける必要があると認められた労働者は、できるだけ申出を行い、医師による面接指導を受けることが望まし

い。
③ ストレスチェック結果の集団ごとの集計・分析及びその結果を踏まえた必要な措置は、労働安全衛生規則（昭和47年労働省令第32号。以下「規則」という。）第52条の14の規定に基づく努力義務であるが、事業者は、職場環境におけるストレスの有無及びその原因を把握し、必要に応じて、職場環境の改善を行うことの重要性に留意し、できるだけ実施することが望ましい。

4 ストレスチェック制度の手順
　ストレスチェック制度に基づく取組は、次に掲げる手順で実施するものとする。
ア　基本方針の表明
　　事業者は、法、規則及び本指針に基づき、ストレスチェック制度に関する基本方針を表明する。
イ　ストレスチェック及び面接指導
　① 衛生委員会等において、ストレスチェック制度の実施方法等について調査審議を行い、その結果を踏まえ、事業者がその事業場におけるストレスチェック制度の実施方法等を規程として定める。
　② 事業者は、労働者に対して、医師、保健師又は厚生労働大臣が定める研修を修了した看護師若しくは精神保健福祉士（以下「医師等」という。）によるストレスチェックを行う。
　③ 事業者は、ストレスチェックを受けた労働者に対して、当該ストレスチェックを実施した医師等（以下「実施者」という。）から、その結果を直接本人に通知させる。
　④ ストレスチェック結果の通知を受けた労働者のうち、高ストレス者として選定され、面接指導を受ける必要があると実施者が認めた労働者から申出があった場合は、事業者は、当該労働者に対して、医師による面接指導を実施する。
　⑤ 事業者は、面接指導を実施した医師から、就業上の措置に関する意見を聴取する。
　⑥ 事業者は、医師の意見を勘案し、必要に応じて、適切な措置を講じる。
ウ　集団ごとの集計・分析
　① 事業者は、実施者に、ストレスチェック結果を一定規模の集団ごとに集計・分析させる。
　② 事業者は、集団ごとの集計・分析の結果を勘案し、必要に応じて、適切な措置を講じる。

5 衛生委員会等における調査審議
（1）衛生委員会等における調査審議の意義
　　ストレスチェック制度を円滑に実施するためには、事業者、労働者及び産業保健スタッフ等の関係者が、制度の趣旨を正しく理解した上で、本指針に定める内容を踏まえ、互いに協力・連携しつつ、事業場の実態に即した取組を行っていくことが重要である。このためにも、事業者は、ストレスチェック制度に関する基本方針を表明した

上で、事業の実施を統括管理する者、労働者、産業医及び衛生管理者等で構成される衛生委員会等において、ストレスチェック制度の実施方法及び実施状況並びにそれを踏まえた実施方法の改善等について調査審議を行わせることが必要である。

（2）衛生委員会等において調査審議すべき事項

規則第22条において、衛生委員会等の付議事項として「労働者の精神的健康の保持増進を図るための対策の樹立に関すること」が規定されており、当該事項の調査審議に当たっては、ストレスチェック制度に関し、次に掲げる事項を含めるものとする。また、事業者は、当該調査審議の結果を踏まえ、法令に則った上で、当該事業場におけるストレスチェック制度の実施に関する規程を定め、これをあらかじめ労働者に対して周知するものとする。

① ストレスチェック制度の目的に係る周知方法
  - ストレスチェック制度は、労働者自身のストレスへの気付き及びその対処の支援並びに職場環境の改善を通じて、メンタルヘルス不調となることを未然に防止する一次予防を目的としており、メンタルヘルス不調者の発見を一義的な目的とはしないという趣旨を事業場内で周知する方法。

② ストレスチェック制度の実施体制
  - ストレスチェックの実施者及びその他の実施事務従事者の選任等ストレスチェック制度の実施体制。
    実施者が複数いる場合は、共同実施者及び実施代表者を明示すること。この場合において、当該事業場の産業医等が実施者に含まれるときは、当該産業医等を実施代表者とすることが望ましい。
    なお、外部機関にストレスチェックの実施の全部を委託する場合は、当該委託契約の中で委託先の実施者、共同実施者及び実施代表者並びにその他の実施事務従事者を明示させること（結果の集計業務等の補助的な業務のみを外部機関に委託する場合にあっては、当該委託契約の中で委託先の実施事務従事者を明示させること）。

③ ストレスチェック制度の実施方法
  - ストレスチェックに使用する調査票及びその媒体。
  - 調査票に基づくストレスの程度の評価方法及び面接指導の対象とする高ストレス者を選定する基準。
  - ストレスチェックの実施頻度、実施時期及び対象者。
  - 面接指導の申出の方法。
  - 面接指導の実施場所等の実施方法。

④ ストレスチェック結果に基づく集団ごとの集計・分析の方法
  - 集団ごとの集計・分析の手法。
  - 集団ごとの集計・分析の対象とする集団の規模。

⑤ ストレスチェックの受検の有無の情報の取扱い
  - 事業者による労働者のストレスチェックの受検の有無の把握方法。

・　ストレスチェックの受検の勧奨の方法。
⑥　ストレスチェック結果の記録の保存方法
　　　・　ストレスチェック結果の記録を保存する実施事務従事者の選任。
　　　・　ストレスチェック結果の記録の保存場所及び保存期間。
　　　・　実施者及びその他の実施事務従事者以外の者によりストレスチェック結果が閲覧されないためのセキュリティの確保等の情報管理の方法。
⑦　ストレスチェック、面接指導及び集団ごとの集計・分析の結果の利用目的及び利用方法
　　　・　ストレスチェック結果の本人への通知方法。
　　　・　ストレスチェックの実施者による面接指導の申出の勧奨方法。
　　　・　ストレスチェック結果、集団ごとの集計・分析結果及び面接指導結果の共有方法及び共有範囲。
　　　・　ストレスチェック結果を事業者へ提供するに当たっての本人の同意の取得方法。
　　　・　本人の同意を取得した上で実施者から事業者に提供するストレスチェック結果に関する情報の範囲。
　　　・　集団ごとの集計・分析結果の活用方法。
⑧　ストレスチェック、面接指導及び集団ごとの集計・分析に関する情報の開示、訂正、追加及び削除の方法
　　　・　情報の開示等の手続き。
　　　・　情報の開示等の業務に従事する者による秘密の保持の方法。
⑨　ストレスチェック、面接指導及び集団ごとの集計・分析に関する情報の取扱いに関する苦情の処理方法
　　　・　苦情の処理窓口を外部機関に設ける場合の取扱い。
　　　　なお、苦情の処理窓口を外部機関に設ける場合は、当該外部機関において労働者からの苦情又は相談に対し適切に対応することができるよう、当該窓口のスタッフが、企業内の産業保健スタッフと連携を図ることができる体制を整備しておくことが望ましい。
⑩　労働者がストレスチェックを受けないことを選択できること
　　　・　労働者にストレスチェックを受検する義務はないが、ストレスチェック制度を効果的なものとするためにも、全ての労働者がストレスチェックを受検することが望ましいという制度の趣旨を事業場内で周知する方法。
⑪　労働者に対する不利益な取扱いの防止
　　　・　ストレスチェック制度に係る労働者に対する不利益な取扱いとして禁止される行為を事業場内で周知する方法。

6　ストレスチェック制度の実施体制の整備
　ストレスチェック制度は事業者の責任において実施するものであり、事業者は、実施に当たって、実施計画の策定、当該事業場の産業医等の実施者又は委託先の外部機関と

の連絡調整及び実施計画に基づく実施の管理等の実務を担当する者を指名する等、実施体制を整備することが望ましい。当該実務担当者には、衛生管理者又はメンタルヘルス指針に規定する事業場内メンタルヘルス推進担当者を指名することが望ましいが、ストレスチェックの実施そのものを担当する実施者及びその他の実施事務従事者と異なり、ストレスチェック結果等の個人情報を取り扱わないため、労働者の解雇等に関して直接の権限を持つ監督的地位にある者を指名することもできる。

7 ストレスチェックの実施方法等
（1）実施方法
　ア　ストレスチェックの定義
　　　法第66条の10第1項の規定によるストレスチェックは、調査票を用いて、規則第52条の9第1項第1号から第3号までに規定する次の3つの領域に関する項目により検査を行い、労働者のストレスの程度を点数化して評価するとともに、その評価結果を踏まえて高ストレス者を選定し、医師による面接指導の要否を確認するものをいう。
　　① 職場における当該労働者の心理的な負担の原因に関する項目
　　② 心理的な負担による心身の自覚症状に関する項目
　　③ 職場における他の労働者による当該労働者への支援に関する項目
　イ　ストレスチェックの調査票
　　　事業者がストレスチェックに用いる調査票は、規則第52条の9第1項第1号から第3号までに規定する3つの領域に関する項目が含まれているものであれば、実施者の意見及び衛生委員会等での調査審議を踏まえて、事業者の判断により選択することができるものとする。
　　　なお、事業者がストレスチェックに用いる調査票としては、別添の「職業性ストレス簡易調査票」を用いることが望ましい。
　ウ　ストレスの程度の評価方法及び高ストレス者の選定方法・基準
　　（ア）個人のストレスの程度の評価方法
　　　　事業者は、ストレスチェックに基づくストレスの程度の評価を実施者に行わせるに当たっては、点数化した評価結果を数値で示すだけでなく、ストレスの状況をレーダーチャート等の図表で分かりやすく示す方法により行わせることが望ましい。
　　（イ）高ストレス者の選定方法
　　　　次の①又は②のいずれかの要件を満たす者を高ストレス者として選定するものとする。この場合において、具体的な選定基準は、実施者の意見及び衛生委員会等での調査審議を踏まえて、事業者が決定するものとする。
　　　① 調査票のうち、「心理的な負担による心身の自覚症状に関する項目」の評価点数の合計が高い者
　　　② 調査票のうち、「心理的な負担による心身の自覚症状に関する項目」の評価点

数の合計が一定以上の者であって、かつ、「職場における当該労働者の心理的な負担の原因に関する項目」及び「職場における他の労働者による当該労働者への支援に関する項目」の評価点数の合計が著しく高い者

　　　実施者による具体的な高ストレス者の選定は、上記の選定基準のみで選定する方法のほか、選定基準に加えて補足的に実施者又は実施者の指名及び指示のもとにその他の医師、保健師、看護師若しくは精神保健福祉士又は産業カウンセラー若しくは臨床心理士等の心理職が労働者に面談を行いその結果を参考として選定する方法も考えられる。この場合、当該面談は、法第66条の10第1項の規定によるストレスチェックの実施の一環として位置付けられる。

　エ　健康診断と同時に実施する場合の留意事項

　　　事業者は、ストレスチェック及び法第66条第1項の規定による健康診断の自覚症状及び他覚症状の有無の検査（以下「問診」という。）を同時に実施することができるものとする。ただし、この場合において、事業者は、ストレスチェックの調査票及び健康診断の問診票を区別する等、労働者が受検・受診義務の有無及び結果の取扱いがそれぞれ異なることを認識できるよう必要な措置を講じなければならないものとする。

（2）実施者の役割

　　実施者は、ストレスチェックの実施に当たって、当該事業場におけるストレスチェックの調査票の選定並びに当該調査票に基づくストレスの程度の評価方法及び高ストレス者の選定基準の決定について事業者に対して専門的な見地から意見を述べるとともに、ストレスチェックの結果に基づき、当該労働者が医師による面接指導を受ける必要があるか否かを確認しなければならないものとする。

　　なお、調査票の回収、集計若しくは入力又は受検者との連絡調整等の実施の事務については、必ずしも実施者が直接行う必要はなく、実施事務従事者に行わせることができる。事業者は、実施の事務が円滑に行われるよう、実施事務従事者の選任等必要な措置を講じるものとする。

（3）受検の勧奨

　　自らのストレスの状況について気付きを促すとともに、必要に応じ面接指導等の対応につなげることで、労働者がメンタルヘルス不調となることを未然に防止するためには、全ての労働者がストレスチェックを受けることが望ましいことから、事業者は、実施者からストレスチェックを受けた労働者のリストを入手する等の方法により、労働者の受検の有無を把握し、ストレスチェックを受けていない労働者に対して、ストレスチェックの受検を勧奨することができるものとする。なお、この場合において、実施者は、ストレスチェックを受けた労働者のリスト等労働者の受検の有無の情報を事業者に提供するに当たって、労働者の同意を得る必要はないものとする。

（4）ストレスチェック結果の通知及び通知後の対応

　ア　労働者本人に対するストレスチェック結果の通知方法

　　　事業者は、規則第52条の12の規定に基づき、ストレスチェック結果が実施者か

ら、遅滞なく労働者に直接通知されるようにしなければならない。この場合において、事業者は、ストレスチェック結果のほか、次に掲げる事項を通知させることが望ましい。
① 労働者によるセルフケアに関する助言・指導
② 面接指導の対象者にあっては、事業者への面接指導の申出窓口及び申出方法
③ 面接指導の申出窓口以外のストレスチェック結果について相談できる窓口に関する情報提供

イ ストレスチェック結果の通知後の対応
（ア）面接指導の申出の勧奨
　　ストレスチェックの結果、高ストレス者として選定され、面接指導を受ける必要があると実施者が認めた労働者のうち、面接指導の申出を行わない労働者に対しては、規則第52条の16第3項の規定に基づき、実施者が、申出の勧奨を行うことが望ましい。
（イ）相談対応
　　事業者は、ストレスチェック結果の通知を受けた労働者に対して、相談の窓口を広げ、相談しやすい環境を作ることで、高ストレスの状態で放置されないようにする等適切な対応を行う観点から、日常的な活動の中で当該事業場の産業医等が相談対応を行うほか、産業医等と連携しつつ、保健師、看護師若しくは精神保健福祉士又は産業カウンセラー若しくは臨床心理士等の心理職が相談対応を行う体制を整備することが望ましい。

（5）ストレスチェック結果の記録及び保存
　ストレスチェック結果の事業者への提供について、労働者から同意を得て、実施者からその結果の提供を受けた場合は、規則第52条の13第2項の規定に基づき、事業者は、当該ストレスチェック結果の記録を作成して、これを5年間保存しなければならない。
　労働者の同意が得られていない場合には、規則第52条の11の規定に基づき、事業者は、実施者によるストレスチェック結果の記録の作成及び当該実施者を含む実施事務従事者による当該記録の保存が適切に行われるよう、記録の保存場所の指定、保存期間の設定及びセキュリティの確保等必要な措置を講じなければならない。この場合において、ストレスチェック結果の記録の保存については、実施者がこれを行うことが望ましく、実施者が行うことが困難な場合には、事業者は、実施者以外の実施事務従事者の中から記録の保存事務の担当者を指名するものとする。
　実施者又は実施者以外の実施事務従事者が記録の保存を行うに当たっては、5年間保存することが望ましい。
　なお、ストレスチェック結果の記録の保存方法には、書面による保存及び電磁的記録による保存があり、電磁的記録による保存を行う場合は、厚生労働省の所管する法令の規定に基づく民間事業者等が行う書面の保存等における情報通信の技術の利用に関する省令（平成17年厚生労働省令第44号）に基づき適切な保存を行う必要がある。

また、ストレスチェック結果の記録は「医療情報システムの安全管理に関するガイドライン」の直接の対象ではないが、事業者は安全管理措置等について本ガイドラインを参照することが望ましい。

8　面接指導の実施方法等
（１）面接指導の対象労働者の要件
　　規則第52条の15の規定に基づき、事業者は、上記7（1）ウ（イ）に掲げる方法により高ストレス者として選定された者であって、面接指導を受ける必要があると実施者が認めた者に対して、労働者からの申出に応じて医師による面接指導を実施しなければならない。
（２）対象労働者の要件の確認方法
　　事業者は、労働者から面接指導の申出があったときは、当該労働者が面接指導の対象となる者かどうかを確認するため、当該労働者からストレスチェック結果を提出させる方法のほか、実施者に当該労働者の要件への該当の有無を確認する方法によることができるものとする。
（３）実施方法
　　面接指導を実施する医師は、規則第52条の17の規定に基づき、面接指導において次に掲げる事項について確認するものとする。
　①　当該労働者の勤務の状況（職場における当該労働者の心理的な負担の原因及び職場における他の労働者による当該労働者への支援の状況を含む。）
　②　当該労働者の心理的な負担の状況
　③　②のほか、当該労働者の心身の状況
　　なお、事業者は、当該労働者の勤務の状況及び職場環境等を勘案した適切な面接指導が行われるよう、あらかじめ、面接指導を実施する医師に対して当該労働者に関する労働時間、労働密度、深夜業の回数及び時間数、作業態様並びに作業負荷の状況等の勤務の状況並びに職場環境等に関する情報を提供するものとする。
（４）面接指導の結果についての医師からの意見の聴取
　　法第66条の10第5項の規定に基づき、事業者が医師から必要な措置についての意見を聴くに当たっては、面接指導実施後遅滞なく、就業上の措置の必要性の有無及び講ずべき措置の内容その他の必要な措置に関する意見を聴くものとする。具体的には、次に掲げる事項を含むものとする。
　ア　下表に基づく就業区分及びその内容に関する医師の判断

就業区分		就業上の措置の内容
区分	内容	
通常勤務	通常の勤務でよいもの	―
就業制限	勤務に制限を加える必要のあるもの	メンタルヘルス不調を未然に防止するため、労働時間の短縮、出張の制限、時間外労働の制限、労働負荷の

		制限、作業の転換、就業場所の変更、深夜業の回数の減少又は昼間勤務への転換等の措置を講じる。
要休業	勤務を休む必要のあるもの	療養等のため、休暇又は休職等により一定期間勤務させない措置を講じる。

　イ　必要に応じ、職場環境の改善に関する意見
（5）就業上の措置の決定及び実施
　　法第66条の10第6項の規定に基づき、事業者が労働者に対して面接指導の結果に基づく就業上の措置を決定する場合には、あらかじめ当該労働者の意見を聴き、十分な話し合いを通じてその労働者の了解が得られるよう努めるとともに、労働者に対する不利益な取扱いにつながらないように留意しなければならないものとする。なお、労働者の意見を聴くに当たっては、必要に応じて、当該事業場の産業医等の同席の下に行うことが適当である。
　　事業者は、就業上の措置を実施し、又は当該措置の変更若しくは解除をしようとするに当たっては、当該事業場の産業医等と他の産業保健スタッフとの連携はもちろんのこと、当該事業場の健康管理部門及び人事労務管理部門の連携にも十分留意する必要がある。また、就業上の措置の実施に当たっては、特に労働者の勤務する職場の管理監督者の理解を得ることが不可欠であることから、事業者は、プライバシーに配慮しつつ、当該管理監督者に対し、就業上の措置の目的及び内容等について理解が得られるよう必要な説明を行うことが適当である。
　　また、就業上の措置を講じた後、ストレス状態の改善が見られた場合には、当該事業場の産業医等の意見を聴いた上で、通常の勤務に戻す等適切な措置を講ずる必要がある。
（6）結果の記録及び保存
　　規則第52条の18第2項の規定に基づき、事業者は、面接指導の結果に基づき、次に掲げる事項を記載した記録を作成し、これを5年間保存しなければならない。なお、面接指導結果の記録の保存について、電磁的記録による保存を行う場合は、7（5）の電磁的記録による保存を行う場合の取扱いと同様とする。
①　面接指導の実施年月日
②　当該労働者の氏名
③　面接指導を行った医師の氏名
④　当該労働者の勤務の状況
⑤　当該労働者の心理的な負担の状況
⑥　その他の当該労働者の心身の状況
⑦　当該労働者の健康を保持するために必要な措置についての医師の意見

9 ストレスチェック結果に基づく集団ごとの集計・分析及び職場環境の改善
（1）集団ごとの集計・分析の実施

　　事業者は、規則第52条の14の規定に基づき、実施者に、ストレスチェック結果を一定規模の集団ごとに集計・分析させ、その結果を勘案し、必要に応じて、当該集団の労働者の実情を考慮して、当該集団の労働者の心理的な負担を軽減するための適切な措置を講じるよう努めなければならない。このほか、集団ごとの集計・分析の結果は、当該集団の管理者等に不利益が生じないようその取扱いに留意しつつ、管理監督者向け研修の実施又は衛生委員会等における職場環境の改善方法の検討等に活用することが望ましい。

　　また、集団ごとの集計・分析を行った場合には、その結果に基づき、記録を作成し、これを5年間保存することが望ましい。

（2）集団ごとの集計・分析結果に基づく職場環境の改善

　　事業者は、ストレスチェック結果の集団ごとの集計・分析結果に基づき適切な措置を講ずるに当たって、実施者又は実施者と連携したその他の医師、保健師、看護師若しくは精神保健福祉士又は産業カウンセラー若しくは臨床心理士等の心理職から、措置に関する意見を聴き、又は助言を受けることが望ましい。

　　また、事業者が措置の内容を検討するに当たっては、ストレスチェック結果を集団ごとに集計・分析した結果だけではなく、管理監督者による日常の職場管理で得られた情報、労働者からの意見聴取で得られた情報及び産業保健スタッフによる職場巡視で得られた情報等も勘案して職場環境を評価するとともに、勤務形態又は職場組織の見直し等の様々な観点から職場環境を改善するための必要な措置を講ずることが望ましい。このため、事業者は、次に掲げる事項に留意することが望ましい。

① 産業保健スタッフから管理監督者に対し職場環境を改善するための助言を行わせ、産業保健スタッフ及び管理監督者が協力しながら改善を図らせること。

② 管理監督者に、労働者の勤務状況を日常的に把握させ、個々の労働者に過度な長時間労働、疲労、ストレス又は責任等が生じないようにする等、労働者の能力、適性及び職務内容に合わせた配慮を行わせること。

10 労働者に対する不利益な取扱いの防止

　事業者が、ストレスチェック及び面接指導において把握した労働者の健康情報等に基づき、当該労働者の健康の確保に必要な範囲を超えて、当該労働者に対して不利益な取扱いを行うことはあってはならない。このため、事業者は、次に定めるところにより、労働者の不利益な取扱いを防止しなければならない。

（1）法の規定により禁止されている不利益な取扱い

　　法第66条の10第3項の規定に基づき、事業者は、労働者が面接指導の申出をしたことを理由とした不利益な取扱いをしてはならず、また、労働者が面接指導を受けていない時点においてストレスチェック結果のみで就業上の措置の要否及び内容を判断することはできないことから、事業者は、当然に、ストレスチェック結果のみを理由

とした不利益な取扱いについても、これを行ってはならない。
（2）禁止されるべき不利益な取扱い

次に掲げる事業者による不利益な取扱いについては、一般的に合理的なものとはいえないため、事業者はこれらを行ってはならない。なお、不利益な取扱いの理由がそれぞれに掲げる理由以外のものであったとしても、実質的にこれらに該当するとみなされる場合には、当該不利益な取扱いについても、行ってはならない。

ア　労働者が受検しないこと等を理由とした不利益な取扱い
① ストレスチェックを受けない労働者に対して、これを理由とした不利益な取扱いを行うこと。例えば、就業規則においてストレスチェックの受検を義務付け、受検しない労働者に対して懲戒処分を行うことは、労働者に受検を義務付けていない法の趣旨に照らして行ってはならないこと。
② ストレスチェック結果を事業者に提供することに同意しない労働者に対して、これを理由とした不利益な取扱いを行うこと。
③ 面接指導の要件を満たしているにもかかわらず、面接指導の申出を行わない労働者に対して、これを理由とした不利益な取扱いを行うこと。

イ　面接指導結果を理由とした不利益な取扱い
① 措置の実施に当たり、医師による面接指導を行うこと又は面接指導結果に基づく必要な措置について医師の意見を聴取すること等の法令上求められる手順に従わず、不利益な取扱いを行うこと。
② 面接指導結果に基づく措置の実施に当たり、医師の意見とはその内容・程度が著しく異なる等医師の意見を勘案し必要と認められる範囲内となっていないもの又は労働者の実情が考慮されていないもの等の法令上求められる要件を満たさない内容の不利益な取扱いを行うこと。
③ 面接指導の結果を理由として、次に掲げる措置を行うこと。
（a）解雇すること。
（b）期間を定めて雇用される者について契約の更新をしないこと。
（c）退職勧奨を行うこと。
（d）不当な動機・目的をもってなされたと判断されるような配置転換又は職位（役職）の変更を命じること。
（e）その他の労働契約法等の労働関係法令に違反する措置を講じること。

11　ストレスチェック制度に関する労働者の健康情報の保護

ストレスチェック制度において、実施者が労働者のストレスの状況を正確に把握し、メンタルヘルス不調の防止及び職場環境の改善につなげるためには、事業場において、ストレスチェック制度に関する労働者の健康情報の保護が適切に行われることが極めて重要であり、事業者がストレスチェック制度に関する労働者の秘密を不正に入手するようなことがあってはならない。このため、法第66条の10第2項ただし書の規定において、労働者の同意なくストレスチェック結果が事業者には提供されない仕組みとされて

いる。このほか、事業者は、次に定めるところにより、労働者の健康情報の保護を適切に行わなければならないものとする。

（1）実施事務従事者の範囲と留意事項

規則第52条の10第2項の規定に基づき、ストレスチェックを受ける労働者について解雇、昇進又は異動に関して直接の権限を持つ監督的地位にある者は、ストレスチェックの実施の事務に従事してはならない。

なお、事業者が、労働者の解雇、昇進又は異動の人事を担当する職員（当該労働者の解雇、昇進又は異動に直接の権限を持つ監督的地位にある者を除く。）をストレスチェックの実施の事務に従事させる場合には、次に掲げる事項を当該職員に周知させなければならないものとする。

① ストレスチェックの実施事務従事者には法第104条の規定に基づき秘密の保持義務が課されること。

② ストレスチェックの実施の事務は実施者の指示により行うものであり、実施の事務に関与していない所属部署の上司等の指示を受けてストレスチェックの実施の事務に従事することによって知り得た労働者の秘密を漏らしたりしてはならないこと。

③ ストレスチェックの実施の事務に従事したことによって知り得た労働者の秘密を、自らの所属部署の業務等のうちストレスチェックの実施の事務とは関係しない業務に利用してはならないこと。

（2）ストレスチェック結果の労働者への通知に当たっての留意事項

規則第52条の12の規定に基づき、事業者は、実施者にストレスチェック結果を労働者に通知させるに当たっては、封書又は電子メール等で当該労働者に直接通知させる等、結果を当該労働者以外が把握できない方法で通知させなければならないものとする。

（3）ストレスチェック結果の事業者への提供に当たっての留意事項

ア　労働者の同意の取得方法

ストレスチェック結果が当該労働者に知らされていない時点でストレスチェック結果の事業者への提供についての労働者の同意を取得することは不適当であるため、事業者は、ストレスチェックの実施前又は実施時に労働者の同意を取得してはならないこととし、同意を取得する場合は次に掲げるいずれかの方法によらなければならないものとする。ただし、事業者は、労働者に対して同意を強要する行為又は強要しているとみなされるような行為を行ってはならないことに留意すること。

① ストレスチェックを受けた労働者に対して当該ストレスチェックの結果を通知した後に、事業者、実施者又はその他の実施事務従事者が、ストレスチェックを受けた労働者に対して、個別に同意の有無を確認する方法。

② ストレスチェックを受けた労働者に対して当該ストレスチェックの結果を通知した後に、実施者又はその他の実施事務従事者が、高ストレス者として選定され、面接指導を受ける必要があると実施者が認めた労働者に対して、当該労働者が面接指導の対象であることを他の労働者に把握されないような方法で、個別に同意

の有無を確認する方法。

なお、ストレスチェックを受けた労働者が、事業者に対して面接指導の申出を行った場合には、その申出をもってストレスチェック結果の事業者への提供に同意がなされたものとみなして差し支えないものとする。

イ　事業者に提供する情報の範囲

事業者へのストレスチェック結果の提供について労働者の同意が得られた場合には、実施者は、事業者に対して当該労働者に通知する情報と同じ範囲内の情報についてストレスチェック結果を提供することができるものとする。

なお、衛生委員会等で調査審議した上で、当該事業場における事業者へのストレスチェック結果の提供方法として、ストレスチェック結果そのものではなく、当該労働者が高ストレス者として選定され、面接指導を受ける必要があると実施者が認めた旨の情報のみを事業者に提供する方法も考えられる。ただし、この方法による場合も、実施者が事業者に当該情報を提供するに当たっては、上記アの①又は②のいずれかの方法により、労働者の同意を取得しなければならないことに留意する。

ウ　外部機関との情報共有

事業者が外部機関にストレスチェックの実施の全部を委託する場合（当該事業場の産業医等が共同実施者とならない場合に限る。）には、当該外部機関の実施者及びその他の実施事務従事者以外の者は、当該労働者の同意なく、ストレスチェック結果を把握してはならない。なお、当該外部機関の実施者が、ストレスチェック結果を委託元の事業者の事業場の産業医等に限定して提供することも考えられるが、この場合にも、緊急に対応を要する場合等特別の事情がない限り、当該労働者の同意を取得しなければならないものとする。

エ　事業場におけるストレスチェック結果の共有範囲の制限

事業者は、本人の同意により事業者に提供されたストレスチェック結果を、当該労働者の健康確保のための就業上の措置に必要な範囲を超えて、当該労働者の上司又は同僚等に共有してはならないものとする。

（4）集団ごとの集計・分析の結果の事業者への提供に当たっての留意事項

ア　集団ごとの集計・分析の最小単位

集団ごとの集計・分析を実施した実施者は、集団ごとの集計・分析の結果を事業者に提供するに当たっては、当該結果はストレスチェック結果を把握できるものではないことから、当該集団の労働者個人の同意を取得する必要はない。ただし、集計・分析の単位が少人数である場合には、当該集団の個々の労働者が特定され、当該労働者個人のストレスチェック結果を把握することが可能となるおそれがあることから、集計・分析の単位が10人を下回る場合には、集団ごとの集計・分析を実施した実施者は、集計・分析の対象となる全ての労働者の同意を取得しない限り、事業者に集計・分析の結果を提供してはならないものとする。ただし、個々の労働者が特定されるおそれのない方法で集計・分析を実施した場合はこの限りでないが、集計・分析の手法及び対象とする集団の規模について、あらかじめ衛生委員会等で

調査審議を行わせる必要があることに留意すること。
　イ　集団ごとの集計・分析の結果の共有範囲の制限
　　　集団ごとの集計・分析の結果は、集計・分析の対象となった集団の管理者等にとっては、その当該事業場内における評価等につながり得る情報であり、無制限にこれを共有した場合、当該管理者等に不利益が生じるおそれもあることから、事業者は、当該結果を事業場内で制限なく共有してはならないものとする。
（5）面接指導結果の事業者への提供に当たっての留意事項
　　面接指導を実施した医師は、規則第52条の18第2項に規定する面接指導結果に関する情報を事業者に提供するに当たっては、必要に応じて情報を適切に加工することにより、当該労働者の健康を確保するための就業上の措置を実施するため必要な情報に限定して提供しなければならないこととし、診断名、検査値若しくは具体的な愁訴の内容等の加工前の情報又は詳細な医学的情報は事業者に提供してはならないものとする。
　　なお、事業場の産業医等ではなく、外部の医師が面接指導を実施した場合、当該医師は、当該労働者の健康を確保するために必要な範囲で、当該労働者の同意を取得した上で、当該事業場の産業医等に対して加工前の情報又は詳細な医学的情報を提供することができるものとする。

12　その他の留意事項等
（1）産業医等の役割
　ア　ストレスチェック制度における産業医等の位置付け
　　　産業医は、法第13条並びに規則第13条、第14条及び第15条の規定に基づき、事業場における労働者の健康管理等の職務を行う者であり、そのための専門的知識を有する者である。また、規則第15条の規定に基づき、事業者は、産業医に対し、労働者の健康障害を防止するための必要な措置を講じる権限を与えなければならないこととされている。このように、産業医は、事業場における労働者の健康管理等の取組の中心的役割を果たすことが法令上想定されている。
　　　このため、産業医がストレスチェック及び面接指導を実施する等、産業医が中心的役割を担うことが適当であり、ストレスチェック制度の実施責任を負う事業者は、産業医の役割についてイのとおり取り扱うことが望ましい。
　　　なお、事業場によっては、複数の医師が当該事業場における労働者の健康管理等の業務に従事しており、その中で、産業医以外の精神科医又は心療内科医等が労働者のメンタルヘルスケアに関する業務を担当している場合等も考えられるが、こうした場合においては、ストレスチェック制度に関して、当該精神科医又は心療内科医等が中心的役割を担うことも考えられる。
　イ　産業医等の具体的な役割
　　①　ストレスチェックの実施
　　　　ストレスチェックは当該事業場の産業医等が実施することが望ましい。なお、

ストレスチェックの実施の全部を外部に委託する場合にも、当該事業場の産業医等が共同実施者となり、中心的役割を果たすことが望ましい。
　② 面接指導の実施
　　面接指導は当該事業場の産業医等が実施することが望ましい。
　③ 事業者による医師の意見聴取
　　事業者は、法第66条の10第5項の規定に基づき、医師から必要な措置についての意見を聴くに当たって、面接指導を実施した医師が、事業場外の精神科医又は心療内科医等である場合等当該事業場の産業医等以外の者であるときは、当該事業者の事業場の産業医等からも面接指導を実施した医師の意見を踏まえた意見を聴くことが望ましい。
（2）派遣労働者に関する留意事項
　ア　派遣元事業者と派遣先事業者の役割
　　派遣労働者に対するストレスチェック及び面接指導については、法第66条の10第1項から第6項までの規定に基づき、派遣元事業者がこれらを実施することとされている。派遣労働者に対するストレスチェック及び面接指導の実施に当たって、派遣先事業者は、派遣元事業者が実施するストレスチェック及び面接指導を受けることができるよう、派遣労働者に対し、必要な配慮をすることが適当である。
　　また、努力義務となっている集団ごとの集計・分析については、職場単位で実施することが重要であることから、派遣先事業者においては、派遣先事業場における派遣労働者も含めた一定規模の集団ごとにストレスチェック結果を集計・分析するとともに、その結果に基づく措置を実施することが望ましい。

　イ　面接指導に必要な情報の収集
　　派遣元事業者は、面接指導が適切に行えるよう、労働者派遣事業の適正な運営の確保及び派遣労働者の保護等に関する法律（昭和60年法律第88号）第42条第3項の規定に基づき派遣先事業者から通知された当該派遣労働者の労働時間に加え、必要に応じ、派遣先事業者に対し、その他の勤務の状況又は職場環境に関する情報について提供するよう依頼するものとし、派遣先事業者は、派遣元事業者から依頼があった場合には、必要な情報を提供するものとする。
　　この場合において、派遣元事業者は、派遣先事業者への依頼について、あらかじめ、当該派遣労働者の同意を得なければならない。
　ウ　派遣労働者に対する就業上の措置に関する留意点
　　派遣元事業者が、派遣労働者に対する面接指導の結果に基づき、医師の意見を勘案して、就業上の措置を講じるに当たって、派遣先事業者の協力が必要な場合には、派遣元事業者は、派遣先事業者に対して、当該措置の実施に協力するよう要請することとし、派遣先事業者は、派遣元事業者から要請があった場合には、これに応じ、必要な協力を行うこととする。この場合において、派遣元事業者は、派遣先事業者への要請について、あらかじめ、当該派遣労働者の同意を得なければならない。

エ　不利益な取扱いの禁止

次に掲げる派遣先事業者による派遣労働者に対する不利益な取扱いについては、一般的に合理的なものとはいえないため、派遣先事業者はこれらを行ってはならない。なお、不利益な取扱いの理由がそれぞれに掲げる理由以外のものであったとしても、実質的にこれらに該当するとみなされる場合には、当該不利益な取扱いについても、行ってはならない。

①　面接指導の結果に基づく派遣労働者の就業上の措置について、派遣元事業者からその実施に協力するよう要請があったことを理由として、派遣先事業者が、当該派遣労働者の変更を求めること。

②　派遣元事業者が本人の同意を得て、派遣先事業者に派遣労働者のストレスチェック結果を提供した場合において、これを理由として、派遣先事業者が、当該派遣労働者の変更を求めること。

③　派遣元事業者が本人の同意を得て、派遣先事業者に派遣労働者の面接指導の結果を提供した場合において、これを理由として、派遣先事業者が、派遣元事業者が聴取した医師の意見を勘案せず又は当該派遣労働者の実情を考慮せず、当該派遣労働者の変更を求めること。

④　派遣先事業者が集団ごとの集計・分析を行うことを目的として派遣労働者に対してもストレスチェックを実施した場合において、ストレスチェックを受けないことを理由として、当該派遣労働者の変更を求めること。

（3）外部機関にストレスチェック等を委託する場合の体制の確認に関する留意事項

ストレスチェック又は面接指導は、事業場の状況を日頃から把握している当該事業場の産業医等が実施することが望ましいが、事業者は、必要に応じてストレスチェック又は面接指導の全部又は一部を外部機関に委託することも可能である。この場合には、当該委託先において、ストレスチェック又は面接指導を適切に実施できる体制及び情報管理が適切に行われる体制が整備されているか等について、事前に確認することが望ましい。

（4）労働者数50人未満の事業場における留意事項

常時使用する労働者数が50人未満の小規模事業場においては、当分の間、ストレスチェックの実施は努力義務とされている。これらの小規模事業場では、産業医及び衛生管理者の選任並びに衛生委員会等の設置が義務付けられていないため、ストレスチェック及び面接指導を実施する場合は、産業保健スタッフが事業場内で確保できないことも考えられることから、産業保健総合支援センターの地域窓口（地域産業保健センター）等を活用して取り組むことができる。

13　定義

本指針において、次に掲げる用語の意味は、それぞれ次に定めるところによる。

①　ストレスチェック制度

法第66条の10に係る制度全体をいう。

② 調査票
　　ストレスチェックの実施に用いる紙媒体又は電磁的な媒体による自記式の質問票をいう。
③ 共同実施者・実施代表者
　　事業場の産業医等及び外部機関の医師が共同でストレスチェックを実施する場合等、実施者が複数名いる場合の実施者を「共同実施者」という。この場合の複数名の実施者を代表する者を「実施代表者」という。
④ 実施事務従事者
　　実施者のほか、実施者の指示により、ストレスチェックの実施の事務（個人の調査票のデータ入力、結果の出力又は記録の保存（事業者に指名された場合に限る。）等を含む。）に携わる者をいう。
⑤ ストレスチェック結果
　　調査票に記入又は入力した内容に基づいて出力される個人の結果であって、次に掲げる内容が含まれるものをいう。
- 職場における当該労働者の心理的な負担の原因に関する項目、心理的な負担による心身の自覚症状に関する項目及び職場における他の労働者による当該労働者への支援に関する項目について、個人ごとのストレスの特徴及び傾向を数値又は図表等で示したもの
- 個人ごとのストレスの程度を示したものであって、高ストレスに該当するかどうかを示した結果
- 医師による面接指導の要否

⑥ 集団ごとの集計・分析
　　ストレスチェック結果を事業場内の一定規模の集団（部又は課等）ごとに集計して、当該集団のストレスの特徴及び傾向を分析することをいう。
⑦ 産業医等
　　産業医その他労働者の健康管理等を行うのに必要な知識を有する医師をいう。
⑧ 産業保健スタッフ
　　事業場において労働者の健康管理等の業務に従事している産業医等、保健師、看護師、心理職又は衛生管理者等をいう。
⑨ メンタルヘルス不調
　　精神及び行動の障害に分類される精神障害及び自殺のみならず、ストレス、強い悩み及び不安等、労働者の心身の健康、社会生活及び生活の質に影響を与える可能性のある精神的及び行動上の問題を幅広く含むものをいう。

(別添)

職業性ストレス簡易調査票

A　あなたの仕事についてうかがいます。最もあてはまるものに〇を付けてください。

	そうだ	まあそうだ	ややちがう	ちがう
1. 非常にたくさんの仕事をしなければならない	1	2	3	4
2. 時間内に仕事が処理しきれない	1	2	3	4
3. 一生懸命働かなければならない	1	2	3	4
4. かなり注意を集中する必要がある	1	2	3	4
5. 高度の知識や技術が必要なむずかしい仕事だ	1	2	3	4
6. 勤務時間中はいつも仕事のことを考えていなければならない	1	2	3	4
7. からだを大変よく使う仕事だ	1	2	3	4
8. 自分のペースで仕事ができる	1	2	3	4
9. 自分で仕事の順番・やり方を決めることができる	1	2	3	4
10. 職場の仕事の方針に自分の意見を反映できる	1	2	3	4
11. 自分の技能や知識を仕事で使うことが少ない	1	2	3	4
12. 私の部署内で意見のくい違いがある	1	2	3	4
13. 私の部署と他の部署とはうまが合わない	1	2	3	4
14. 私の職場の雰囲気は友好的である	1	2	3	4
15. 私の職場の作業環境（騒音、照明、温度、換気など）はよくない	1	2	3	4
16. 仕事の内容は自分にあっている	1	2	3	4
17. 働きがいのある仕事だ	1	2	3	4

B　最近1か月間のあなたの状態についてうかがいます。最もあてはまるものに〇を付けてください。

	ほとんどなかった	ときどきあった	しばしばあった	ほとんどいつもあった
1. 活気がわいてくる	1	2	3	4
2. 元気がいっぱいだ	1	2	3	4
3. 生き生きする	1	2	3	4
4. 怒りを感じる	1	2	3	4
5. 内心腹立たしい	1	2	3	4
6. イライラしている	1	2	3	4
7. ひどく疲れた	1	2	3	4
8. へとへとだ	1	2	3	4
9. だるい	1	2	3	4
10. 気がはりつめている	1	2	3	4
11. 不安だ	1	2	3	4

12. 落着かない	1	2	3	4
13. ゆううつだ	1	2	3	4
14. 何をするのも面倒だ	1	2	3	4
15. 物事に集中できない	1	2	3	4
16. 気分が晴れない	1	2	3	4
17. 仕事が手につかない	1	2	3	4
18. 悲しいと感じる	1	2	3	4
19. めまいがする	1	2	3	4
20. 体のふしぶしが痛む	1	2	3	4
21. 頭が重かったり頭痛がする	1	2	3	4
22. 首筋や肩がこる	1	2	3	4
23. 腰が痛い	1	2	3	4
24. 目が疲れる	1	2	3	4
25. 動悸や息切れがする	1	2	3	4
26. 胃腸の具合が悪い	1	2	3	4
27. 食欲がない	1	2	3	4
28. 便秘や下痢をする	1	2	3	4
29. よく眠れない	1	2	3	4

C　あなたの周りの方々についてうかがいます。最もあてはまるものに〇を付けてください。

	非常に	かなり	多少	全くない

次の人たちはどのくらい気軽に話ができますか？

1. 上司	1	2	3	4
2. 職場の同僚	1	2	3	4
3. 配偶者、家族、友人等	1	2	3	4

あなたが困った時、次の人たちはどのくらい頼りになりますか？

4. 上司	1	2	3	4
5. 職場の同僚	1	2	3	4
6. 配偶者、家族、友人等	1	2	3	4

あなたの個人的な問題を相談したら、次の人たちはどのくらいきいてくれますか？

7. 上司	1	2	3	4
8. 職場の同僚	1	2	3	4
9. 配偶者、家族、友人等	1	2	3	4

D　満足度について

	満足	まあ満足	やや不満足	不満足
1. 仕事に満足だ	1	2	3	4
2. 家庭生活に満足だ	1	2	3	4

⑤研修告示（平成 27 年厚生労働省告示第 251 号）

　労働安全衛生規則（昭和四十七年労働省令第三十二号）第五十二条の十第一項第三号の規定に基づき、労働安全衛生規則第五十二条の十第一項第三号の規定に基づき厚生労働大臣が定める研修を次のように定め、平成二十七年十二月一日から適用する。
　　平成二十七年四月十五日

　　　　　　　　　　　　　　　　　　　　　　　　　　厚生労働大臣　　塩崎　恭久

労働安全衛生規則第五十二条の十第一項第三号の規定に基づき厚生労働大臣が定める研修

　労働安全衛生規則第五十二条の十第一項第三号の厚生労働大臣が定める研修は、次の各号に定めるところにより行われる学科研修（これに相当する研修であって、平成二十七年十二月一日前に開始されたものを含む。）とする。
　一　次のイからハまでに掲げる科目について、それぞれイからハまでに定める時間以上行われるものであること。
　　　イ　労働者の健康管理　二時間
　　　ロ　事業場におけるメンタルヘルス対策　一・五時間
　　　ハ　事業場における労働者の健康の保持増進を図るための労働者個人及び労働者の集団に対する支援の方法　一・五時間
　二　前号の研修を適切に行うために必要な能力を有する講師により行われるものであること。
　三　前二号に定めるもののほか、研修の実施について必要な事項は、厚生労働省労働基準局長の定めるところによるものであること。

⑥労働安全衛生規則に関する施行通達

基発0501第3号
平成27年5月1日

都道府県労働局長　殿

厚生労働省労働基準局長
（公印省略）

　　　労働安全衛生法の一部を改正する法律の施行に伴う厚生労働省関係
　　省令の整備に関する省令等の施行について（心理的な負担の程度を把握
　　するための検査等関係）

　労働安全衛生法の一部を改正する法律（平成26年法律第82号。以下「改正法」という。）については、平成26年6月25日に公布され、その主たる内容については、同日付け基発0625第4号をもって通達したところである。
　また、労働安全衛生法の一部を改正する法律の施行期日を定める政令（平成26年政令第325号）が制定され、心理的な負担の程度を把握するための検査等に係る規定については、平成27年12月1日付けで施行されることとされたところである。
　さらに、今般、心理的な負担の程度を把握するための検査等に係る規定等に関し必要な関係省令の整備を行うため、労働安全衛生法の一部を改正する法律の施行に伴う厚生労働省関係省令の整備に関する省令（平成27年厚生労働省令第94号。以下「改正省令」という。）が、平成27年4月15日に公布され、このうち心理的な負担の程度を把握するための検査等に係るものについては、平成27年12月1日から施行されることとなっている。
　改正法による改正後の労働安全衛生法（昭和47年法律第57号。以下「法」という。）及び改正省令による改正後の労働安全衛生規則（昭和47年労働省令第32号）のうち、心理的な負担の程度を把握するための検査等に係るものの趣旨、内容等は、下記のとおりであるので、これらを十分に理解の上、関係者への周知徹底を図るとともに、特に下記の事項に留意して、その運用に遺漏のないようにされたい。
　なお、改正省令のうち、平成27年6月1日付けで施行される外国登録製造時等検査機関等に係る規定及び特別安全衛生改善計画に係る規定に関しては、追って通達を発出する予定であることを申し添える。

記

第1　改正法の趣旨
Ⅰ　労働安全衛生法関係（第66条の10関係）

1 制度の目的
　　労働者のメンタルヘルス不調を未然に防止するため、医師、保健師等による心理的な負担の程度を把握するための検査(以下「ストレスチェック」という。)及びその結果に基づく医師による面接指導等を内容とする制度（以下「ストレスチェック制度」という。）を設けたものであること。なお、本制度は、メンタルヘルス不調の労働者を把握することを目的とした制度ではないこと。
2 第1項関係
　　労働者にストレスチェックを受ける義務はないが、メンタルヘルス不調で治療中のため受検の負担が大きいなどの特別な理由がない限り、全ての労働者がストレスチェックを受けることが望ましいこと。
　　なお、当該事業場でストレスチェックを実施する時点で休業している労働者については、事業者は当該労働者に対してストレスチェックを実施しなくても差し支えないこと。
3 第3項関係
　　事業者は、労働者が面接指導の申出をしたことを理由として、当該労働者に対し不利益な取扱いをしてはならず、また、申出の時点においてストレスチェック結果のみで就業上の措置の要否や内容を判断することはできないことから、事業者は、当然、ストレスチェックの結果のみを理由とした不利益な取扱いについても、これを行ってはならないこと。
4 費用負担等
　イ　ストレスチェック及び面接指導の費用については、法で事業者にストレスチェック及び面接指導の実施の義務を課している以上、当然、事業者が負担すべきものであること。
　ロ　ストレスチェック及び面接指導を受けるのに要した時間に係る賃金の支払いについては、当然には事業者の負担すべきものではなく、労使協議をして定めるべきものであるが、労働者の健康の確保は、事業の円滑な運営の不可欠な条件であることを考えると、ストレスチェック及び面接指導を受けるのに要した時間の賃金を事業者が支払うことが望ましいこと。

II 労働者派遣事業の適正な運営の確保及び派遣労働者の保護等に関する法律関係
　　法第66条の10に基づくストレスチェック及び面接指導については、派遣中の労働者に関し、派遣元事業者が事業者としての責務を負うものとしたこと。
　　なお、面接指導の結果に基づき、派遣元事業者が派遣中の労働者に就業上の措置を講ずる場合には、労働者派遣契約の変更が必要となること等も考えられることから、必要に応じて、派遣先事業者と連携し、適切に対応することが望ましいこと。

第2　労働安全衛生規則の改正の要点
 1　産業医の職務
　　産業医の職務として、ストレスチェックの実施並びに面接指導の実施及びその結果に基づく労働者の健康を保持するための措置に関することを追加したこと。（第14条関係）
 2　心理的な負担の程度を把握するための検査等
　(1)　事業者は、常時使用する労働者に対し、1年以内ごとに1回、定期に、次に掲げる事項についてストレスチェックを行わなければならないものとしたこと。（第52条の9関係）
　　　イ　職場における当該労働者の心理的な負担の原因に関する項目
　　　ロ　当該労働者の心理的な負担による心身の自覚症状に関する項目
　　　ハ　職場における他の労働者による当該労働者への支援に関する項目
　(2)　ストレスチェックの実施者として、医師、保健師のほか、厚生労働大臣が定める研修を修了した看護師又は精神保健福祉士を規定したこと。また、ストレスチェックを受ける労働者について解雇、昇進又は異動（以下「人事」という。）に関して直接の権限を持つ監督的地位にある者は、ストレスチェックの実施の事務に従事してはならないものとしたこと。（第52条の10関係）
　(3)　ストレスチェック結果の記録の作成及び保存、ストレスチェック結果の通知、労働者の同意の取得等について規定したこと。（第52条の11から第52条の13まで関係）
　(4)　事業者は、ストレスチェックの実施者に対してストレスチェック結果を一定規模の集団ごとに集計、分析させ、その結果を勘案し、その必要があると認めるときは、当該集団の労働者の実情を考慮して、当該集団の労働者の心理的な負担を軽減するための適切な措置を講ずるよう努めなければならないこととしたこと。（第52条の14関係）
　(5)　面接指導の対象となる労働者の要件について、ストレスチェックの結果、心理的な負担の程度が高い者であって、面接指導を受ける必要があるとストレスチェックの実施者が認めたものとしたこと。（第52条の15関係）
　(6)　面接指導の実施方法、ストレスチェックの実施者による面接指導の申出の勧奨、面接指導における確認事項、面接指導結果の記録の作成及び保存、医師からの意見聴取手続等について規定したこと。（第52条の16から第52条の19まで関係）
　(7)　常時50人以上の労働者を使用する事業者は、1年以内ごとに1回、定期に、ストレスチェック及び面接指導の結果を、心理的な負担の程度を把握するための検査等結果報告書（様式第6号の2）により、所轄労働基準監督署長に提出しなければならないこととしたこと。（第52条の21関係）

第3 細部事項（労働安全衛生規則関係）
1 産業医の職務（第14条第1項関係）
　　事業場における労働者の健康管理等の職務を行う者として選任された産業医は、ストレスチェック制度に関しても中心的役割を担うことが適当であることから、その職務内容に、ストレスチェック及びその結果に基づく医師による面接指導等に関する事項を追加したものであること。
　　なお、当該規定は産業医がストレスチェック及び面接指導等の実施に直接従事することまでを求めているものではなく、衛生委員会又は安全衛生委員会（以下「衛生委員会等」という。）に出席して、医学的見地から意見を述べるなど、何らかの形でストレスチェック及び面接指導の実施等に関与すべきことを定めたものであること。ただし、事業場の状況を日頃から把握している当該事業場の産業医がストレスチェック及び面接指導等の実施に直接従事することが望ましいこと。
　　また、産業医は、事業場における労働者の健康管理等の職務を行うものであるから、事業者は、産業医の職務が適切に遂行されるよう環境を整備するとともに、産業医がその職務を適切に遂行できない状況にあるときは、必要な改善を行うこと。
2 衛生委員会等の付議事項（第22条関係）
(1)　第10号の「労働者の精神的健康の保持増進を図るための対策の樹立に関すること」には、法第66条の10の規定に基づくストレスチェック制度に関する以下の事項が含まれること。
　イ　ストレスチェック制度の目的に係る周知方法並びにストレスチェック制度の実施体制及び実施方法に関すること
　ロ　ストレスチェック結果に基づく集団ごとの集計・分析の実施方法に関すること
　ハ　ストレスチェックの受検の有無の情報の取扱いに関すること
　ニ　ストレスチェック結果の記録の保存方法に関すること
　ホ　ストレスチェック、面接指導及び集団ごとの集計・分析の結果の利用目的及び利用方法に関すること
　ヘ　ストレスチェック、面接指導及び集団ごとの集計・分析に関する情報の開示、訂正、追加及び削除の方法に関すること
　ト　ストレスチェック、面接指導及び集団ごとの集計・分析に関する情報の取扱いに関する苦情の処理方法に関すること
　チ　労働者がストレスチェックを受けないことを選択できることの趣旨の周知方法に関すること
　リ　労働者に対する不利益な取扱いの防止に関すること
(2)　衛生委員会等においてストレスチェック制度に関する事項について調査

審議するに当たっては、その構成員であって、ストレスチェックの実施等において中心的役割を担う者でもある産業医の衛生委員会等への出席の徹底を図り、その役割が適切に果たされる必要があること。
(3) 衛生委員会等においてストレスチェック制度に関する事項について調査審議を行い、結論を得た場合は、事業者は当該結論を当然に尊重すべきであり、当該結論を踏まえ、法令に則った上で、当該事業場におけるストレスチェック制度の実施に関する規程を定め、これをあらかじめ労働者に対して周知するようにすること。
3 心理的な負担の程度を把握するための検査(第52条の9から第52条の15まで関係)
(1) ストレスチェックの実施方法(第52条の9関係)
　イ 事業者がストレスチェックを行うべき「常時使用する労働者」とは、次の①及び②のいずれの要件をも満たす者であること。
　　① 期間の定めのない労働契約により使用される者(期間の定めのある労働契約により使用される者であって、当該契約の契約期間が1年以上である者並びに契約更新により1年以上使用されることが予定されている者及び1年以上引き続き使用されている者を含む。)であること。
　　② その者の1週間の労働時間数が当該事業場において同種の業務に従事する通常の労働者の1週間の所定労働時間数の4分の3以上であること。
　　　なお、1週間の労働時間数が当該事業場において同種の業務に従事する通常の労働者の1週間の所定労働時間数の4分の3未満である短時間労働者であっても、上記の①の要件に該当し、1週間の労働時間数が、当該事業場において同種の業務に従事する通常の労働者の1週間の所定労働時間数の概ね2分の1以上である者に対しては、ストレスチェックを実施することが望ましいこと。
　ロ ストレスチェックは、調査票を用いて、第52条の9第1項第1号から第3号までに規定する3つの領域に関する項目により検査を行い、労働者のストレスの程度を点数化して評価するものであり、3つの領域に関する項目を含まない調査票で検査を行うもの又は点数化せずに評価を行うものは、ストレスチェックには該当しないこと。
　ハ ストレスチェックの実施方法として、特定の時期に全ての労働者に対して一斉に実施する方法のほか、1年を通して労働者ごとに時期をずらしながら実施する方法も考えられるが、第52条の14の規定に基づく一定規模の集団ごとの集計・分析を実施することができるよう、少なくとも集計・分析の単位となる集団については同じ時期に一斉に実施することが望ましいこと。
　ニ 1年以内ごとに複数回ストレスチェックを実施しても差し支えないこと。この場合、実施頻度や実施時期について、衛生委員会等において調査審議

を行うこと。
(2) ストレスチェックの実施者（第52条の10関係）
　イ　ストレスチェックは医師、保健師又は厚生労働大臣が定める研修を修了した看護師若しくは精神保健福祉士により行う必要があること。なお、ストレスチェックを受ける労働者の所属する事業場の状況を日頃から把握している者が行うことが望ましいこと。
　ロ　ストレスチェック結果が労働者の意に反して人事上の不利益な取扱いに利用されることがないようにするため、当該労働者の人事に関して直接の権限を持つ監督的地位にある者は、ストレスチェックの実施の事務に従事してはならないものとしたこと。なお、人事に関して直接の権限を持つ監督的地位にある者が従事することができない事務は、ストレスチェックの実施に直接従事すること及び実施に関連してストレスチェックの実施者の指示のもと行われる労働者の健康情報を取り扱う事務をいい、例えば、以下の事務が含まれること。
　　① 労働者が記入した調査票の回収（ただし、封筒に封入されている等労働者が記入した調査票の内容を把握できない状態になっているものを回収する事務を除く。）、内容の確認、データ入力、評価点数の算出等のストレスチェック結果を出力するまでの労働者の健康情報を取り扱う事務
　　② ストレスチェック結果の封入等、ストレスチェック結果を出力した後の労働者に結果を通知するまでの労働者の健康情報を取り扱う事務
　　③ ストレスチェック結果の労働者への通知の事務（ただし、封筒に封入されている等ストレスチェック結果を把握できない状態になっているものの配布等の事務を除く。）
　　④ 面接指導を受ける必要があると実施者が認めた者に対する面接指導の申出の勧奨の事務
　　⑤ ストレスチェック結果の集団ごとの集計・分析に係る労働者の健康情報を取り扱う事務
　ハ　上記ロの実施の事務に含まれない事務であって、労働者の健康情報を取り扱わないものについては、人事に関して直接の権限を持つ監督的地位にある者が従事して差し支えないこと。当該事務には、例えば、以下の事務が含まれること。
　　① 事業場におけるストレスチェックの実施計画の策定
　　② ストレスチェックの実施日時や実施場所等に関する実施者との連絡調整
　　③ ストレスチェックの実施を外部機関に委託する場合の外部機関との契約等に関する連絡調整
　　④ ストレスチェックの実施計画や実施日時等に関する労働者への通知

⑤　調査票の配布
　　　⑥　ストレスチェックを受けていない労働者に対する受検の勧奨
　　ニ　「解雇、昇進又は異動に関して直接の権限を持つ」とは、当該労働者の人事を決定する権限を持つこと又は人事について一定の判断を行う権限を持つことをいい、人事を担当する部署に所属する者であっても、こうした権限を持たない場合は、該当しないものであること。
(3)　ストレスチェックの実施者に関する経過措置（改正省令附則第2項関係）
　　改正省令の施行日の前日（平成27年11月30日）において、3年以上労働者の健康管理等の業務に従事した経験を有する看護師又は精神保健福祉士は、ストレスチェックに必要な知識を有する者として、厚生労働大臣が定める研修を受けなくても、ストレスチェックを実施することができるものとしたこと。
(4)　ストレスチェック結果の記録の作成等（第52条の11関係）
　　イ　ストレスチェック結果の記録は、労働者ごとのストレスチェック結果そのもの又は労働者ごとのストレスチェック結果を一覧などにしてまとめたものをいうこと。
　　ロ　ストレスチェックを行った医師等（以下「実施者」という。）による記録の作成の事務及び当該検査の実施の事務に従事した者による当該記録の保存の事務が適切に行われるよう事業者が講ずべき必要な措置には、記録の保存を担当する者の指名、記録の保存場所の指定、保存期間の設定及び記録が実施者及び本人以外に閲覧されないようなセキュリティの確保が含まれること。
(5)　ストレスチェック結果の通知（第52条の12関係）
　　イ　ストレスチェックを受けた労働者に通知すべきストレスチェック結果は次の①から③までを含むものでなければならないこと。なお、①には、第52条の9第1号から第3号までに規定する3つの項目ごとの点数を含まなければならないこと。
　　　①　ストレスチェックの調査票への回答に基づき、当該労働者のストレスの特徴や傾向を数値、図表等で示したもの
　　　②　当該労働者のストレスの程度を示したものであって、高ストレスに該当するかどうかを示した結果
　　　③　面接指導の要否
　　ロ　「遅滞なく」とは、ストレスの程度の評価等ストレスチェック結果が出力された後、速やかにという趣旨であること。
(6)　労働者の同意の取得（第52条の13関係）
　　労働者の同意の取得は、個人ごとの同意の事実が客観的に確認可能な方法で記録される必要があることから、書面又は電磁的記録によらなければならないものであること。また、同意の取得に係る書面又は電磁的記録は、事業者が5年間保存することが望ましいこと。

(7) ストレスチェック結果の集団ごとの分析等（第52条の14関係）
　イ　職場におけるストレス要因の評価及び職場環境の改善につなげるため、ストレスチェック結果を一定規模の集団ごとに集計、分析し、その結果を勘案して適切な措置を講ずるように努めなければならないこととしたものであり、努力義務であるが、事業者はできるだけこれを実施することが望ましいこと。
　ロ　「一定規模の集団」とは、職場環境を共有し、かつ業務内容について一定のまとまりをもった部、課などの集団であり、具体的に集計・分析を行う集団の単位は、事業者が当該事業場の業務の実態に応じて判断するものとすること。
　ハ　派遣労働者に対するストレスチェックの実施は、法第66条の10第1項に基づく派遣元事業者の義務であるが、ストレスチェック結果の集団ごとの集計・分析は、職場単位で実施する必要があることから、派遣労働者も含めた一定規模ごとに、派遣先事業者において集計・分析することが適当である。そのためには、派遣先事業者においても派遣労働者に対してストレスチェックを実施することが望ましいこと。

4　面接指導（第52条の15から第52条の19まで関係）
　(1)　面接指導の対象となる労働者の要件（第52条の15関係）
　　面接指導の対象となる労働者は、衛生委員会等において調査審議し、事業場のストレスチェック制度に関する規程において定めた基準及び方法により高ストレス者として選定された者であって、面接指導を受ける必要があると実施者が認めた者であること。
　(2)　面接指導の実施方法等（第52条の16関係）
　　イ　面接指導を受けることを希望する旨の申出は、書面や電子メール等で行い、事業者は、その記録を5年間保存することが望ましいこと。
　　ロ　申出を行った労働者については、ストレスチェック結果の事業者への提供に同意したものとして取り扱って差し支えなく、その場合は、その旨をあらかじめ労働者に周知する必要があること。ただし、申出を行った労働者が要件に該当するか否かを確認する方法について、衛生委員会等において調査審議し、事業者が実施者に当該労働者が要件に該当するか否かを確認する方法などストレスチェック結果を提供させる方法以外の方法を定めた場合については、当該方法に基づくことができること。
　　ハ　第1項の「遅滞なく」とは、概ね1月以内をいうこと。
　　ニ　第2項の「遅滞なく」とは、申出後、概ね1月以内をいうこと。
　　ホ　面接指導は、面接指導を受ける労働者の所属する事業場の状況を日頃から把握している当該事業場の産業医その他労働者の健康管理等を行うのに必要な知識を有する医師（以下「産業医等」という。）が行うことが望ましいこと。

(3) 面接指導における確認事項（第52条の17関係）
　　医師は、面接指導を行うに当たっては、第52条の９各号に掲げる事項のほか、第52条の17各号に掲げる事項について確認を行うものとされているが、「第52条の９各号に掲げる事項」の確認については、当該労働者のストレスチェック結果を確認することで足りること。
(4) 面接指導結果の記録の作成（第52条の18関係）
　イ　面接指導結果のうち、労働者の心理的な負担の状況やその他の心身の状況については、診断名、検査値、具体的な愁訴の内容等の生データや詳細な医学的な情報を記載すべき趣旨ではないこと。また、面接指導を実施した医師は、当該労働者の健康を確保するための就業上の措置を実施するため必要最小限の情報に限定して事業者に情報を提供する必要があり、診断名、検査値、具体的な愁訴の内容等の生データや詳細な医学的な情報は事業者に提供してはならないこと。
　ロ　面接指導結果の記録は、第52条の17各号及び第52条の18第２項各号の事項が記載されたものであれば、面接指導を実施した医師からの報告をそのまま保存することで足りること。
(5) 面接指導の結果についての医師からの意見聴取（第52条の19関係）
　イ　意見聴取は、面接指導が行われた後、遅滞なく行われる必要があるが、遅くとも面接指導を実施してから概ね１月以内に行うこと。なお、労働者の心理的な負担の程度等の健康状態から緊急に就業上の措置を講ずべき必要がある場合には、可能な限り速やかに行われる必要があること。
　ロ　医師の意見聴取については、面接指導を実施した医師から意見を聴取することが適当であること。
　ハ　面接指導を実施した医師が、当該面接指導を受けた労働者の所属する事業場の産業医等でない場合には、当該事業場の産業医等からも面接指導を実施した医師の意見を踏まえた意見を聴取することが望ましいこと。
(6) 検査及び面接指導結果の報告（第52条の21関係）
　　心理的な負担の程度を把握するための検査結果等報告書の提出時期は、各事業場における事業年度の終了後など、事業場ごとに設定して差し支えないこと。

第４　その他関係省令の改正（改正省令第５条及び第６条関係）
　労働者派遣事業の適正な運営の確保及び派遣労働者の保護等に関する法律施行規則（昭和61年労働省令第20号）及び厚生労働省の所管する法令の規定に基づく民間事業者等が行う書面の保存等における情報通信の技術の利用に関する省令（平成17年厚生労働省令第44号）について、所要の改正を行ったこと。

労働安全衛生法の一部を改正する法律（平成26年法律第82号。以下「改正法」という。）については、平成26年6月25日に公布され、その主たる内容については、同日付け基発0625第4号をもって通達したところである。

　また、労働安全衛生法の一部を改正する法律の施行期日を定める政令（平成26年政令第325号）が制定され、心理的な負担の程度を把握するための検査等に係る規定については、平成27年12月1日付けで施行されることとされたところである。

　さらに、今般、心理的な負担の程度を把握するための検査等に係る規定等に関し必要な関係省令の整備を行うため、労働安全衛生法の一部を改正する法律の施行に伴う厚生労働省関係省令の整備に関する省令（平成27年厚生労働省令第94号。以下「改正省令」という。）が、平成27年4月15日に公布され、このうち心理的な負担の程度を把握するための検査等に係るものについては、平成27年12月1日から施行されることとなっている。

　改正法による改正後の労働安全衛生法（昭和47年法律第57号。以下「法」という。）及び改正省令による改正後の労働安全衛生規則（昭和47年労働省令第32号。以下「規則」という。）のうち、心理的な負担の程度を把握するための検査等に係るもの趣旨、内容等は、下記のとおりであるので、これらを十分に理解の上、関係者への周知徹底を図るとともに、特に下記の事項に留意して、その運用に遺漏のないようにされたい。

　なお、改正省令のうち、平成27年6月1日付けで施行される予定の外国登録製造時等検査機関等に係る規定及び特別安全衛生改善計画に係る規定に関する施行通達については、追って発出する予定であることを申し添える。

⑦研修告示に関する施行通達

基発第 0501 第 4 号
平成 27 年 5 月 1 日

都道府県労働局長　殿

厚生労働省労働基準局長
（　公　印　省　略　）

労働安全衛生規則第 52 条の 10 第 1 項第 3 号の規定に基づき
厚生労働大臣が定める研修に係る具体的事項について

　労働安全衛生規則第 52 条の 10 第 1 項第 3 号の規定に基づき厚生労働大臣が定める研修（厚生労働省告示第 251 号。以下「告示」という。）については、平成 27 年 4 月 15 日に告示されたところであり、本年 12 月 1 日から適用される予定である。
　今般、告示に基づき、その実施について必要な事項を下記のとおり定めるので、その周知を図る等、その運用に遺漏なきを期されたい。

記

1　第一号関係
(1) 研修の科目の範囲等
　ア　研修は、次の表の科目の欄に掲げる研修科目に応じ、それぞれ同表の範囲の欄に掲げる範囲について行われるものであること。

科　目	範　囲
労働者の健康管理	・労働衛生関係法令 ・職場の労働衛生管理体制 ・産業医等産業保健スタッフの役割と職務 ・労働者の健康管理の基本的考え方 ・労働者の健康情報とその評価 ・労働者の健康情報の保護
事業場におけるメンタルヘルス対策	・事業場におけるメンタルヘルス対策の基本的考え方 ・労働者のメンタルヘルス不調の予防と対応、職場復帰支援 ・職場のストレス要因と職場環境の改善
事業場における労働者の健康の保持増進を図るための労働者個人及び労働者の集団に対す	・職場における健康教育の知識と技法 ・労働者との面接の知識と技法 ・職場における集団への支援の知識と技法

る支援の方法	

イ 研修の修了時に試験の実施等により研修の効果の確認を行うことが望ましいこと。
ウ 研修を修了した者に対し、修了証を発行すること。

(2) 研修の科目の一部免除

次の表の免除を受けることができる者の欄に掲げる者については、それぞれ同表の免除する科目の欄に掲げる科目の範囲で、研修の一部を免除することができること。

免除を受けることができる者	免除する科目
衛生管理者免許を受けた者	労働者の健康管理

2 第二号関係
(1) 研修の講師の要件

ア 研修を適切に行うため必要な能力を有する講師とは、次の表の科目の欄に掲げる科目に応じ、それぞれ同表の条件の欄に掲げる条件のいずれかに適合する者又はこれと同等以上の知識経験を有する者であること。

科 目	範 囲
労働者の健康管理	労働者の健康管理について医師、保健師又は労働衛生コンサルタント（保健衛生区分に限る。）として三年以上の実務経験を有する者
事業場におけるメンタルヘルス対策	事業場におけるメンタルヘルス対策に関わる業務について医師又は保健師として三年以上の実務経験を有する者
事業場における労働者の健康の保持増進を図るための労働者個人及び労働者の集団に対する支援の方法	労働者の健康管理について医師又は保健師として三年以上の実務経験を有する者

3 第三号関係
(1) 研修を実施した者による報告等

研修を実施した者は、毎事業年度経過後3か月以内に、実施科目、講師名及びその要件、実施回数並びに修了者数について、厚生労働省労働基準局安全衛生部労働衛生課に報告すること。

また、研修を実施した者は、修了者の氏名、生年月日、受講科目、講師名及び修了年月日を記録した帳簿を備え、これを保存しておくこと。

⑧情報通信機器を用いた面接指導に関する通達

基発 0915 第 5 号
平成 27 年 9 月 15 日

都道府県労働局長　殿

厚生労働省労働基準局長
（　公　印　省　略　）

情報通信機器を用いた労働安全衛生法第66条の8第1項及び第66条の10第3項の規定に
基づく医師による面接指導の実施について

　労働安全衛生法（昭和47年法律第57号。以下「法」という。）第66条の8第1項及び
労働安全衛生法の一部を改正する法律（平成26年法律第82号）による改正後の法第66条
の10第3項の規定において、事業者は、一定の要件を満たす労働者に対して、医師による
面接指導を実施しなければならないこととされている。
　今般、これらの法の規定に基づく面接指導を情報通信機器を用いて行うことについて、
下記のとおり考え方及び留意事項を示すこととしたので、事業者に対する指導等について
遺漏なきを期されたい。

記

1　基本的な考え方
　　法第66条の8第1項において、面接指導は「問診その他の方法により心身の状況を把
　握し、これに応じて面接により必要な指導を行うこと」とされており、医師が労働者と
　面接し、労働者とのやりとりやその様子（表情、しぐさ、話し方、声色等）から労働者
　の疲労の状況やストレスの状況その他の心身の状況を把握するとともに、把握した情報
　を元に必要な指導や就業上の措置に関する判断を行うものであるため、労働者の様子を
　把握し、円滑にやりとりを行うことができるよう、原則として直接対面によって行うこ
　とが望ましい。
　　一方、情報通信機器を用いて面接指導を行った場合も、労働者の心身の状況を把握し、
　必要な指導を行うことができる状況で実施するのであれば、直ちに法違反となるもので
　はない。
　　ただし、情報通信機器を用いて面接指導を行う場合には、労働者の心身の状況の確認

や必要な指導が適切に行われるようにするため、以下2に掲げる事項に留意する必要がある。

2 情報通信機器を用いた面接指導の実施に係る留意事項
（1）面接指導を実施する医師が、以下のいずれかの場合に該当すること。なお、以下のいずれの場合においても、事業者は、面接指導を実施する医師に対し、面接指導を受ける労働者に関する労働時間等の勤務の状況及び作業環境等に関する情報を提供しなければならないこと。
　① 面接指導を実施する医師が、対象労働者が所属する事業場の産業医である場合。
　② 面接指導を実施する医師が、契約（雇用契約を含む）により、少なくとも過去1年以上の期間にわたって、対象労働者が所属する事業場の労働者の日常的な健康管理に関する業務を担当している場合。
　③ 面接指導を実施する医師が、過去1年以内に、対象労働者が所属する事業場を巡視したことがある場合。
　④ 面接指導を実施する医師が、過去1年以内に、当該労働者に直接対面により指導等を実施したことがある場合。
（2）面接指導に用いる情報通信機器が、以下の全ての要件を満たすこと。
　① 面接指導を行う医師と労働者とが相互に表情、顔色、声、しぐさ等を確認できるものであって、映像と音声の送受信が常時安定しかつ円滑であること。なお、映像を伴わない電話による面接指導の実施は認められない。
　② 情報セキュリティ（外部への情報漏洩の防止や外部からの不正アクセスの防止）が確保されること。
　③ 労働者が面接指導を受ける際の情報通信機器の操作が、複雑、難解なものでなく、容易に利用できること。
（3）情報通信機器を用いた面接指導の実施方法等について、以下のいずれの要件も満たすこと。
　① 情報通信機器を用いた面接指導の実施方法について、衛生委員会等で調査審議を行った上で、事前に労働者に周知していること。
　② 情報通信機器を用いて実施する場合は、面接指導の内容が第三者に知られることがないような環境を整備するなど、労働者のプライバシーに配慮していること。
（4）情報通信機器を用いた面接指導において、医師が緊急に対応すべき徴候等を把握した場合に、労働者が面接指導を受けている事業場その他の場所の近隣の医師等と連携して対応したり、その事業場にいる産業保健スタッフが対応する等の緊急時対応体制が整備されていること。

⑨健康情報の取扱い留意事項に関する通達【抄】

雇用管理に関する個人情報のうち健康情報を取り扱うに当たっての留意事項【抄】

平成16年10月29日基発第1029009号
改正　平成27年11月30日基発1130第2号

第1　趣旨

　　この留意事項は、雇用管理分野における個人情報保護に関するガイドライン（平成24年厚生労働省告示第357号。以下「ガイドライン」という。）に定める雇用管理に関する個人情報のうち健康情報の取扱いについて、ガイドラインに定める措置の実施等に加えて事業者が留意すべき事項を定めるものである。

第2　健康情報の定義

　　個人情報の保護に関する法律（平成15年法律第57号。以下「法」という。）第2条及びガイドライン第2に定める雇用管理に関する個人情報のうち、この留意事項において取り扱う労働者の健康に関する個人情報（以下「健康情報」という。）は、健康診断の結果、病歴、その他の健康に関するものをいい、健康情報に該当するものの例として、次に掲げるものが挙げられる。
　（1）～（9）　（略）
　（9）安衛法第66条の10第1項の規定に基づき事業者が実施した心理的な負担の程度を把握するための検査（以下「ストレスチェック」という。）の結果
　（10）安衛法第66条の10第3項の規定に基づき事業者が実施した面接指導の結果
　（11）安衛法第66条の10第5項の規定に基づき事業者が医師から聴取した意見及び同条第6項の規定に基づき事業者が講じた面接指導実施後の措置の内容
　（12）～（18）　（略）

第3　健康情報の取扱いについて事業者が留意すべき事項

1　事業者が健康情報を取り扱うに当たっての基本的な考え方
（1）健康情報は労働者個人の心身の健康に関する情報であり、本人に対する不利益な取扱い又は差別等につながるおそれのある機微な情報であるため、事業者は健康情報の適正な取扱いに特に留意しなければならない。
（2）健康情報は、労働者の健康確保に必要な範囲で利用されるべきものであり、事業者は、労働者の健康確保に必要な範囲を超えてこれらの健康情報を取り扱ってはならない。

2 法第17条に規定する適正な取得に関する事項（ガイドライン第5の1から3関係）
（1）　　（略）
（2）安衛法第66条の10第2項において、ストレスチェックを実施した医師、保健師その他の厚生労働省令で定める者（以下「実施者」という。）は、労働者の同意を得ないでストレスチェック結果を事業者に提供してはならないこととされており、事業者は、実施者又はその他のストレスチェックの実施の事務に従事した者（以下「実施事務従事者」という。）に提供を強要する又は労働者に同意を強要する等の不正の手段により、労働者のストレスチェックの結果を取得してはならない。

3 法第20条に規定する安全管理措置及び法第21条に規定する従業者の監督に関する事項（ガイドライン第6の2及び3関係）
（1）事業者は、健康情報のうち診断名、検査値、具体的な愁訴の内容等の加工前の情報や詳細な医学的情報の取扱いについては、その利用に当たって医学的知識に基づく加工・判断等を要することがあることから、産業保健業務従事者に行わせることが望ましい。
（2）事業者は、産業保健業務従事者から産業保健業務従事者以外の者に健康情報を提供させる時は、当該情報が労働者の健康確保に必要な範囲内で利用されるよう、必要に応じて、産業保健業務従事者に健康情報を適切に加工させる等の措置を講ずること。
（3）個人のストレスチェック結果を取り扱う実施者及び実施事務従事者については、あらかじめ衛生委員会等による調査審議を踏まえて事業者が指名し、全ての労働者に周知すること。
（4）ストレスチェック結果は、詳細な医学的情報を含むものではないため、事業者は、その情報を産業保健業務従事者以外の者にも取り扱わせることができるが、事業者への提供について労働者の同意を得ていない場合には、ストレスチェックを受ける労働者について解雇、昇進又は異動（以下「人事」という。）に関して直接の権限を持つ監督的地位にある者に取り扱わせてはならない。また、事業者は、ストレスチェック結果を労働者の人事を担当する者（人事に関して直接の権限を持つ監督的地位にある者を除く。）に取り扱わせる時は、労働者の健康確保に必要な範囲を超えて人事に利用されることのないようにするため、次に掲げる事項を当該者に周知すること。
　（a）当該者には安衛法第104条の規定に基づき秘密の保持義務が課されること。
　（b）ストレスチェック結果の取り扱いは、医師等のストレスチェックの実施者の指示により行うものであり、所属部署の上司等の指示を受けて、その結果を漏らしたりしてはならないこと。
　（c）ストレスチェック結果を、自らの所属部署の業務等のうちストレスチェックの実施の事務とは関係しない業務に利用してはならないこと。

（5）インターネットや社内イントラネット等の情報通信技術を利用してストレスチェックを実施する場合は、次に掲げる事項を満たす必要があること。
　　（a）個人情報の保護や改ざんの防止等のセキュリティの確保のための仕組みが整っており、その仕組みに基づいて個人の結果の保存が適切になされていること。
　　（b）本人以外に個人のストレスチェック結果を閲覧することのできる者の制限がなされていること。

4　法第22条に規定する委託先の監督に関する事項（ガイドライン第6の4関係）
　健康診断、ストレスチェック又は面接指導の全部又は一部を医療機関、メンタルヘルスケアへの支援を行う機関等（以下「外部機関」という。）に委託する場合には、当該委託先において、情報管理が適切に行われる体制が整備されているかについて、事前に確認することが望ましい。

5　法第23条第1項に規定する本人の同意に関する事項（ガイドライン第7の1、2及び4関係）
（1）、（2）　（略）
（3）事業者は、ストレスチェックの実施に当たって、外部機関にストレスチェックの実施を委託する場合には、ストレスチェックの実施に必要な労働者の個人情報を外部機関に提供する必要がある。この場合において、当該提供行為は、安衛法に基づく事業者の義務を遂行する行為であり、法第23条第1項第1号の「法令に基づく場合」に該当することから、本人の同意を得なくても第三者提供の制限は受けない。
　　また、安衛法第66条の10第2項において、あらかじめストレスチェックを受けた労働者の同意を得ないで、その結果を事業者に提供してはならないこととされている。このため、外部機関が、あらかじめ本人の同意を得ないで、委託元である事業者に対してストレスチェック結果を提供することはできない。
　　さらに、安衛法第66条の10第3項において、ストレスチェックの結果の通知を受けた労働者であって、厚生労働省令で定める要件に該当するものが申し出たときは、事業者は、面接指導の実施が義務付けられている。事業者がこの義務を遂行するためには、当該労働者が厚生労働省令で定める要件に該当するかどうかを確認するために、労働者にストレスチェックの提出を求めるほか、ストレスチェックを実施した外部機関に対してストレスチェック結果の提供を求めることも考えられるが、労働者の申出は、事業者へのストレスチェック結果の提供に同意したとみなすことができることから、事業者の求めに応じて外部機関が事業者にストレスチェック結果を提供するに当たって、改めて本人の同意を得る必要はない。
　　なお、事業者が、安衛法第66条の8第1項又は第66条の10第3項の規定に基づく面接指導を委託するために必要な労働者の個人情報を外部機関に提供し、また、外部機関が委託元である事業者に対して労働者の面接指導の結果を提供することは、5（2）に規定する健康診断等の場合と同様に、安衛法に基づく事業者の義務を遂行す

る行為であり、法第23条第1項第1号の「法令に基づく場合」に該当し、本人の同意を得なくても第三者提供の制限は受けない。この場合において、本人の同意を得なくても第三者提供の制限を受けない健康情報には、面接指導の実施に必要な情報として事業者から当該外部機関に提供するストレスチェック結果も含まれる。

（4）〜（6）　　（略）

6　法第25条に規定する保有個人データの開示に関する事項（ガイドライン第8の2関係）

事業者が保有する健康情報のうち、安衛法第66条の8第3項及び第66条の10第4項の規定に基づき事業者が作成した面接指導の結果の記録その他の医師、保健師等の判断及び意見並びに詳細な医学的情報を含む健康情報については、本人から開示の請求があった場合は、原則として開示しなければならない。ただし、本人に開示することにより、法第25条第1項各号のいずれかに該当する場合は、その全部又は一部を開示しないことができる。

7　法第31条に規定する苦情の処理に関する事項（ガイドライン第9関係）

ガイドライン第9に定める苦情を処理するための窓口については、健康情報に係る苦情に適切に対応するため、必要に応じて産業保健業務従事者と連携を図ることができる体制を整備しておくことが望ましい。

8　その他事業者が雇用管理に関する個人情報の適切な取扱いを確保するための措置を行うに当たって配慮すべき事項

（1）事業者は、安衛法に基づく健康診断等の実施を外部機関に委託することが多いことから、健康情報についても外部とやり取りをする機会が多いことや、事業場内においても健康情報を産業保健業務従事者以外の者に取り扱わせる場合があること等に鑑み、あらかじめ、ガイドライン第8に掲げるもののほか、以下に掲げる事項について事業場内の規程等として定め、これを労働者に周知するとともに、関係者に当該規程に従って取り扱わせることが望ましい。

　　（a）健康情報の利用目的及び利用方法に関すること
　　（b）健康情報に係る安全管理体制に関すること
　　（c）健康情報を取り扱う者及びその権限並びに取り扱う健康情報の範囲に関すること
　　（d）健康情報の開示、訂正、追加又は削除の方法（廃棄に関するものを含む。）に関すること
　　（e）健康情報の取扱いに関する苦情の処理に関すること

（2）事業者は、（1）の規程等を定めるときは、衛生委員会等において審議を行った上で、ガイドライン第10の1に定めるところにより労働組合等に通知し、必要に応じて協議を行うことが望ましい。

(3) （略）
(4) 労働者の健康情報は、医療機関において「医療・介護関係事業者における個人情報の適切な取扱いのためのガイドライン」に基づき取り扱われ、また、健康保険組合において「健康保険組合等における個人情報の適切な取扱いのためのガイドライン」に基づき取り扱われることから、事業者は、特に安全管理措置等について、両ガイドラインの内容についても留意することが期待されている。

第4　個人情報取扱事業者以外の事業者による健康情報の取扱い
　　個人情報取扱事業者以外の事業者であって健康情報を取り扱う者は、健康情報が特に適正な取扱いの厳格な実施を確保すべきものであることに十分留意し、第3に準じてその適正な取扱いの確保に努めること。

資料2 職業性ストレス簡易調査票及び分布表

①職業性ストレス簡易調査票（57項目）

A. あなたの仕事についてうかがいます。最もあてはまるものに〇を付けてください。

	そうだ	まあそうだ	ややちがう	ちがう
1. 非常にたくさんの仕事をしなければならない	1	2	3	4
2. 時間内に仕事が処理しきれない	1	2	3	4
3. 一生懸命働かなければならない	1	2	3	4
4. かなり注意を集中する必要がある	1	2	3	4
5. 高度の知識や技術が必要なむずかしい仕事だ	1	2	3	4
6. 勤務時間中はいつも仕事のことを考えていなければならない	1	2	3	4
7. からだを大変よく使う仕事だ	1	2	3	4
8. 自分のペースで仕事ができる	1	2	3	4
9. 自分で仕事の順番・やり方を決めることができる	1	2	3	4
10. 職場の仕事の方針に自分の意見を反映できる	1	2	3	4
11. 自分の技能や知識を仕事で使うことが少ない	1	2	3	4
12. 私の部署内で意見のくい違いがある	1	2	3	4
13. 私の部署と他の部署とはうまが合わない	1	2	3	4
14. 私の職場の雰囲気は友好的である	1	2	3	4
15. 私の職場の作業環境（騒音、照明、温度、換気など）はよくない	1	2	3	4
16. 仕事の内容は自分にあっている	1	2	3	4
17. 働きがいのある仕事だ	1	2	3	4

B. 最近1か月間のあなたの状態についてうかがいます。最もあてはまるものに〇を付けてください。

	ほとんどなかった	ときどきあった	しばしばあった	ほとんどいつもあった
1. 活気がわいてくる	1	2	3	4
2. 元気がいっぱいだ	1	2	3	4
3. 生き生きする	1	2	3	4
4. 怒りを感じる	1	2	3	4
5. 内心腹立たしい	1	2	3	4
6. イライラしている	1	2	3	4
7. ひどく疲れた	1	2	3	4
8. へとへとだ	1	2	3	4
9. だるい	1	2	3	4
10. 気がはりつめている	1	2	3	4
11. 不安だ	1	2	3	4
12. 落着かない	1	2	3	4
13. ゆううつだ	1	2	3	4
14. 何をするのも面倒だ	1	2	3	4
15. 物事に集中できない	1	2	3	4
16. 気分が晴れない	1	2	3	4

17. 仕事が手につかない	1	2	3	4
18. 悲しいと感じる	1	2	3	4
19. めまいがする	1	2	3	4
20. 体のふしぶしが痛む	1	2	3	4
21. 頭が重かったり頭痛がする	1	2	3	4
22. 首筋や肩がこる	1	2	3	4
23. 腰が痛い	1	2	3	4
24. 目が疲れる	1	2	3	4
25. 動悸や息切れがする	1	2	3	4
26. 胃腸の具合が悪い	1	2	3	4
27. 食欲がない	1	2	3	4
28. 便秘や下痢をする	1	2	3	4
29. よく眠れない	1	2	3	4

C．あなたの周りの方々についてうかがいます。最もあてはまるものに〇を付けてください。

	非常に	かなり	多少	全くない

次の人たちはどのくらい気軽に話ができますか？

1. 上司	1	2	3	4
2. 職場の同僚	1	2	3	4
3. 配偶者、家族、友人等	1	2	3	4

あなたが困った時、次の人たちはどのくらい頼りになりますか？

4. 上司	1	2	3	4
5. 職場の同僚	1	2	3	4
6. 配偶者、家族、友人等	1	2	3	4

あなたの個人的な問題を相談したら、次の人たちはどのくらいきいてくれますか？

7. 上司	1	2	3	4
8. 職場の同僚	1	2	3	4
9. 配偶者、家族、友人等	1	2	3	4

D．満足度について

	満足	まあ満足	やや不満足	不満足
1. 仕事に満足だ	1	2	3	4
2. 家庭生活に満足だ	1	2	3	4

②職業性ストレス簡易調査票　（簡略版23項目）

A. あなたの仕事についてうかがいます。最もあてはまるものに〇を付けてください。

	そうだ	まあそうだ	ややちがう	ちがう
1. 非常にたくさんの仕事をしなければならない	1	2	3	4
2. 時間内に仕事が処理しきれない	1	2	3	4
3. 一生懸命働かなければならない	1	2	3	4
8. 自分のペースで仕事ができる	1	2	3	4
9. 自分で仕事の順番・やり方を決めることができる	1	2	3	4
10. 職場の仕事の方針に自分の意見を反映できる	1	2	3	4

B. 最近1か月間のあなたの状態についてうかがいます。最もあてはまるものに〇を付けてください。

	ほとんどなかった	ときどきあった	しばしばあった	ほとんどいつもあった
7. ひどく疲れた	1	2	3	4
8. へとへとだ	1	2	3	4
9. だるい	1	2	3	4
10. 気がはりつめている	1	2	3	4
11. 不安だ	1	2	3	4
12. 落着かない	1	2	3	4
13. ゆううつだ	1	2	3	4
14. 何をするのも面倒だ	1	2	3	4
16. 気分が晴れない	1	2	3	4
27. 食欲がない	1	2	3	4
29. よく眠れない	1	2	3	4

C. あなたの周りの方々についてうかがいます。最もあてはまるものに〇を付けてください。

	非常に	かなり	多少	全くない

次の人たちはどのくらい気軽に話ができますか？

	非常に	かなり	多少	全くない
1. 上司	1	2	3	4
2. 職場の同僚	1	2	3	4

あなたが困った時、次の人たちはどのくらい頼りになりますか？

	非常に	かなり	多少	全くない
4. 上司	1	2	3	4
5. 職場の同僚	1	2	3	4

あなたの個人的な問題を相談したら、次の人たちはどのくらいきいてくれますか？

	非常に	かなり	多少	全くない
7. 上司	1	2	3	4
8. 職場の同僚	1	2	3	4

③職業性ストレス簡易調査票を用いた実績データから作成された分布表

注）この分布表は、平成 24 年 4 月から平成 25 年 3 月までに中央労働災害防止協会の職業性ストレス簡易調査票を用いたストレス調査サービスを利用していただいた 201,700 名のデータから集計したものです。
　なお、利用時には個人を特定しない公衆衛生の目的でデータを利用することについての同意を得ています。

○評価基準の例その1（P43 参照）のための分布表

ア　簡易調査票（57 項目）に対応するもの

標準版　反応29項目と要因26項目のクロス集計表

++		要因17項目支援9項目															累積
		65	66	67	68	69	70	71	72	73	74	75	76	77	78	79	80	
心身のストレス反応29項目	53	26.4%	23.9%	21.4%	19.0%	16.7%	14.6%	12.6%	10.8%	9.2%	7.8%	6.6%	5.5%	4.6%	3.8%	3.2%	2.6%	52.3%
	54	25.6%	23.3%	20.9%	18.6%	16.4%	14.3%	12.4%	10.7%	9.1%	7.7%	6.5%	5.5%	4.6%	3.8%	3.1%	2.6%	49.6%
	55	24.8%	22.6%	20.3%	18.1%	16.0%	14.0%	12.2%	10.5%	8.9%	7.6%	6.4%	5.4%	4.5%	3.8%	3.1%	2.6%	46.7%
	56	23.9%	21.8%	19.6%	17.6%	15.6%	13.7%	11.9%	10.3%	8.8%	7.5%	6.3%	5.3%	4.5%	3.7%	3.1%	2.6%	43.9%
	57	23.0%	21.0%	19.0%	17.0%	15.1%	13.3%	11.6%	10.1%	8.6%	7.4%	6.2%	5.3%	4.4%	3.7%	3.1%	2.5%	41.3%
	58	22.0%	20.2%	18.3%	16.5%	14.7%	12.9%	11.3%	9.8%	8.4%	7.2%	6.1%	5.2%	4.4%	3.7%	3.0%	2.5%	38.6%
	59	21.1%	19.4%	17.6%	15.9%	14.2%	12.5%	11.0%	9.6%	8.2%	7.1%	6.0%	5.1%	4.3%	3.6%	3.0%	2.5%	36.1%
	60	20.1%	18.5%	16.9%	15.2%	13.7%	12.1%	10.6%	9.3%	8.0%	6.9%	5.9%	5.0%	4.2%	3.5%	3.0%	2.5%	33.6%
	61	19.1%	17.7%	16.2%	14.6%	13.2%	11.7%	10.3%	9.0%	7.8%	6.7%	5.8%	4.9%	4.2%	3.5%	2.9%	2.4%	31.4%
	62	18.1%	16.7%	15.3%	14.0%	12.6%	11.2%	9.9%	8.7%	7.6%	6.6%	5.6%	4.8%	4.1%	3.4%	2.9%	2.4%	28.9%
	63	17.1%	15.9%	14.6%	13.3%	12.0%	10.7%	9.5%	8.4%	7.4%	6.4%	5.5%	4.7%	4.0%	3.4%	2.8%	2.4%	26.5%
	64	16.2%	15.1%	13.9%	12.7%	11.5%	10.3%	9.2%	8.1%	7.1%	6.2%	5.3%	4.6%	3.9%	3.3%	2.8%	2.3%	24.8%
	65	15.2%	14.2%	13.1%	12.1%	11.0%	9.8%	8.8%	7.8%	6.9%	6.0%	5.2%	4.5%	3.8%	3.2%	2.7%	2.3%	22.9%
	66	14.3%	13.4%	12.4%	11.5%	10.4%	9.4%	8.4%	7.5%	6.6%	5.8%	5.0%	4.3%	3.7%	3.1%	2.7%	2.2%	21.1%
	67	13.4%	12.6%	11.7%	10.8%	9.9%	8.9%	8.0%	7.2%	6.4%	5.6%	4.9%	4.2%	3.6%	3.1%	2.6%	2.2%	19.5%
	68	12.5%	11.8%	11.0%	10.2%	9.4%	8.5%	7.6%	6.9%	6.1%	5.4%	4.7%	4.1%	3.5%	3.0%	2.5%	2.1%	17.9%
	69	11.7%	11.1%	10.4%	9.6%	8.8%	8.0%	7.3%	6.5%	5.8%	5.1%	4.5%	3.9%	3.4%	2.9%	2.5%	2.1%	16.5%
	70	10.9%	10.4%	9.7%	9.1%	8.3%	7.6%	6.9%	6.2%	5.5%	4.9%	4.3%	3.8%	3.3%	2.8%	2.4%	2.0%	15.1%
	71	10.2%	9.7%	9.1%	8.5%	7.8%	7.2%	6.5%	5.9%	5.3%	4.7%	4.2%	3.7%	3.2%	2.7%	2.3%	2.0%	13.8%
	72	9.4%	9.0%	8.5%	7.9%	7.3%	6.7%	6.1%	5.6%	5.0%	4.5%	4.0%	3.5%	3.0%	2.6%	2.2%	1.9%	12.6%
	73	8.7%	8.3%	7.9%	7.4%	6.9%	6.3%	5.8%	5.3%	4.7%	4.3%	3.8%	3.4%	2.9%	2.5%	2.2%	1.9%	11.5%
	74	8.1%	7.7%	7.3%	6.9%	6.4%	5.9%	5.4%	5.0%	4.5%	4.0%	3.6%	3.2%	2.8%	2.4%	2.1%	1.8%	10.5%
	75	7.4%	7.1%	6.8%	6.4%	6.0%	5.5%	5.1%	4.7%	4.2%	3.8%	3.4%	3.0%	2.7%	2.3%	2.0%	1.7%	9.6%
	76	6.8%	6.6%	6.3%	5.9%	5.5%	5.2%	4.7%	4.4%	4.0%	3.6%	3.2%	2.9%	2.5%	2.2%	1.9%	1.7%	8.7%
	77	6.3%	6.0%	5.8%	5.5%	5.1%	4.8%	4.4%	4.1%	3.7%	3.4%	3.1%	2.7%	2.4%	2.1%	1.8%	1.6%	7.9%
	78	5.8%	5.6%	5.3%	5.1%	4.8%	4.5%	4.1%	3.8%	3.5%	3.2%	2.9%	2.6%	2.3%	2.0%	1.8%	1.5%	7.1%
	79	5.2%	5.1%	4.9%	4.6%	4.4%	4.1%	3.8%	3.5%	3.3%	3.0%	2.7%	2.4%	2.2%	1.9%	1.7%	1.5%	6.5%
	80	4.8%	4.6%	4.5%	4.3%	4.0%	3.8%	3.5%	3.3%	3.0%	2.8%	2.5%	2.3%	2.0%	1.8%	1.6%	1.4%	5.9%
	81	4.4%	4.2%	4.1%	3.9%	3.7%	3.5%	3.3%	3.0%	2.8%	2.6%	2.4%	2.1%	1.9%	1.7%	1.5%	1.3%	5.3%
累積		33.1%	29.3%	25.6%	22.3%	19.2%	16.5%	14.0%	11.9%	10.0%	8.4%	7.0%	5.8%	4.9%	4.0%	3.3%	2.7%	

※各数値は、それぞれタテ列、ヨコ列の点数以上に該当する労働者の割合を示す。

イ 簡易調査票（簡略版 23 項目）に対応するもの

簡略版 反応11項目と要因12項目のクロス集計表

++		要因支援											累積
		31	32	33	34	35	36	37	38	39	40	41	
ストレス反応	18	36.9%	31.7%	26.5%	21.3%	16.7%	12.7%	9.4%	6.8%	4.8%	3.3%	2.2%	64.2%
	19	34.6%	29.9%	25.1%	20.4%	16.0%	12.3%	9.1%	6.7%	4.7%	3.2%	2.2%	58.2%
	20	32.1%	27.9%	23.6%	19.3%	15.3%	11.8%	8.8%	6.4%	4.6%	3.2%	2.1%	52.2%
	21	29.2%	25.6%	21.8%	18.0%	14.4%	11.2%	8.4%	6.2%	4.5%	3.1%	2.1%	46.0%
	22	26.3%	23.2%	19.9%	16.5%	13.4%	10.5%	7.9%	5.9%	4.3%	3.0%	2.0%	40.1%
	23	23.3%	20.7%	17.9%	15.1%	12.3%	9.7%	7.5%	5.6%	4.1%	2.9%	1.9%	34.5%
	24	20.7%	18.5%	16.2%	13.7%	11.3%	9.0%	7.0%	5.3%	3.9%	2.7%	1.9%	29.8%
	25	18.2%	16.4%	14.5%	12.3%	10.3%	8.3%	6.5%	5.0%	3.7%	2.6%	1.8%	25.6%
	26	15.9%	14.4%	12.8%	11.0%	9.3%	7.6%	6.0%	4.7%	3.5%	2.5%	1.7%	21.7%
	27	13.7%	12.5%	11.2%	9.7%	8.3%	6.8%	5.5%	4.3%	3.2%	2.3%	1.6%	18.2%
	28	11.8%	10.9%	9.8%	8.6%	7.3%	6.1%	4.9%	3.9%	3.0%	2.2%	1.5%	15.4%
	29	10.1%	9.3%	8.5%	7.5%	6.5%	5.5%	4.5%	3.6%	2.7%	2.0%	1.4%	12.9%
	30	8.5%	7.9%	7.3%	6.4%	5.6%	4.8%	4.0%	3.2%	2.5%	1.8%	1.3%	10.6%
	31	7.1%	6.7%	6.2%	5.5%	4.9%	4.2%	3.5%	2.8%	2.2%	1.7%	1.2%	8.8%
	32	5.9%	5.5%	5.2%	4.7%	4.1%	3.6%	3.0%	2.5%	2.0%	1.5%	1.1%	7.1%
	33	4.8%	4.6%	4.3%	3.9%	3.5%	3.1%	2.6%	2.2%	1.7%	1.3%	1.0%	5.8%
	34	3.9%	3.7%	3.5%	3.2%	2.9%	2.6%	2.2%	1.9%	1.5%	1.2%	0.9%	4.6%
	35	3.2%	3.1%	2.9%	2.7%	2.4%	2.2%	1.9%	1.6%	1.3%	1.0%	0.8%	3.7%
	36	2.6%	2.5%	2.3%	2.2%	2.0%	1.8%	1.6%	1.4%	1.1%	0.9%	0.7%	3.0%
	37	2.0%	1.9%	1.9%	1.7%	1.6%	1.5%	1.3%	1.1%	0.9%	0.8%	0.6%	2.3%
	38	1.6%	1.5%	1.5%	1.4%	1.3%	1.2%	1.1%	0.9%	0.8%	0.7%	0.5%	1.8%
累積		46.3%	38.7%	31.5%	24.7%	18.9%	14.1%	10.3%	7.4%	5.1%	3.5%	2.3%	

※各数値は、それぞれタテ列、ヨコ列の点数以上に該当する労働者の割合を示す。

○評価基準の例その２（P44 参照）のための分布表

ア 簡易調査票（57 項目）に対応するもの
　　176 ページを参照。

イ 簡易調査票（簡略版 23 項目）に対応するもの
　　177 ページを参照。

参考1 ストレスチェック制度 実施マニュアル

ストレス要因2尺度支援2尺度5段階評価平均 と ストレス反応5尺度5段階評価平均 の クロス表（％）

			反応5尺度評価平均																				
		合計点	5	6	7	8	9	10	11	12	13	14	15	16	17	18	19	20	21	22	23	24	25
		平均点	1.00	1.20	1.40	1.60	1.80	2.00	2.20	2.40	2.60	2.80	3.00	3.20	3.40	3.60	3.80	4.00	4.20	4.40	4.60	4.80	5.00	合計	累計
合計点	4	1.00	0.02%	0.01%	0.02%	0.01%	0.02%	0.01%	0.01%	0.01%	0.01%	0.01%	0.01%	0.00%	0.00%	0.00%	0.00%	0.00%	0.00%	0.00%	0.00%	0.00%	0.00%	0.14%	0.14%
	5	1.25	0.02%	0.02%	0.03%	0.03%	0.03%	0.03%	0.03%	0.03%	0.03%	0.02%	0.02%	0.02%	0.01%	0.01%	0.01%	0.00%	0.00%	0.00%	0.00%	0.00%	0.00%	0.33%	0.47%
	6	1.50	0.02%	0.03%	0.05%	0.06%	0.07%	0.08%	0.08%	0.09%	0.08%	0.07%	0.06%	0.06%	0.05%	0.04%	0.02%	0.01%	0.02%	0.01%	0.00%	0.00%	0.00%	0.93%	1.40%
	7	1.75	0.02%	0.03%	0.07%	0.09%	0.13%	0.14%	0.17%	0.17%	0.20%	0.19%	0.19%	0.15%	0.15%	0.11%	0.10%	0.06%	0.03%	0.03%	0.01%	0.01%	0.01%	2.05%	3.45%
	8	2.00	0.03%	0.04%	0.07%	0.10%	0.14%	0.20%	0.28%	0.31%	0.33%	0.35%	0.40%	0.31%	0.34%	0.25%	0.25%	0.15%	0.12%	0.07%	0.05%	0.02%	0.02%	3.84%	7.29%
	9	2.25	0.02%	0.03%	0.06%	0.10%	0.17%	0.27%	0.36%	0.47%	0.56%	0.62%	0.70%	0.66%	0.70%	0.54%	0.58%	0.36%	0.27%	0.19%	0.12%	0.07%	0.05%	6.90%	14.20%
	10	2.50	0.01%	0.02%	0.06%	0.10%	0.17%	0.26%	0.40%	0.56%	0.68%	0.86%	1.09%	0.98%	1.25%	0.94%	1.15%	0.73%	0.56%	0.43%	0.27%	0.16%	0.14%	10.83%	25.03%
	11	2.75	0.01%	0.02%	0.04%	0.08%	0.13%	0.23%	0.35%	0.58%	0.75%	1.00%	1.35%	1.28%	1.70%	1.40%	1.69%	1.18%	1.04%	0.78%	0.56%	0.34%	0.25%	14.75%	39.78%
	12	3.00	0.01%	0.01%	0.03%	0.05%	0.09%	0.17%	0.29%	0.46%	0.62%	0.84%	1.18%	1.21%	1.55%	1.55%	1.90%	1.50%	1.32%	1.06%	0.79%	0.52%	0.41%	15.70%	55.48%
	13	3.25	0.01%	0.01%	0.03%	0.03%	0.06%	0.12%	0.20%	0.30%	0.45%	0.66%	0.95%	1.03%	1.32%	1.33%	1.90%	1.49%	1.53%	1.23%	1.04%	0.66%	0.52%	15.03%	70.51%
	14	3.50	0.01%	0.01%	0.01%	0.02%	0.04%	0.08%	0.12%	0.17%	0.29%	0.40%	0.64%	0.69%	1.01%	1.01%	1.43%	1.29%	1.34%	1.22%	1.00%	0.75%	0.59%	12.15%	82.66%
	15	3.75	0.00%	0.01%	0.01%	0.01%	0.01%	0.04%	0.05%	0.09%	0.13%	0.22%	0.34%	0.38%	0.56%	0.61%	0.85%	0.81%	0.92%	0.84%	0.78%	0.59%	0.53%	7.80%	90.46%
	16	4.00	0.00%	0.00%	0.01%	0.01%	0.01%	0.01%	0.04%	0.04%	0.06%	0.10%	0.19%	0.20%	0.31%	0.34%	0.50%	0.50%	0.59%	0.58%	0.55%	0.46%	0.42%	4.91%	95.37%
	17	4.25	0.00%	0.00%	0.00%	0.01%	0.00%	0.00%	0.01%	0.02%	0.03%	0.05%	0.07%	0.07%	0.14%	0.17%	0.26%	0.25%	0.35%	0.35%	0.37%	0.31%	0.33%	2.79%	98.17%
	18	4.50	0.00%	0.00%	0.00%	0.00%	0.00%	0.00%	0.00%	0.00%	0.01%	0.01%	0.03%	0.03%	0.05%	0.06%	0.09%	0.10%	0.13%	0.14%	0.19%	0.18%	0.22%	1.26%	99.42%
	19	4.75	0.00%	0.00%	0.00%	0.00%	0.00%	0.00%	0.00%	0.00%	0.00%	0.00%	0.00%	0.01%	0.01%	0.01%	0.02%	0.03%	0.03%	0.04%	0.07%	0.06%	0.12%	0.43%	99.85%
	20	5.00	0.00%	0.00%	0.00%	0.00%	0.00%	0.00%	0.00%	0.00%	0.00%	0.00%	0.00%	0.00%	0.00%	0.00%	0.01%	0.01%	0.01%	0.01%	0.02%	0.02%	0.07%	0.15%	100.00%
合計			0.18%	0.23%	0.48%	0.67%	1.09%	1.63%	2.39%	3.30%	4.23%	5.40%	7.22%	7.08%	9.53%	8.39%	10.77%	8.47%	8.26%	6.99%	5.82%	4.16%	3.70%	100.00%	
累計			0.18%	0.40%	0.89%	1.56%	2.65%	4.28%	6.67%	9.97%	14.20%	19.60%	26.82%	33.90%	43.43%	51.83%	62.59%	71.07%	79.33%	86.32%	92.14%	96.30%	100.00%		

※尺度ごとの5段階評価は、状態の悪い方を1点、良い方を5点としています。

④数値基準に基づいて「高ストレス者」を選定する方法

（マニュアル 43～46 ページの解説）

ストレスチェックにおいて、数値基準に基づいて高ストレス者を選定する方法については、本マニュアルの 43～46 ページに記載していますが、ここでは、その内容に基づいて、さらに具体的な手順を解説します。

1　合計点数を使う方法　（マニュアルの 43 ページ評価基準の例（その1））

手順

○　まず、労働者が記入又は入力した調査票を元に、合計点数を算出します。

合計点数を算出する時に、もっとも気をつけなければいけない点は、質問の一部に、質問の聞き方により、<u>点数が低いほどストレスが高いと評価すべき質問が混ざっていることです。こうした質問の場合は、回答のあった点数を逆転させて足し合わせていく必要があります。</u>

具体的には、職業性ストレス簡易調査票の質問のうち、<u>領域「A」の1～7、11～13、15、領域「B」の1～3（次ページの回答例の □ の枠内）の質問項目については、点数が低いほどストレスが高いという評価になるため、回答のあった点数に応じて、1⇒4、2⇒3、3⇒2、4⇒1に置き換えなおし、点数を足していく必要があります。</u>

○　このようにしてA、B、Cの領域ごとに合計点数を算出したら、次に高ストレス者を選定する数値基準に照らし合わせます。

マニュアルにおいて、高ストレス者を選定する評価基準の設定例（その1）では、以下のいずれかを満たす場合に、高ストレス者と選定することとなっています。

㋐　領域Bの合計点数が **77 点以上**（最高点は 4×29＝116 点）であること
㋑　領域AとCの合算の合計点数が **76 点以上**（最高点は 4×17＋4×9＝104 点）であり、かつ領域Bの合計点数が **63 点以上**であること

○　合計点数を使う方法では、このようにして高ストレス者の選定を行っていきます。

計算例

○ それでは、実際に計算をしてみましょう。

　ここでは、以下の回答例の場合に、どのように点数を算出し、高ストレス者の選定を行うかについて紹介します。

○ まず、回答例の ▨ の枠内の質問について、回答のあった点数を「1⇒4、2⇒3、3⇒2、4⇒1」という置き換えのルールに基づいて、置き換えていきます（枠外の点数はそのままです）。置き換え後の点数は、調査票の右側に記載しているとおりとなります。

○ 次に、置き換え後の点数を足し合わせて、領域ごとの合計点数を求めます。この例では、領域「A」の合計点数は51点、領域「B」の合計点数は92点、領域「C」の合計点数は31点となります。

○ 最後に、領域ごとの合計点数を、前ページの評価基準の設定例（その1）に照らし合わせると、領域Bの合計点数が92点ですから基準㋐（77点以上）を満たしており、また、領域AとCの合算が82点ですので基準㋑（76点以上）も満たしていますので、高ストレス者ということになります。

【職業性ストレス簡易調査票の回答例】

A　あなたの仕事についてうかがいます。最もあてはまるものに○を付けてください。

	項目	そうだ	まあそうだ	ややちがう	ちがう	置き換え後の点数
1.	非常にたくさんの仕事をしなければならない	[1]	2	3	4	4（1⇒4）
2.	時間内に仕事が処理しきれない	[1]	2	3	4	4（1⇒4）
3.	一生懸命働かなければならない	1	[2]	3	4	3（2⇒3）
4.	かなり注意を集中する必要がある	1	2	[3]	4	2（3⇒2）
5.	高度の知識や技術が必要なむずかしい仕事だ	1	2	[3]	4	2（3⇒2）
6.	勤務時間中はいつも仕事のことを考えていなければならない	[1]	2	3	4	4（1⇒4）
7.	からだを大変よく使う仕事だ	1	2	3	[4]	1（4⇒1）
8.	自分のペースで仕事ができる	1	2	3	[4]	4
9.	自分で仕事の順番・やり方を決めることができる	1	2	[3]	4	3
10.	職場の仕事の方針に自分の意見を反映できる	1	2	[3]	4	3
11.	自分の技能や知識を仕事で使うことが少ない	1	[2]	3	4	3（2⇒3）
12.	私の部署内で意見のくい違いがある	1	2	[3]	4	2（3⇒2）
13.	私の部署と他の部署とはうまが合わない	1	[2]	3	4	3（2⇒3）
14.	私の職場の雰囲気は友好的である	1	2	3	[4]	4
15.	私の職場の作業環境（騒音、照明、温度、換気など）はよくない	1	2	[3]	4	2（3⇒2）
16.	仕事の内容は自分にあっている	1	2	[3]	4	3
17.	働きがいのある仕事だ	1	2	3	[4]	4

B 最近1か月間のあなたの状態についてうかがいます。最もあてはまるものに〇を付けてください。

	なかった	ときどきあった	しばしばあった	ほとんどいつもあった	置き換え後の点数
1. 活気がわいてくる	1	2	3	4	4（1⇒4）
2. 元気がいっぱいだ	1	2	3	4	4（1⇒4）
3. 生き生きする	1	2	3	4	4（1⇒4）
4. 怒りを感じる	1	2	3	4	2
5. 内心腹立たしい	1	2	3	4	3
6. イライラしている	1	2	3	4	3
7. ひどく疲れた	1	2	3	4	4
8. へとへとだ	1	2	3	4	4
9. だるい	1	2	3	4	4
10. 気がはりつめている	1	2	3	4	3
11. 不安だ	1	2	3	4	3
12. 落着かない	1	2	3	4	4
13. ゆううつだ	1	2	3	4	4
14. 何をするのも面倒だ	1	2	3	4	4
15. 物事に集中できない	1	2	3	4	3
16. 気分が晴れない	1	2	3	4	3
17. 仕事が手につかない	1	2	3	4	2
18. 悲しいと感じる	1	2	3	4	2
19. めまいがする	1	2	3	4	2
20. 体のふしぶしが痛む	1	2	3	4	2
21. 頭が重かったり頭痛がする	1	2	3	4	3
22. 首筋や肩がこる	1	2	3	4	4
23. 腰が痛い	1	2	3	4	3
24. 目が疲れる	1	2	3	4	4
25. 動悸や息切れがする	1	2	3	4	2
26. 胃腸の具合が悪い	1	2	3	4	3
27. 食欲がない	1	2	3	4	3
28. 便秘や下痢をする	1	2	3	4	3
29. よく眠れない	1	2	3	4	3

C あなたの周りの方々についてうかがいます。最もあてはまるものに〇を付けてください。

	非常に	かなり	多少	全くない	置き換え後の点数

次の人たちはどのくらい気軽に話ができますか？

	非常に	かなり	多少	全くない	置き換え後の点数
1. 上司	1	2	3	4	4
2. 職場の同僚	1	2	3	4	3
3. 配偶者、家族、友人等	1	2	3	4	3

あなたが困った時、次の人たちはどのくらい頼りになりますか？

	非常に	かなり	多少	全くない	置き換え後の点数
4. 上司	1	2	3	4	4
5. 職場の同僚	1	2	3	4	3
6. 配偶者、家族、友人等	1	2	3	4	4

あなたの個人的な問題を相談したら、次の人たちはどのくらいきいてくれますか？

	非常に	かなり	多少	全くない	置き換え後の点数
7. 上司	1	2	3	4	4
8. 職場の同僚	1	2	3	4	3
9. 配偶者、家族、友人等	1	2	3	4	3

2　素点換算表を使う方法 （マニュアルの44ページ評価基準の例（その2））

素点換算表を使う方法は、計算の方法が複雑なため、使いにくいという欠点はある一方で、質問の数の影響を排除し、尺度ごとの評価が考慮されたストレスの状況を把握できるという利点があります。

手順

労働者が記入又は入力した調査票の各項目の点数を元に、素点換算表に当てはめて、評価点を算出していきます。算出の方法は以下のとおりです。

○　素点換算表では、職業性ストレス簡易調査票の質問項目が、いくつかのまとまりごとに尺度としてまとめられ、計算方法が示されています。例えば、質問項目の1～3は、次ページの「素点換算表に基づく評価点の算出方法」の表の一番上にある「心理的な仕事の負担（量）」という尺度にまとめられます。

○　尺度ごとの計算結果を素点換算表に当てはめ、5段階評価の評価点を出します。

【素点換算表に当てはめて評価点を出す場合の留意点】
・ 素点換算表では点数が低いものほどストレスの程度が高いという評価になります。
・ 1の場合と同様に、尺度によって、ストレスの程度の意味合いが逆になるもの（例えば、「心理的な仕事の負担（量）」が「高い／多い」のと、「仕事のコントロール度」が「高い／多い」のとでは意味合いが逆になる）がありますが、その場合は素点換算表の評価点が予め逆向きに設定されています。具体的には、次ページの「素点換算表に基づく評価点の算出方法」の表でみると、「心理的な仕事の負担（量）」の尺度と、「仕事のコントロール度」の尺度では、評価点の並び方が逆向きになっていることが分かります。
（灰色に色づけされた欄でみていけば、灰色の欄が最もストレスの程度が高いという意味になります）。

○　このようにして求めた評価点を領域「A」、「B」、「C」ごとに合計し、高ストレス者を選定する数値基準に照らし合わせます。

マニュアルにおいて、素点換算表を用いる際の高ストレス者を選定する評価基準の設定例（その2）では、以下のいずれかを満たす場合に、高ストレス者と選定することとなっています。

　㋐　領域Bの評価点の合計が **12点以下** （最低点は1×6＝6点）であること
　㋑　領域AとCの合算の評価点の合計が **26点以下** （最低点は1×9＋1×3＝12点）であり、かつ領域Bの評価点の合計が **17点以下** であること

○　素点換算表を使う方法では、このようにして高ストレス者の選定を行っていきます。

計算例

○ それでは、実際に計算をしてみましょう。
ここでは、1で用いた回答例の場合に、どのように評価点を算出し、高ストレス者の選定を行うかについて紹介します。

○ まず、回答例の点数をもとに、計算によって尺度ごとの点数を出すと、下表の「○」で囲んだとおりとなります。

○ これを素点換算表に当てはめて評価点を出すと、表の右側に記載しているとおりとなります。

○ これをもとに、領域「A」、「B」、「C」の評価点の合計点を算出すると、それぞれ 21 点、7 点、4 点となります。

○ 最後に、領域ごとの合計点を、前ページの評価基準の設定例（その2）に照らし合わせると、領域Bの合計点数が7点ですから基準㋐（12点以下）を満たしており、また、領域AとCの合算が 25 点ですので基準㋑（26点以下）も満たしていますので、高ストレス者ということになります。

【素点換算表に基づく評価点の算出方法】

尺度	計算 (No.は質問項目番号)	低い／少ない	やや低い／少い	普通	やや高い／多い	高い／多い	評価点
A 【ストレスの原因と考えられる因子】							
	評価点	5	4	3	2	1	
心理的な仕事の負担（量）	15-(No.1+No.2+No.3)	3-5	6-7	8-9	⃝10-11	12	2
心理的な仕事の負担（質）	15-(No.4+No.5+No.6)	3-5	6-7	⃝8-9	10-11	12	3
自覚的な身体的負担度	5-No.7		⃝1	2	3	4	4
職場の対人関係でのストレス	10-(No.12+No.13)+No.14	3	4-5	6-7	⃝8-9	10-12	2
職場環境によるストレス	5-No.15		1	⃝2	3	4	3
	評価点	1	2	3	4	5	
仕事のコントロール度	15-(No.8+No.9+No.10)	3-4	⃝5-6	7-8	9-10	11-12	2
技能の活用度	No.11	1	⃝2	3			2
仕事の適性度	5-No.16	1	⃝2	3		4	2
働きがい	5-No.17	⃝1	2	3		4	1
B 【ストレスによっておこる心身の反応】							
	評価点	1	2	3	4	5	
活気	No.1+No.2+No.3	⃝3	4-5	6-7	8-9	10-12	1
	評価点	5	4	3	2	1	
イライラ感	No.4+No.5+No.6	3	4-5	6-7	⃝8-9	10-12	2
疲労感	No.7+No.8+No.9	3	4	5-7	8-10	⃝11-12	1
不安感	No.10+No.11+No.12	3	4	5-7	8-9	⃝10-12	1
抑うつ感	No.13～No.18 の合計	6	7-8	9-12	13-16	⃝17-24	1
身体愁訴	No.19～No.29 の合計	11	12-15	16-21	22-26	⃝27-44	1
C 【ストレス反応に影響を与える他の因子】							
	評価点	1	2	3	4	5	
上司からのサポート	15-(No.1+No.4+No.7)	⃝3-4	5-6	7-8	9-10	11-12	1
同僚からのサポート	15-(No.2+No.5+No.8)	3-5	⃝6-7	8-9	10-11	12	2
家族・友人からのサポート	15-(No.3+No.6+No.9)	⃝3-6	7-8	9	10-11	12	1

参考2

ストレスチェック制度関係 Q&A

平成28年3月18日更新

厚生労働省HP（http://www.mhlw.go.jp/bunya/roudoukijun/anzeneisei12/pdf/150507-2.pdf）より

0 制度全般について

Q0-1 法に基づく第一回のストレスチェックは、法施行後いつまでに何を実施すればいいのでしょうか。

A 平成27年12月1日の施行後、1年以内（平成28年11月30日まで）に、ストレスチェックを実施する必要があります（結果通知や面接指導の実施までは含みません。）。

Q0-2 学校の職員や地方公務員についても対象となるのでしょうか。

A 私立公立を問わず学校の職員や地方公務員についても労働安全衛生法の適用があり、今回のストレスチェック制度についても実施対象となります。

Q0-3 当社は本社と事業所から成りますが、本社で一括して「事業者」として実施することは可能ですか。その場合、実施方法などについて事業所ごとに衛生委員会等での調査審議が必要でしょうか。

A 労働安全衛生法の他の規定と同様に、ストレスチェック制度の規定も、事業場ごとの適用となりますが、全社共通のルールを、全社の会議体で審議するなどして定め、それを各事業場に展開するというやり方も可能です。

ただし、法令の規定は事業場ごとの適用となりますので、全社共通のルールについても、各事業場の衛生委員会等において確認し、労働者に周知していただくとともに、事業場ごとに実施者や実施事務従事者が異なる、実施時期が異なるなど、全社で共通化できない内容がある場合は、それぞれの事業場ごとに衛生委員会等で調査審議の上、決めていただく必要があります。

また、実施状況についての労働基準監督署への報告も各事業場が、その事業場を管轄する労働基準監督署に対して行う必要があります。

Q0-4 建設現場など、同じ現場に関係請負人の労働者が働いている場合、ストレスチェックは関係請負人の労働者も含めて実施するのでしょうか、それともそれぞれの所属の会社で行うことになるのでしょうか。

A ストレスチェックの実施義務はそれぞれの事業者に適用されるので、それぞれの労働者が所属する事業場ごとに実施する必要があります。なお、義務の対象となる「常時使用する労働者が50人以上」の数え方について、建設現場の場合は、独立した事業場として機能している場合を除き、直近上位の機構（営業所や支店など）を事業場とみなし、その事業場の所属労働者数で数えることとなります。

Q0-5 ストレスチェックや面接指導の費用は、事業者が負担すべきものでしょうか、それとも労働者にも負担させて良いのでしょうか。

A ストレスチェック及び面接指導の費用については、法で事業者にストレスチェック及び面接指導の実施の義務を課している以上、当然、事業者が負担すべきものです。

Q0-6 ストレスチェックや面接指導を受けるのに要した時間について、賃金を支払う必要がありますか。

A 賃金の支払いについては労使で協議して決めることになりますが、労働者の健康の確保は事業の円滑な運営の不可欠な条件であることを考えると、賃金を支払うことが望ましいです（一般健診と同じ扱い）。

Q0-7 海外の長期勤務者に対するストレスチェックはどのようになるのでしょうか。

A 海外の現地法人に雇用されている場合は、日本の法律が適用にはならず、ストレスチェックの実施義務はありませんが、日本の企業から現地に長期出張している社員の場合は、ストレスチェックを実施する必要があります（一般健診と同じ扱い）。

Q0-8 在籍出向労働者のストレスチェックの実施については、出向元または出向先のいずれにおいて行うのでしょうか。また、集団分析はどうなるのでしょうか。

A　ストレスチェックの実施は、労働契約関係のある事業者において行うこととなりますが、在籍型出向の際に、出向先事業者と出向労働者の間に労働契約関係が存するか否かは、労働関係の実態、即ち、指揮命令権、賃金の支払い等総合的に勘案して判断することとされています。

このため、「在籍出向労働者」のストレスチェックを出向元で行うか、出向先で行うかについては、その実態を総合的に勘案して判断する必要があります。

なお、集団分析については、職場単位で実施することが重要であるため、在籍出向の実態にかかわらず、出向先事業者において、出向者も含めてストレスチェックを実施するとともに集団分析を実施することが望ましいです。

Q0-9　50人未満の事業場がストレスチェック制度を実施する場合についても指針に従うこととなるのでしょうか。

A　50人未満の事業場で実施する場合についても、法令、指針等に従う必要があります。ただし、労働基準監督署への報告に関しては、50人以上の事業場に対してのみ義務付けられるものですので、50人未満の事業場については、報告義務はありません。

Q0-10　指針とマニュアルの法的な位置づけはそれぞれ何でしょうか。

A　指針は法第66条の10第7項に基づいて公表するものであり、事業者は、指針に基づいてストレスチェック制度を実施する必要があります。また、マニュアルは法的な位置付けのあるものではなく、事業場でストレスチェック制度を実施する際の参考として公表するものです。

Q0-11　法に基づくストレスチェックの実施とは別に、新人研修の一環としてストレスチェックを性格検査等と組み合わせて実施することは可能でしょうか。

A　法に基づくストレスチェックの実施とは別に、新人研修の一環としてストレスチェックを性格検査等と組み合わせて実施していただくことは可能ですが、実施した場合の結果の情報管理については、今回のストレスチェック制度における考え方等に留意していただく必要があります。

Q0-12　嘱託産業医が実施者としてストレスチェックを行う場合、従来よりも従事時間が増加しますが、その費用の助成はありますか。

A　労働者数50人以上の事業場については、ストレスチェック制度の実施は事業者の法的な義務であり、これにかかる費用を国が助成することは想定していません。なお、努力義務である労働者数50人未満の事業場については、複数の事業場がストレスチェックや面接指導を合同で実施した場合の費用を助成する制度を設けることとしています(平成27年6月から労働者健康福祉機構が実施予定)。

Q0-13　ストレスチェックの実施義務の対象は、「常時50人以上の労働者を使用する事業場」とされていますが、この50人は、どこまで含めてカウントする必要があるのでしょうか。アルバイトやパート労働者も含めるのでしょうか。

A　労働安全衛生法第66条の10に基づくストレスチェックは、労働安全衛生法施行令第5条に示す「常時50人以上の労働者を使用する事業場」に実施義務が課されています。この場合の「常時使用している労働者が50人以上いるかどうか」の判断は、ストレスチェックの対象者のように、契約期間(1年以上)や週の労働時間(通常の労働者の4分の3以上)をもとに判断するのではなく、常態として使用しているかどうかで判断することになります。

したがって、例えば週1回しか出勤しないようなアルバイトやパート労働者であっても、継続して雇用し、常態として使用している状態であれば、常時使用している労働者として50人のカウントに含めていただく必要があります。

1　産業医の職務

Q1-1　労働安全衛生規則により、産業医の職務に「心理的な負担の程度を把握するための検査の実施並びに同条第三項に規定する面接指導の実施及びその結果に基づく労働者の健康を保持するための措置に関すること」が追加されましたが、事業者に選任された産業医はストレスチェック制度にどこまで関与すれば、職務を果たしたことになるのでしょうか。

A 労働安全衛生規則第14条の規定は、産業医がストレスチェックや面接指導等の実施に直接従事することまでを求めているものではありません。衛生委員会に出席して意見を述べる、ストレスチェック制度の実施状況を確認するなど、何らかの形でストレスチェックや面接指導の実施に関与すべきことを定めたものです。
　ただし、事業場の状況を日頃から把握している産業医が、ストレスチェックや面接指導等の実施に直接従事することが望ましいと考えています。

2　衛生委員会等における調査審議

Q2-1　ストレスチェックを健診機関などの外部機関に委託し、産業医は共同実施者となる場合、外部機関が提案した調査票や高ストレス者選定基準について、どのように産業医の意見を聴けばよいのでしょうか。また、どのように衛生委員会等で調査審議すればいいのでしょうか。

A 外部機関から提案された調査票や選定基準について、衛生委員会等で調査審議をすることが必要です。産業医には、衛生委員会等の前にあらかじめ意見を求めるか、衛生委員会等の場で意見を求めることで差し支えありません。

Q2-2　ストレスチェック制度に関する社内規程は、どのような形式で定めればよいでしょうか。就業規則に該当するのでしょうか。

A ストレスチェック制度に関する内部規程については、特に形式を問いませんので、何らかの形で、文書化していただければ問題ありません。また、就業規則に該当するものでもありませんので、労働基準監督署への届出も必要ありません。
　なお、厚生労働省のホームページ（http://www.mhlw.go.jp/bunya/roudoukijun/anzeneisei12/）に、モデル規程の例を掲載していますので、規程を定める際には、参考にしていただければと思います。

Q2-3　ストレスチェック制度に関する社内規程において、実施者、実施事務従事者、面接指導を実施する医師は、全員の氏名を規程に明記しなければならないのでしょうか。

A 社内規程において、実施者、実施事務従事者、面接指導を実施する医師を明示する目的は、労働者の個人情報であるストレスチェック結果等を具体的に誰が取り扱うことになるのかを明確にすることにあります。
　従って、職名等で特定することが可能な場合は、必ずしも個人の氏名まで記載する必要はありません。また、実施事務従事者のように、個人情報を取り扱う者が複数おり、個人まで明記することが困難な場合は、例えば「●●課の職員」といったように部署名で示すことも可能です。これはストレスチェックの実施等を外部に委託する場合も同様です。
　なお、社内規程では具体的に記載せず、別途社員に通知するといった記載を行い、社内掲示板に掲示する、社員全員にメールで通知するといった方法によることも可能です。

3　ストレスチェックの実施方法

Q3-1　「こころの耳」に5分でできるストレスチェックが掲載されていますが、これを労働者が実施して産業医に提出することにすれば、事業場の業務が簡略化できるのではないでしょうか。

A 「こころの耳」に掲載しているストレスチェックはセルフチェックに使用するためのものであり、集団ごとの集計・分析や高ストレス者の選定などはできないことから、労働者が「こころの耳」を利用してセルフチェックを行っただけでは、法に基づくストレスチェックを実施したことにはなりません。
　なお、国では、労働者がストレスチェックを行い、データを集計したり高ストレス者を選定したりすることができるプログラムについて今後提供することとしています。

Q3-2　機器に指を当ててストレスを計測するというものがあるようですが、この機器での測定もストレスチェックとして認められるのでしょうか。

A 法定のストレスチェックは、調査票を用いて、「職場のストレス要因」、「心身のストレス反応」、「周囲のサポート」の3つの領域に関する項目により検査を行い、労働者のストレスの程度を点数化して評価するものであり、機器によ

る計測は、法に基づくストレスチェックに当たりません。

Q3-3 ストレスチェックの調査票に、標準的な質問項目に加え、ストレスに関連する自由記述欄を設けてもよいでしょうか。

A 法定のストレスチェックは、調査票を用いて、「職場のストレス要因」、「心身のストレス反応」、「周囲のサポート」の3つの領域に関する項目により検査を行い、ストレスの程度を点数化して評価するものです。この条件を満たしていれば、独自に自由記述欄を設けることは差し支えありません。
　ただし、事業者が調査票を決定するに当たっては、実施者の意見の聴取、衛生委員会等での調査審議を行う必要があります。また、結果の提供に当たっては、当該自由記述欄の内容についても、ストレスチェックの結果と同様に、労働者の同意なく事業者に提供することはできないことに留意する必要があります。

Q3-4 国が標準として示す57項目に加えて、ストレスに関連する独自の項目を加えることは問題ないでしょうか。また、質問数を数百に増やしたり、数項目程度に絞っても問題ないでしょうか。

A 「職場のストレス要因」、「心身のストレス反応」、「周囲のサポート」の3つの領域が含まれていれば、項目を増やしたり減らしたりしても問題はありません。ただし、独自に項目を設定する場合は、一定の科学的根拠に基づいた上で、実施者の意見の聴取、衛生委員会等での調査審議を行う必要があります。
　なお、国が標準として示す57項目よりも少ない項目で実施する場合は、実施マニュアル(32ページ)に「職業性ストレス簡易調査票の簡略版」として23項目の例が掲載されているので参考にしていただきたいと思います。

Q3-5 労働者が、事業者の指定した実施者でない「かかりつけ医」等で受検したいという場合、ストレスチェックとみなしてよいのでしょうか。

A 健康診断と異なり、ストレスチェックについては、事業者が指定した実施者以外で受けるという手続きは規定されていません。このため、事業者が指定した実施者以外で受けた場合、ストレスチェックを受けたこととはなりません。

Q3-6 ストレスチェックの数値評価を行い、これに加えて補足的に面談を行う場合は、その面談内容も守秘義務の対象となるのでしょうか。

A 補足的面談は法第66条の10の規定によるストレスチェックの実施の一環として位置づけられることから、その内容は労働者の同意なく事業者に提供することはできません。また、面談内容の情報は法第104条の守秘義務の対象となります。

Q3-7 長期出張や長期の病休のために、ストレスチェックを受検できなかった者について、どのように取り扱うべきでしょうか。

A 業務上の都合ややむを得ない理由でストレスチェックを受けることができなかった者に対しては、別途受検の機会を設ける必要があります。長期の病休者については、ストレスチェックを実施しなくても差し支えありません。

Q3-8 労働安全衛生法に基づくストレスチェックは年1回実施しており、それとは別に会社独自にストレスチェックを定期的に実施していますが、この会社独自の取組についても法令の規定に基づいて行わなければならないのでしょうか。また、監督署への報告は必要なのでしょうか。

A 会社独自に実施するストレスチェックについても、それが労働安全衛生法のストレスチェックの定義に該当する場合は、個人情報の取扱い、実施者の範囲等を含め、法令に即して対応していただく必要があり、不備があった場合は、法違反という扱いになります。
　一方、労働基準監督署長への報告については、法に基づくストレスチェックについて年に1度報告していただければ足りますので、独自に実施している分は報告をいただかなくて差し支えありません。

Q3-9 労働安全衛生法に基づくストレスチェックは年1回実施しており、それとは別に安衛法に基づく健康診断の問診としてCES-Dを実施し、その結果は本人の同意を取らずに企業が把握していますが、法的に問題ありますか。

A CES-Dは、今回のストレスチェック定義に基づけば、ストレスの要因や周囲のサポートに関する質問項目を含むものではないので、企業で実施することに法的な制約はかかりませんが、ストレスチェック制度では、個人のストレ

スの状況を本人の同意なく企業側に知られないようにするための制限を設けていることを踏まえれば、健康診断の中でCES-Dを実施し、本人の同意を取らずにその結果を企業が把握することは望ましくはありません。
　実施する場合は、今回のストレスチェック制度に準じて、結果を企業側に提供する場合は本人の同意を取る等の対応が望ましいです。

Q3-10 インターネット上などで、無料で受けることができるメンタルヘルスに関するチェックを社員に受けてもらうことで、労働安全衛生法に基づくストレスチェックを実施したものとみなしていいでしょうか。

A　インターネット上などで、無料で受けることができるメンタルヘルスに関するチェックは、一般的に受検者が入力した情報をシステムが自動集計し、結果を自動表示するものと考えられますので、ストレスチェック結果を実施者が確認し、面接指導が必要かどうかを判断すること等、労働安全衛生法令に規定する方法で実施することができないため、労働安全衛生法に基づくストレスチェックを実施したものとみなすことはできません。

4 高ストレス者の選定

Q4-1 高ストレス者の選定基準について具体的な数値は示すのでしょうか。また、事業場における選定基準の設定の仕方として上位〇%が入るように、といった目安は示すのでしょうか。

A　ストレスチェック制度実施マニュアルに、職業性ストレス簡易調査票を使用した20万人のデータから、57項目及びその簡略版23項目について、高ストレス者が10%となるようにする場合の具体的な数値基準の例を示しています。ただし、各事業場における数値基準は衛生委員会等で調査審議の上で事業場毎に決めていただく必要があり、一律に目安を示すものではありません。

Q4-2 高ストレス者の選定基準については、事業場内で同一のものを使用すべきなのでしょうか、それとも例えば事務職と技能職といったような職種毎に基準を設定してもかまわないのでしょうか。

A　高ストレス者の選定基準を、例えば職種毎に設定することは差し支えありません。ただし、選定基準については、各事業場の衛生委員会等で調査審議した上で決定する必要があります。

Q4-3 高ストレス者の選定は、「心身の自覚症状に関する項目の評価点数の合計が高い者」又は「心身の自覚症状に関する項目の評価点数の合計が一定以上であって、心理的な負担の原因に関する項目及び他の労働者による支援に関する項目の評価点数の合計が著しく高い者」の要件を満たす者となっていますが、このどちらかを選べばよいのでしょうか。それとも両方を選ぶ必要があるのでしょうか。

A　両方選んでいただく必要があります。心身の自覚症状に関する項目の評価点数の合計が高い者はもちろんですが、心身の自覚症状についての評価点数がそれほど高くなくても、心理的な負担の要因や周囲の支援の評価点数が著しく高い場合は、メンタルヘルス不調のリスクが高いため、高ストレス者と評価し、必要な対応につなげていただく必要があります。

5 受検の勧奨

Q5-1 事業者が行う受検勧奨について、安全配慮義務の観点からどのくらいの頻度・程度で受検勧奨するのが妥当なのでしょうか。

A　受検勧奨の妥当な程度はそれぞれの企業の状況によっても異なると考えられます。その方法、頻度などについては、衛生委員会等で調査審議をしていただいて決めていただきたいと思います。ただし、例えば就業規則で受検を義務付け、受検しない労働者に懲戒処分を行うような、受検を強要するようなことは行ってはいけません。

Q5-2 受検率が低い場合、これを理由として労働基準監督署から指導されるといったことがあるのでしょうか。

A　労働基準監督署への報告は、ストレスチェック制度の実施状況を把握するためのものであり、ストレスチェックの受検率が低いことをもって指導することは考えていません。

Q5-3 個々の労働者のストレスチェックの受検の有無の情報について、受検勧奨に使用する途中段階のものではなく、最終的な情報(誰が最終的に受けなかったのかという情報)を事業者に提供して良いでしょうか。

A ストレスチェックの受検の有無の情報については、個人情報という取扱いにはなりませんので、事業者に提供することは可能です。ただし、どのような目的で最終的な受検の有無の状況を事業者に提供するのか、不利益な取扱いにつながらないようにすることなどについては、衛生委員会等で調査審議を行い、社内ルールとして決めておいていただくことが望ましいです。

6 ストレスチェックの実施者

Q6-1 ストレスチェックを外部委託し、事業所の産業医は個々人の結果を把握するために、共同実施者となる予定ですが、どの程度関与していれば共同実施者といえるのでしょうか。

A 少なくとも、事業者が調査票や高ストレス者選定基準を決めるに当たって意見を述べること、ストレスチェックの結果に基づく個々人の面接指導の要否を確認することが必要です。

Q6-2 看護師や精神保健福祉士が、実施者となるための研修はいつどこで受講できるのでしょうか。

A 研修会の実施機関については、関係団体等を通じて周知を行う予定であり、今後、情報を確認して頂きたいと思います。

Q6-3 看護師、精神保健福祉士を対象とした研修については、誰が実施してもよいのでしょうか。例えば事業者が実施してもよいのでしょうか。

A 告示及び通達で定められた研修の内容、講師等の要件を満たしていれば、誰が実施しても差し支えありません。

Q6-4 部下に対する人事権を有する産業医は、ストレスチェックの実施者になれないのでしょうか。

A 省令に規定されているとおり、人事権を有する者については、その人事権に係る労働者に対するストレスチェックの実施者にはなれません。
そのため、例えば、産業医に部下がいて、その部下に係る人事権を有する場合には、その人事権が及ぶ範囲の部下に対するストレスチェックを実施することはできませんが、当該部下以外の労働者(その者が有する人事権とは関係のない労働者)に対するストレスチェックの実施者になることは可能です。

Q6-5 病院長がストレスチェックの実施者となることや、面接指導を実施することは可能でしょうか。なれない場合は、誰が実施すればよろしいのでしょうか。

A 病院長は一般的に人事権を持っていると考えられるので、ストレスチェックの実施者にはなれません。このため、人事権を持っていない、他の医師や保健師、一定の研修を受けた看護師、精神保健福祉士から実施者を選ぶことになります。
一方、面接指導の実施については医師であれば制限はしていませんので、病院長が携わることは、法令上、問題はありません。
ただし、病院長が面接指導の実施者になることにより、労働者が申出を躊躇したり、適切な事後措置がなされないおそれがあるような場合には、制度の趣旨に合致しないこととなるので、適切な運用がなされるように面接指導を実施する医師を選定していただきたいと思います。

Q6-6 看護師や精神保健福祉士が、研修を受けなくてもストレスチェックの実施者となれる健康管理等の業務の経験年数三年について、例えば健診機関や病院で企業健診に関わっているような場合や、特定保健指導のみに従事しているような場合も経験年数に含まれるのでしょうか。

A 三年以上企業健診に従事した者であれば、原則として労働者の健康管理等の業務に従事したと見なせますので、研修を受けなくてもストレスチェックの実施者となることは可能です。ただし、企業健診に従事したといっても、例えば問診票の点検や採血業務だけ担当していたなど、従事した業務が一般的な健康管理と違いのない業務に限定

され、労働者の健康管理についての知識を得る機会がないとみなされる場合は、労働者の健康管理等の業務に従事したとはいえないため、業務内容によっては該当しない場合もありますのでご留意が必要です。判断に迷う場合は、最寄りの労働基準監督署にご相談下さい。

なお、住民健診に関する業務は労働者の健康管理等には該当しません。

また、労働者の健康管理等の業務には、労働者に対する保健指導も含まれますので、三年以上労働者に対する特定保健指導に従事した看護師であれば、原則として労働者の健康管理等の業務に従事したと見なせますので、研修を受けなくてもストレスチェックの実施者となることは可能です。

Q6-7 看護師や精神保健福祉士が、実施者となるための研修の科目のうち「事業場におけるメンタルヘルス対策」には、自殺対策も含まれているのでしょうか。

A 事業場におけるメンタルヘルス対策には、ストレスチェック制度の活用や職場環境等の改善を通じて、メンタルヘルス不調を未然に防止する「一次予防」、メンタルヘルス不調を早期に発見し、適切な措置を行う「二次予防」、メンタルヘルス不調となった労働者の職場復帰を支援等を行う「三次予防」が含まれますが、「労働者の心の健康の保持増進のための指針」（平成18年3月31日 労働者の健康の保持増進のための指針公示第3号）では、「メンタルヘルス不調」の定義として「精神および行動の障害に分類される精神障害や自殺のみならず、ストレスや強い悩み、不安など、労働者の心身の健康、社会生活および生活の質に影響を与える可能性のある精神的および行動上の問題を幅広く含むものをいう」とされており、「自殺」も含まれていますので、実施者となるための研修科目の「事業場におけるメンタルヘルス対策」には自殺対策も含まれています。

7 ストレスチェック結果の通知

Q7-1 外部機関に委託した場合で、ストレスチェックの労働者の回答に不備があった場合、外部機関が当該労働者に直接送り返して書き直してもらうということはあり得るのでしょうか。

A ストレスチェックの回答に不備があれば適宜やりとりしていただくことはあり得ます。ただし、回答を本人以外の人に見られないようにするなど情報管理には留意する必要があります。

Q7-2 外部機関に委託して実施する場合、ストレスチェック結果は労働者の自宅あてに送付することになるのでしょうか。

A 自宅に送付する方法もありますが、個人ごとに、容易に内容を見られない形で封をしたものを事業場に送付して、それを事業場内で各労働者に配布することも可能です。

Q7-3 ストレスチェックの結果として、①ストレスプロフィールなど、②高ストレス者への該当の有無、③面接指導の要否を、セットで労働者に通知しなければならないのでしょうか。

A まずは全員にストレスプロフィールなどを伝えて、②及び③の該当者について後日通知してもかまいません。ただし、高ストレス者に該当する者にだけ通知の封筒が届くなど他の人が該当者を類推できるような方法で通知しないよう配慮が必要です。

8 結果の提供に関する同意の取得

Q8-1 ストレスチェック結果については、全労働者の結果を事業者へ情報開示しないということを事業場で取り決めてもよいのでしょうか。

A 事業場の衛生委員会等で調査審議を行った上で、事業者は個々人のストレスチェック結果を把握しないこととすることは可能です。この場合は労働者の同意を得る手続きは省略することができます。

Q8-2 同意取得はストレスチェック結果の通知後ということですが、結果通知に同意確認書類を同封してもよいのでしょうか。

A 労働者本人が結果を見て同意するかどうか判断できるので、通知時に同封することは可能です。

Q8-3 高ストレス者について事業者への結果提供の同意がなく、実施者のみが結果を保有している場合に、面接指導以外の保健指導等を行わなければならないのでしょうか。

A 法的には保健指導等の実施が義務づけられているものではありませんが、高ストレスの状態で放置されないように相談対応等を行うことが望ましいと考えています。

Q8-4 本人が退職した後に、当該者のストレスチェック結果について、提供してほしいという要求が事業者から実施者にあった場合、その結果は本人の同意を取らずに提供してよいでしょうか。

A 本人が退職した後も、個人情報としての取扱いは変わりませんので、実施者が事業者に提供する場合には、本人の同意を取っていただく必要があります。

9 面接指導の申出の勧奨

Q9-1 ストレスチェック実施を外部機関に委託した場合、本人への面接指導の勧奨は外部機関からなのか、嘱託の産業医からなのかどちらなのでしょうか。

A 面接指導の勧奨は、ストレスチェックの実施者が行うことが望ましいです。このため、嘱託産業医がストレスチェックの共同実施者でない場合は、外部機関の実施者が本人に勧奨することになりますが、嘱託産業医が共同実施者である場合は、嘱託産業医が勧奨することが望ましいです。具体的な勧奨の方法等については、衛生委員会等で調査審議の上で事業場ごとに決めていただきたいと思います。

Q9-2 面接指導の実施率が低い場合、これを理由として労働基準監督署から指導されるといったことがあるのでしょうか。

A 労働基準監督署への報告は、ストレスチェック制度の実施状況を把握するためのものであり、また、面接指導は労働者からの申出に基づいて実施するものであるため、面接指導の実施率が低いことについて指導することは考えていません。

10 結果の記録・保存

Q10-1 ストレスチェック結果の保存をストレスチェックを実施した外部機関に委託する場合、毎年委託先を変更する時は、記録の保存場所が毎年異なることになるのでしょうか。

A 外部機関の委託先が変われば、それぞれの外部機関が実施した分のストレスチェック結果をそれぞれの機関で保存することになります。
　なお、外部委託した場合でも事業場の産業医が共同実施者になっていれば、その産業医が保存することも可能であり、また、その産業医のほかに実施事務従事者がいれば、その者が保存することも可能です。このため、産業医や実施事務従事者（事業場内の衛生管理者など）に保存をさせることとして、各事業場において毎年の結果の記録を保存することも可能です。

Q10-2 ストレスチェック結果の保存を担当する者が交代する場合、過去のストレスチェック結果を引き継ぐことはできるのでしょうか。

A ストレスチェック結果の保存を担当する者が変更になる場合、過去のストレスチェック結果を引き継ぐことは可能です。
　事業者には、ストレスチェックの結果の記録の保存が適切に行われるよう、必要な措置を講じる義務があります。したがって、保存を担当する者が変更された場合も、保存が適切に継続されるような対応が法令上求められており、その中には、保存を担当する者の指名や、保存を担当する者を変更した場合の結果の引き継ぎも含まれます。
　したがって、保存を担当する者の変更に伴い、事業者の指示に基づき、これまでの保存担当者が、新たに指名

された保存担当者に過去のストレスチェック結果を提供する行為は、労働安全衛生規則第52条の11で義務付けられている行為を遂行するために必要な行為であり、個人情報保護法第23条の適用は受けず、安衛法第104条に抵触もせず、本人同意を取得する必要はありません。

11 面接指導対象者の要件

Q11－1 高ストレス者の選定に関して、プログラムの自動判定結果で高ストレスと出た場合は、医師の判断を経ずに面接指導の対象者としても良いのでしょうか。実施者の判断があったかどうかを残しておく必要があるのでしょうか。

A 高ストレス者の判定は自動的に行ってもよいですが、面接指導が必要かどうかは改めて実施者の判断が求められます。その際には、例えば対象者名簿に押印するなど、実施者が判断したことが分かる記録を残しておくことが望ましいです。

Q11－2 ストレスチェックでは面接指導対象者と選定されなかった労働者が面接指導を申し出た場合、どうすればよいのでしょうか。

A 面接指導を実施する対象者としての要件に該当しなかった労働者から申出があった場合は、法令上、事業者に面接指導を行う義務はありません。その場合に面接指導を実施するか否かについては、事業場ごとに取扱いを定めて対応していただきたいと思います。

Q11－3 事業場の規程として、数値基準により高ストレスと判定された者については、全員面接指導の対象者とすると決めていたとすれば、システムでストレスチェックを実施し、その結果が高ストレス者に該当するかどうか、面接指導の対象者かどうかを瞬時に出力し、それをもって結果の通知まで終了したとすることは可能でしょうか。

A Q11－1の回答と同様に、高ストレス者の判定は自動的に行ってもよいですが、面接指導が必要かどうかは、実施者が確認・判断しない限り、ストレスチェックを実施したことにはなりません。
　したがって、例えば、高ストレス者と判定された者を、実施者の確認・判断を経ることなく、面接指導の対象者として決定し、本人に通知するといったルールを定めたり、そうした処理を自動的に行うプログラムを用いてストレスチェックを実施することは不適当です。

12 面接指導の実施

Q12－1 ストレスチェックの実施と面接指導の実施を別の者が実施することもあり得るのでしょうか。

A あり得ます。

Q12－2 面接指導対象者は、実施者の判断で、高ストレス者の中から、実施者が判断して絞り込むということになるのでしょうか。

A 面接指導の対象者は、事業場で定めた選定基準に基づいて選定した高ストレス者について、実施者が判断していただくことになりますので、例えば、補足的に面談を行った場合などについては、その面談結果を参考にして実施者が絞り込む場合があり得ますし、高ストレス者全員をその評価結果を実施者が確認の上で面接指導対象者とする場合もあり得ます。

Q12－3 法第66条の8に基づく長時間労働による面接指導と法第66条の10に基づくストレスチェック結果による面接指導と、両方の要件に該当して申出があった場合、面接指導は同時に実施していいのでしょうか。

A 過重労働の面接指導と実施時期が重なるということであれば、兼ねていただいても問題ありません。過重労働の中で確認すべき事項と、高ストレスの中で確認すべき事項と両方確認していただければ、面接指導は1回で差し支えありません。ただし、結果の記録や意見書には、両方の確認事項が記載されていることが必要です。
　なお、法第66条の10に基づく面接指導の実施状況については、労働基準監督署への報告の必要がありますので、ご留意下さい。

Q12-4　面接指導はテレビ電話等を利用してもいいのでしょうか。

A　面接指導の実施に当たり、テレビ電話等の情報通信機器を利用する場合の考え方及び要件については、平成27年9月15日付け通知「情報通信機器を用いた労働安全衛生法第66条の8第1項及び第66条の10第3項の規定に基づく医師による面接指導の実施について」(http://www.mhlw.go.jp/bunya/roudoukijun/anzeneisei12/)に示しています。
　この通知に示す要件を満たしていただければ、情報通信機器を用いて面接指導を実施していただくことは可能です。ただし、電話による面接指導は認められません。

Q12-5　事業者が面接指導の実施を外部の医療機関の医師に依頼した場合、医師は保険診療扱いとしてよいのでしょうか。

A　保険診療扱いはできません。労働安全衛生法に基づくストレスチェック後の面接指導は、事業者に実施義務を課していますので、その費用は当然に全額事業者が負担すべきものです。

Q12-6　高ストレス者に対して、実施者である産業医や保健師が、まずは通常の産業保健活動の一環として面談を実施し、その中で必要と判断された者について、労働安全衛生法に基づく面接指導を実施するというやり方も認められるのでしょうか。

A　面接指導の対象とすべき労働者は、「高ストレス者として選定された者であって、面接指導を受ける必要があると実施者が認めた者」ですので、実施者である産業医や保健師が、高ストレス者に対して、まずは通常の産業保健活動の一環として面談を実施し、その結果をもとに実施者が、中で労働安全衛生法に基づく医師の面接指導の対象者とすべき労働者を選定する方法も可能です。

13　医師の意見聴取

Q13-1　面接指導の結果に基づき、医師が事業者に就業上の措置について意見を言うことになりますが、本人が事業者へ伝えることを拒む場合には、どうすればよいのでしょうか。

A　面接指導を踏まえた就業上の措置に関する医師の意見については、必要な情報に限定すれば本人の同意が無くても事業者に伝えることができる仕組みですが、円滑に行うためには、面接指導にあたり事前に本人にその旨説明し、了解を得た上で実施することが望ましいです。
　事前に了解が得られない場合は、法に基づく面接指導は事業者に結果が伝わる仕組みである旨を説明し、本人の了解を得た上で、法に基づく面接指導としてではなく、事業者に伝えないことを前提に、通常の産業保健活動における相談対応として実施することも考えられます。

Q13-2　面接指導の結果報告書や意見書を事業者に提出するに当たって、労働者本人の同意を得る必要はないのでしょうか。

A　面接指導を踏まえた就業上の措置に関する医師の意見については、必要な情報に限定すれば本人の同意が無くても事業者に伝えることができる仕組みですが、円滑に行うためには、面接指導にあたり事前に本人にその旨説明し、了解を得た上で実施することが望ましいです。
　また、医師が面接指導で聴取した内容のうち、詳細な内容を除いて、労働者の安全や健康を確保するために事業者に伝える必要がある情報については、事業者が適切な措置を講じることができるように事業者に提供しますが、事業者への意見提出においては労働者本人の意向への十分な配慮が必要です。

14　就業上の措置

Q14-1　就業上の措置として労働時間の短縮という言葉が出てきますが、これは、8時間の就業時間をさらに短縮するということではなく、就業規則に則った範囲での短縮だということでよいでしょうか。

A　ケースバイケースとは思われますが、趣旨としては時間外労働や休日労働の削減を意味するものです。なお、就業上の措置を決定する場合には、あらかじめ当該労働者の意見を聴き、十分な話し合いを通じてその労働者の了解が得られるよう努めるとともに、労働者に対する不利益な取扱いにつながらないよう留意する必要があります。

15 集団毎の集計分析

Q15-1　当社は全ての部署が10人以下ですが、会社全体の集団分析以外はできないのでしょうか。

A　いくつかの部署を合わせて集団分析を行うことも可能ですし、例えば対象集団について、ストレスチェックの評価点の総計の平均値を求める方法など個人が特定されるおそれのない方法であれば、10人を下回っていても集団分析は可能ですので、事業場の実情に応じ、工夫して対応していただきたいと思います。

Q15-2　法定のストレスチェックと別に、職場環境把握用の調査・分析を実施した場合は、ストレスチェックに基づく集団分析は実施しなくてもよいのでしょうか。

A　一定の科学的根拠があるなど、効果的に職場のストレスに関する職場環境把握が行える調査・分析を別途実施するということであれば、必ずしも法定のストレスチェック結果に基づく集団分析を実施していただく必要はありません。
　なお、この場合であっても、法定のストレスチェックは省令に規定する3つの領域に関する項目が含まれた調査票で実施していただく必要があります。

Q15-3　10人を下回る集団でも労働者の同意なく集計・分析できる方法とは、どういう方法なのでしょうか。

A　個々の労働者が特定されるおそれがないような方法で実施することが考えられます。例えば、ストレスチェックの評価点の総計の平均値を求める方法などが考えられます。具体的に、集団ごとの集計・分析を、どのような方法で実施するかについては、衛生委員会等で調査審議した上で決めていただきたいと思います。

Q15-4　10人を下回る集団でも労働者の同意なく集計・分析できる方法として、「仕事のストレス判定図」を用いることは可能でしょうか。

A　「仕事のストレス判定図」は、職業性ストレス簡易調査票の57項目の質問のうち、心理的な仕事の負担（量）、仕事のコントロール度、上司からのサポート、同僚からのサポートの4つの尺度（それぞれの尺度の質問数は3問）ごとの評価点の合計について、その平均値を求め、その値によって職場のストレス状況について分析する方法です。
　この方法は、直ちに個人の結果が特定されるものではないことから、10人を下回る集団においても、「仕事のストレス判定図」を用いて集団ごとの集計・分析を行うことは可能です。ただし、この手法による場合も、2名といった極端に少人数の集団を対象とすることは、個人の結果の特定につながるため不適切です。
　なお、「仕事のストレス判定図」を用いて10人を下回る集団を対象として集団ごとの集計・分析方法を行う場合も、衛生委員会等で調査審議した上で事業場内の規程として定め、労働者に周知していただく必要があります。

16 健康情報の取扱い

Q16-1　ストレスチェックとは違う場面で労働者に面接を行う中でメンタルヘルス不調を把握し、必要に応じてその労働者を医療機関に紹介するということもあると思いますが、その場合にストレスチェック結果を医療機関に提供することはできるのでしょうか。

A　ストレスチェック結果は受検者の同意が得られなければ、第三者となる医療機関には提供はできません。

Q16-2　個人データを氏名、年齢、所属部署などを削除し、個人が識別できない状態にしてストレスチェック結果を事業者が取得することは可能でしょうか。

A　当該データにより、または他の情報と照合しても個人識別ができない状態であれば、その情報は個人情報には当たらないので、事業者による取得に特段の制限はかかりません。しかし、人数が少なく、個人が特定されるおそれがある場合は、実施者から取得することは望ましくなく、こうした情報を事業者が取得する場合は、あらかじめ衛生委員会等で取得目的、共有範囲、活用方法等について調査審議を行い、その内容について労働者に周知していただく必要があります。

Q16-3 ストレスチェックの結果、「高ストレス者が何人いたか」「面接指導の対象者が何人いたか」のデータを実施者から事業者が取得してよいのでしょうか。

A 集団内の高ストレス者や面接指導対象者の人数自体は、個人情報には当たらないため、事業者による取得に特段の制限はかかりませんが、小さな集団の内数など、個人が特定されるおそれがある場合は、実施者から取得することは望ましくありません。こうした情報を事業者が取得する場合は、あらかじめ衛生委員会等で取得目的、共有範囲、活用方法等について調査審議を行い、その内容について労働者に周知していただく必要があります。

Q16-4 ストレスチェック制度に関する情報の開示請求について、本人から事業者に開示請求を行った場合、医師の意見も含めて、医師による面接指導結果は全て開示するのでしょうか。

A 個人情報保護法第25条第1項の規定により、本人から、当該本人が識別される保有個人データの開示を求められたときは、本人に対し、当該保有個人データを開示しなければなりませんが、開示することにより、①本人又は第三者の生命、身体、財産その他の権利利益を害するおそれがある場合、②当該個人情報取扱事業者の業務の適正な実施に著しい支障を及ぼすおそれがある場合、③他の法令に違反することとなる場合、のいずれかに該当する場合は、その全部又は一部を開示しないことができます。

このため、面接指導結果については、本人から開示の請求があった場合は、原則として開示する必要がありますが、面接指導結果の中には、業務との関連性に関する判断や、就業上必要と思われる措置に関する意見、職場環境の改善に関する意見なども含まれており、本人に開示することにより、本人、面接指導を行った医師、事業者の間の関係が悪化するなど、これらの者の利益を害するおそれがある場合や、症状についての詳細な記載があって、本人に十分な説明を行ったとしても、本人に重大な心理的影響を与え、その後の対応に悪影響を及ぼす場合なども考えられますので、結果に記載されている内容に応じて、どこまで開示するべきかを個別に判断する必要があります。

Q16-5 ストレスチェックの実施者は、過去(自らが実施者ではなかった時期)のストレスチェック結果を知ることはできるのでしょうか。

A ストレスチェックの実施者が、必要に応じて過去(自らが実施者ではなかった時期)のストレスチェック結果を知ることは問題ありません。

ストレスチェックによる高ストレス者の選定や面接指導の要否の判定のためには、ストレスの傾向や変化を把握し、比較検討するため、過去のストレスチェック結果を参照する必要がある場合があります。

このため、労働安全衛生法第66条の10に基づき、事業者が医師等の実施者によるストレスチェックを行うという行為は、必要に応じて、実施者に過去のストレスチェック結果を参照させることも含む概念です。

したがって、ストレスチェックの実施者が、ストレスチェックの実施において、過去のストレスチェック結果を参照する必要が生じた場合に、事業者から当該結果を保存している担当者に結果提供の指示をしてもらい、過去の結果の保存担当者から、過去のストレスチェック結果の提供を受ける行為は、安衛法第66条の10で義務付けられている行為を遂行するために必要な行為であることから、個人情報保護法第23条の適用は受けず、安衛法第104条に抵触もせず、本人同意を取得する必要はありません。

Q16-6 指針において、労働者に対する不利益な取扱いの防止に関して、「面接指導の要件を満たしているにもかかわらず、面接指導の申出を行わない労働者に対して、これを理由とした不利益な取扱いを行うこと」が行ってはならない行為として記載されていますが、面接指導の要件を満たしているかどうかを事業者が予め把握することを想定しているのでしょうか。労働者からの申出がない限り、把握できないのではないでしょうか。

A 労働者が面接指導の要件を満たしているかについて事業者が把握できるのは、本人の同意によってストレスチェック結果が事業者に提供された場合又は本人から面接指導の申出があったことにより事業者がストレスチェック結果を把握可能になった場合に限られます。

したがって、指針中の面接指導の申出を行わない労働者に対する不利益な取扱いに関する記載は、本人の同意によってストレスチェック結果が事業者に提供され、事業者が、労働者が面接指導の要件を満たしているかどうかを把握している場合を想定しているものです。

17 外部機関によるストレスチェックの実施

Q17-1 外部機関の要件として、心理職が必要ということになっているのでしょうか。

A 外部機関の要件は定めていませんが、外部機関においてストレスチェックや面接指導が適切に実施できる体制及び情報管理が適切に行われる体制が整備されているか等について事前に確認いただくことが望ましいと考えています。具体的には実施マニュアル（117ページ）に外部委託の場合のチェックリスト例が掲載されているので参考にしていただきたいと思います。

Q17-2 外部機関にストレスチェックの実施を委託する場合には、1機関に委託できる人数は何名までというようなことを決めないのでしょうか。

A 外部機関によって実施体制、実施方法等に差異があるため、外部機関がストレスチェックを実施する場合に1機関何名までという基準を示すことは予定していません。

18　派遣労働者に対するストレスチェック

Q18-1 派遣労働者へのストレスチェックについて、例えば、ある派遣元と雇用契約を結んでいる派遣労働者が200人おり、そのうち、ある派遣先事業場に20人が派遣されており、その事業場には20人の派遣労働者と派遣先の正規職員40人の合わせて60人の従業員がいる場合、ストレスチェックの実施義務はどこにどのように生じるのでしょうか。

A 派遣元がストレスチェックを実施する場合には、派遣元と雇用契約を結んでいる派遣労働者が50人以上いるかという点で判断するので、例えば200人いるということであれば、何人をどこに派遣していようが、ストレスチェックを実施する義務が派遣元に生じます。
　　また、派遣先事業者に労働者が60人（内20人が派遣労働者）という場合、正規の労働者は40人しかいなくても、事業場の人数の数え方は派遣労働者を含めてカウントするため、そのような派遣先にはストレスチェックの実施義務があり、派遣先は40人の正規労働者に対してストレスチェックを実施する義務が生じることになります。
　　なお、派遣先については、派遣労働者に対しストレスチェックを実施する義務はありませんが、派遣労働者20人に対してもストレスチェックを実施するとともに、職場の集団ごとの集計・分析を実施することが望まれます。

Q18-2 派遣先事業者が派遣労働者についてストレスチェックを行う努力義務は何が根拠なのでしょうか。

A 法令に基づく努力義務ではなく、指針による望ましい措置となります。

Q18-3 派遣労働者のストレスチェック結果について、派遣先で実施したストレスチェックの結果を、本人の同意を得た上で派遣元で入手し、利用してもよいのでしょうか。

A 本人の同意があれば、派遣先が実施したストレスチェックの結果を派遣元が入手して利用することも可能ですが、派遣労働者に対するストレスチェックの実施義務は派遣元にありますので、派遣先の結果を利用する場合は、派遣元が派遣先に実施を委託していただき、実施費用も派遣元が負担する必要があります。本人同意を得て派遣先が実施した結果の写しなどを入手するだけでは、派遣元がストレスチェックを実施したものとはみなされません。

Q18-4 派遣先事業場において、派遣労働者にもストレスチェックを実施した場合、労働基準監督署に報告する様式には、派遣労働者の数も含めて報告する必要があるでしょうか。また、義務対象外のパートやアルバイト（勤務時間が正社員の4分の3未満の者）にもストレスチェックを実施した場合、同様に報告対象となるでしょうか。

A 労働基準監督署への報告は、法律に定められている義務が適切に履行されているかどうかを確認するためのものです。したがって、労働基準監督署に報告いただくのは、義務の対象となっている人数となりますので、派遣先における派遣労働者や、義務対象外のパート・アルバイトについては、報告する人数に含めていただく必要はありません。

19　労働基準監督署への報告

Q19-1 労働基準監督署への報告対象について、通常の産業医面談で終了し、ストレスチェック後の法定の面談に移行しなかった場合は、ストレスチェック制度による医師面談に該当せず、報告の必要はないということでしょうか。

A 報告いただくのは法第66条の10に基づく面接指導の実施人数であり、通常の産業医面談の人数ではありません。

Q19-2 ストレスチェックに関する労働基準監督署への報告様式には産業医の記名押印欄がありますが、産業医がストレスチェックに関与していない場合も記載する必要があるのでしょうか。

A 産業医の職務にはストレスチェックと面接指導に関する事項が含まれており、少なくとも報告の内容は産業医にも知っておいていただくべきものなので、産業医がストレスチェックに関与していなくても報告内容を確認の上で産業医欄に記名押印していただきたいと思います。

Q19-3 ストレスチェックに関する労働基準監督署への報告については罰則があるのでしょうか。また、50人未満の事業場においてストレスチェックを実施した場合には報告義務はあるのでしょうか。

A 労働基準監督署への報告は労働安全衛生法第100条に基づくものであり、違反の場合には罰則があります。50人未満の事業場については、報告義務はありません。

Q19-4 本社と所在地が異なる事業場において、ストレスチェックを本社の産業医を実施者として実施しましたが、労働基準監督署への報告中「検査を実施した者」はどう記入すべきでしょうか。

A 「2 事業場所属の医師(1 以外の医師に限る。)、保健師、看護師又は精神保健福祉士」として記入していただきたいと思います。

Q19-5 面接指導を労働者によって産業医が実施する場合と他の医師が実施する場合がありますが、その場合に「面接指導を実施した者」はどう記入すべきでしょうか。

A 主として面接指導を実施する者について記入していただきたいと思います。

Q19-6 ストレスチェックを実施しなかった場合も、労働基準監督署に報告を行う必要はあるのでしょうか。報告しなかった場合は、罰則の対象となるのでしょうか。

A ストレスチェックを実施しなかった場合も、労働安全衛生法第100条及び労働安全衛生規則第52条の21の規定に基づき、「心理的な負担の程度を把握するための検査結果等報告書(様式第6号の2)」を所轄の労働基準監督署長に提出する義務があります。
　また、提出しなかった場合は、労働安全衛生法第120条第5項の規定に基づき、罰則の対象となります。

Q19-7 労働基準監督署への報告について、労働安全衛生規則では、事業場ごとに報告しなければならない旨の規定はされていませんが、本社でまとめて報告するという方法も可能でしょうか。

A 労働基準監督署への報告については、事業場ごとに、管轄の労働基準監督署まで提出していただく必要がありますので、本社でまとめて報告することはできません。

Q19-8 労働基準監督署への報告方法について、全社員を対象に、年に複数回ストレスチェックを実施している場合、どのように報告すればよいのでしょうか。実施の都度報告するのでしょうか。

A 労働基準監督署への報告は、1年に1回、法令に定められている事項の実施状況を報告していただくためのものですので、全社員を対象に複数回実施している場合は、そのうち1回分について報告していただくようお願いします。実施の都度、複数回報告していただく必要はありません。

Q19-9 労働基準監督署への報告方法について、部署ごとに実施時期を分けて、年に複数回ストレスチェックを実施している場合、どのように報告すればよいのでしょうか。実施の都度報告するのでしょうか。

A 1年を通じて部署ごとに実施時期を分けて実施している場合は、1年分をまとめて、会社全体の実施結果について報告していただく必要があります。実施の都度、複数回報告していただく必要はありません。ご報告いただく際、「検査実施年月」の欄には、報告日に最も近い検査実施年月を記載いただくようお願します。

Q19-10 労働基準監督署への報告様式の記載方法について、在籍労働者数は、どの数を記載すればよいのでしょうか。派遣労働者やアルバイト・パートも含めた全ての在籍従業員数でしょうか。

A 労働基準監督署への報告は、法令に定められている事項の実施状況を確認するためのものです。したがって、労働基準監督署に報告いただく様式の「在籍労働者数」の欄に記載するのは、ストレスチェックの実施時点(実施年月の末日現在)でのストレスチェック実施義務の対象となっている者の数(常時使用する労働者数)となります。
　具体的には、正規労働者及び以下の条件をどちらも満たすパート・アルバイトの数を記載していただくことになりますので、派遣先における派遣労働者や、以下の条件に満たないパート・アルバイトは在籍労働者数に加えていただく必要はありません。

① 期間の定めのない労働契約により使用される者(期間の定めのある労働契約により使用される者であって、当該契約の契約期間が1年以上である者並びに契約更新により1年以上使用されることが予定されている者及び1年以上引き続き使用されている者を含む。)であること。
② その者の1週間の労働時間数が当該事業場において同種の業務に従事する通常の労働者の1週間の所定労働時間数の4分の3以上であること。

Q19-11 労働基準監督署への報告様式の記載方法について、派遣先事業場において、派遣労働者にもストレスチェックを実施した場合、労働基準監督署に報告する様式の「検査を受けた労働者数」の欄には、派遣労働者の数も含めて報告する必要があるでしょうか。また、義務対象外のパートやアルバイト(勤務時間が正社員の4分の3未満の者)にもストレスチェックを実施した場合、同様に報告対象となるでしょうか。また、「面接指導を受けた労働者数」の欄についてはいかがでしょうか。

A 労働基準監督署への報告は、法令に定められている事項の実施状況を確認するためのものです。したがって、労働基準監督署に報告いただく様式の「検査を受けた労働者数」の欄に記載するのは、ストレスチェックの実施義務の対象となっている者のうち、ストレスチェックを受けた人数となりますので、派遣先における派遣労働者や、義務対象外のパート・アルバイトについては、ストレスチェックを受けていたとしても、様式に記載する人数に含めていただく必要はありません。

20 小規模事業場に対する支援

Q20-1 産業医の選任の義務付け対象となっていない小規模事業場がストレスチェックや面接指導を実施する場合は、地域産業保健センターを活用できるということですが、地域産業保健センターで全て無料で実施していただけるということでしょうか。

A 産業保健総合支援センターの地域窓口(地域産業保健センター)では、小規模事業場に対する相談支援などを行っています。ストレスチェック制度に関しては、ストレスチェック自体を地域産業保健センターで実施することは予定していませんが、ストレスチェックの結果に基づく面接指導は、依頼に応じて無料で実施することが可能です。
　なお、地域産業保健センターの活用のほか、小規模事業場におけるストレスチェックの実施に対する支援として、複数の小規模事業場が、ストレスチェックや面接指導を合同で実施した場合の費用を助成する制度を、平成27年6月から労働者健康福祉機構が設けることとしています。

21 安全配慮義務等

Q21-1 労働者がストレスチェック結果の提供に同意せず、面接指導の申出もしないために、企業側が労働者のストレスの状態やメンタルヘルス上の問題を把握できず、適切な就業上の配慮を行えず、その結果、労働者がメンタルヘルス不調を発症した場合の企業の安全配慮義務についてはどのように考えればよいのでしょうか。

A 安全配慮義務については、民事上の問題になりますので、司法で判断されるべきものであり、行政から解釈や考え方を示すことはできません。